Angela Xinghua Wu 吴星华

Victor Siye Bao 鲍思冶

Chen Draper 李琛

Australia • Brazil • Mexico • Singapore • United Kingdom • United States

iChinese, Book 2
Angela Xinghua Wu
Victor Siye Bao
Chen Draper

Regional Director, Marketing:
Melissa Chan

Senior Marketing Manager:
Lee Hong Tan

Senior Editorial Manager:
Lian Siew Han

Assistant Editorial Manager:
Tanmayee Bhatwadekar

Development Editors:
Titus Teo
Kenneth Chow
Ng Wei Yi
Elaine Chew
Willie Ong

Associate Editor:
Dawn Chaim

Senior Regional Manager,
Production and Rights:
Pauline Lim

Production Executive:
Rachael Tan

Cover Designer and Compositor:
Puey Yan Goh

ISBN: 978-981-4687-20-1

Cengage Learning Asia Pte Ltd
151 Lorong Chuan #02-08
New Tech Park (Lobby H)
Singapore 556741

Cengage Learning is a leading provider of customized learning solutions with office locations around the globe, including Singapore, the United Kingdom, Australia, Mexico, Brazil, and Japan. Locate your local office at
www.cengage.com

Cengage Learning products are represented in Canada by
Nelson Education, Ltd.

To learn more about Cengage Learning Solutions, visit **www.cengageasia.com**

Printed in Singapore
Print Number: 02 Print Year: 2018

CONTENTS

Unit 6

Health and Fitness

我的身体
My Body

课文一 TEXT 1

前几天我的门牙开始摇摇晃晃，我的心也跟着七上八下，一直担心着什么时候这颗牙齿会掉下来，会不会有血，会不会痛。每天早上起床后或晚上睡觉前，我都要到镜子前看一看这颗牙还在不在。“宁宁，小心一点，不要去拔你的牙。如果你的牙是自己掉下来的，就不会痛了。”妈妈对我说。

为了不碰到这颗牙，我不能吃自己喜欢的饼干，不能吃糖，只能吃软软的食物，太不方便了。就这样担心地过了好几天。今天中午，学校食堂里有粥也有比萨饼。我想粥比比萨饼软，那就喝粥吧。结果在用勺子的时候，突然听到“咔”的一声！“啊，宁宁（Níng ning），你的碗里有一颗牙！”同桌吓得叫了起来。我低头一看，哎呀，担心了这么久，我的牙居然掉在了粥里！

生词 New Words

Example Sentences

生词			例句
门牙	mén yá	front tooth	你有几颗门牙？
摇摇晃晃	yáo yáo huàng huàng	wobbly	我爸爸喝酒喝多了，走路摇摇晃晃。
七上八下	qī shàng bā xià	perturbed; uneasy	要考试了，我心里七上八下，很紧张。
牙齿	yá chǐ	tooth	我的牙齿很白。他的牙齿很黄。
掉下来	diào xià lái	fall off	哎呀，我新买的手机从桌上掉下来了。
血	xuè / xiě	blood	他受伤了，流了很多血。
痛	tòng	painful	今天我的头很痛。
镜子	jìng zi	mirror	衣柜上有一面镜子。
小心	xiǎo xīn	careful	下雨了，开车要小心。
拔	bá	pull out	星期天我和妹妹在花园里拔草。
饼干	bǐng gān	biscuit; cracker	下课的时候，我吃了好几块饼干。
软软的	ruǎn ruǎn de	soft	这颗糖软软的、甜甜的。
勺子	sháo zi	spoon	我用勺子喝汤，用筷子吃面。
同桌	tóng zhuō	partner sharing the same desk	我和同桌是好朋友。
居然	jū rán	unexpectedly; to one's surprise	他居然不知道One Direction？

根据课文回答下面的问题。 Answer the questions according to Text 1.

1. 从前几天前开始，我一直在担心什么？
2. 我每天去镜子里看什么？
3. 妈妈认为牙怎么掉才会不痛？
4. 我为什么不能吃糖？
5. 今天中午我为什么没有吃比萨饼？
6. 我的牙掉在了哪里？

补充词汇 Extended Vocabulary

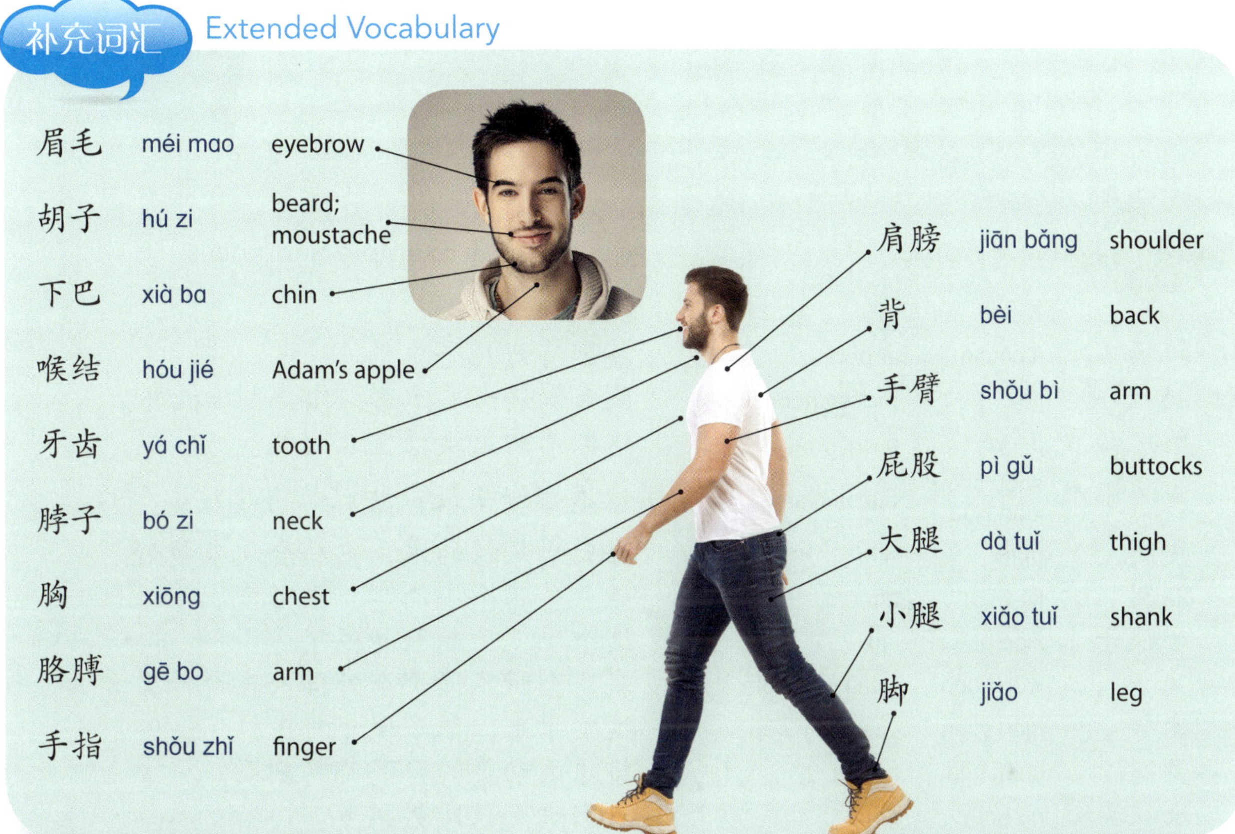

课文二 TEXT 2

小强（Xiǎo Qiáng）要从印尼回来了。晶晶（Jīng jing）今天去机场接他，心里既高兴又担心。因为六年没见了，不知道还能不能认出来。他还是像以前那样瘦瘦小小吗？还是像以前那样有白白的皮肤、短短的头发、小小的酒窝？

“晶晶？”突然，有一个高高的小伙子拍了一下晶晶的肩膀。晶晶一看，“天哪！是你吗？小强？”站在晶晶面前的小强，已经完全变样了：头发长长的，眉毛黑黑的，身高有一米八，嘴巴上还长了小胡子。

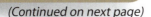

(Continued on next page)

(Continued from p. 3)

小强说："哇，晶晶，你变瘦了，再也不是以前那个胖胖的小女孩啦，而且越来越漂亮了！"小强边说边去拉晶晶的手，像小时候那样，想把晶晶抱起来转两圈。

晶晶一下子就脸红了，不好意思地说："小强，我们已经长大了，不是小孩子了，你以后不可以再抱我啦！"

生词 New Words / 例句 Example Sentences

生词			例句
机场	jī chǎng	airport	英国有好几个机场。
接	jiē	pick someone up	明天妈妈出差回来，你会去接机吗？
既…又…	jì…yòu…	both…and…	这家店的菜既便宜又好吃。
瘦瘦小小	shòu shòu xiǎo xiǎo	thin and small	她不好好吃饭，所以长得瘦瘦小小的。
皮肤	pí fū	skin	每天喝足够的水，皮肤会越来越好。
酒窝	jiǔ wō	dimple	她长着两个小酒窝，很可爱。
小伙子	xiǎo huǒ zi	lad	这个小伙子越长越高了。
完全	wán quán	totally; completely	我完全听不懂那个外国人在说什么。
变样	biàn yàng	change in appearance	这些年来，很多城市都变样了。
身高	shēn gāo	height	排球运动员的身高都特别高。
女孩	nǚ hái	girl	我们班女孩比男孩多。
小时候	xiǎo shí hou	in one's childhood	这是我小时候最爱唱的歌。
抱	bào	carry, hug	妹妹抱着布娃娃睡觉。
转圈	zhuàn quān	go around in circles	别转圈了，会摔跤的。
脸红	liǎn hóng	blush	他做错了事，脸红了。
不好意思	bù hǎo yì si	embarrassing; I'm sorry	麻烦您了，真不好意思。
长大	zhǎng dà	grow up	长大后，我想当医生。

根据课文判断对错，并且给出理由。

True or false?
Explain why if the statement is false.

1. ☐ 小强有八年没有见晶晶了。 理由：……………………
2. ☐ 小强小时候长得很瘦小，有两个小酒窝。 ……………………
3. ☐ 小强长胡子了。 ……………………
4. ☐ 晶晶看到小强很害怕。 ……………………
5. ☐ 晶晶比以前更胖了。 ……………………

听力 LISTENING

练习一，问题一至五 Exercise 1, Questions 1-5

你将听到几个中文句子，每个句子读两遍。在唯一正确的方格内打勾(✓)回答问题。
You will hear some short phrases in Chinese. You will hear each phrase twice. Answer each question by ticking (✓) 1 box only.

1. A ☐ B ☐ C ☐ D ☐

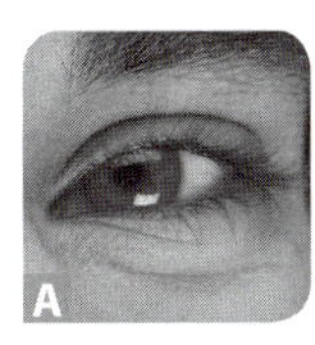
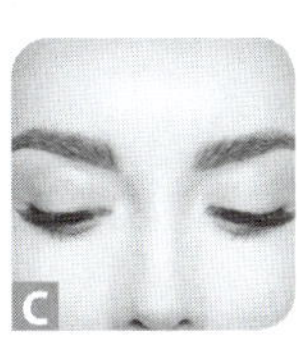

2. A ☐ B ☐ C ☐ D ☐

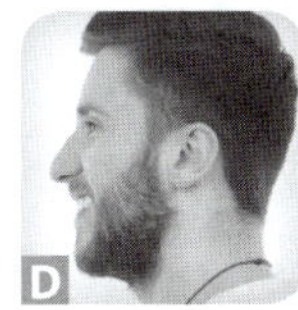

3. A ☐ B ☐ C ☐ D ☐

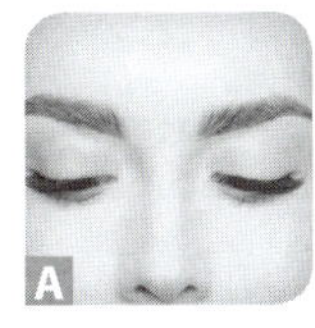
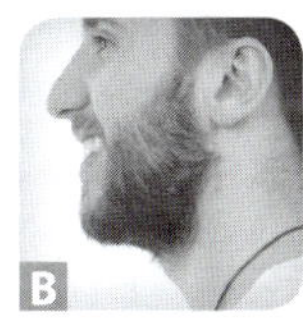
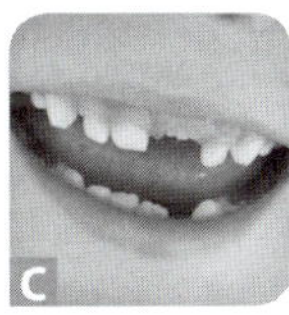

4. A ☐ B ☐ C ☐ D ☐

1.9 (A) 1.8 (B) 1.6 (C) 1.7 (D)

5. A ☐ B ☐ C ☐ D ☐

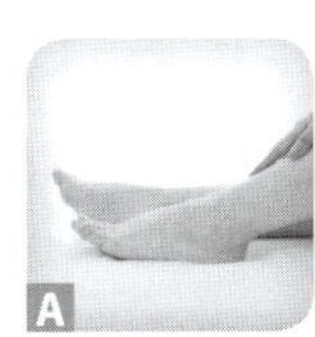
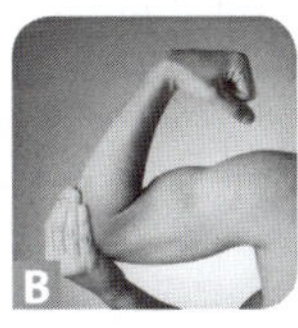
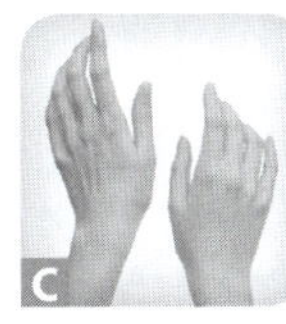
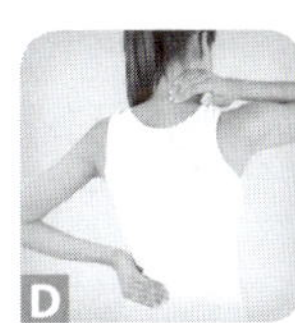

练习二，问题六至十 Exercise 2, Questions 6-10

你在学校餐厅，听到下面的对话。请看图片。

You are in the school canteen. You hear the following conversation. Look at the pictures.

请听下面的句子，在唯一正确的方格内打勾(✓)回答问题。
Listen, and answer each question by ticking (✓) 1 box only.

6. 你昨天踢橄榄球的时候，哪里受伤了？

A ☐ B ☐ C ☐ D ☐

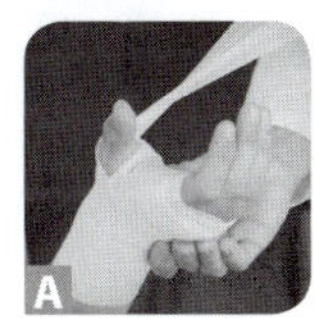
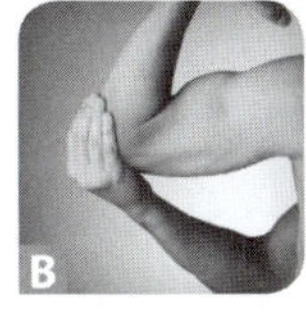
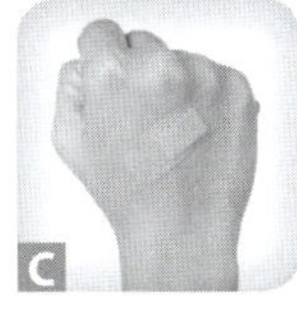
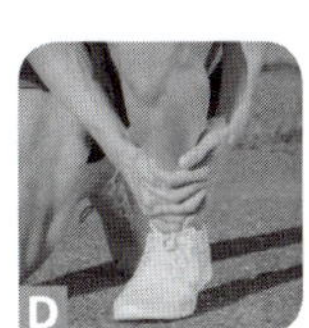

7. 我和你谁重？

A
B
C
D

50公斤 A | 69公斤 B | 40公斤 C | 80公斤 D

8. 你怎么了？

A
B
C
D

9. 下个星期的比赛你能参加吗？

A
B
C
D

10. 为什么今天你妈妈送你上学？

A
B
C
D

练习三，问题十一到十七 Exercise 3, Questions 11-17

学校护士的课 The school nurse is giving a lesson.

请先阅读一下问题。
Read the questions.

用中文或拼音回答问题。
Listen, and answer the questions in Chinese.
You may write your answers in Chinese characters or *pinyin*.

11. 我们身体的哪个部位一直都在变化？

....

12. 小孩子从几岁开始长牙？

....

13. 小孩子几岁开始换牙？

....

14. 换牙的时候，为什么不敢吃苹果？

....

15. 到多大时，牙齿就都换好了？

....

16. 牙齿换完了以后，我们担心什么？

(i) ....

(ii) ....

(iii) ....

17. 到了多大岁数，有些人的牙齿可能都掉光了？

....

口语 SPEAKING

(一) 角色扮演 Role Play

A

老师：体检的护士
你：你自己

你的老师是一个给学生们做体检的护士，她问你一些问题。
Your teacher is a nurse who conducts physical examination for students. She is asking you some questions.

1. 你多大了？
2. 你的身高是多少？
3. 你的体重是多少？
4. 你的视力怎么样？
5. 你哪里不舒服？

B

老师：警察
你：你自己

你和爷爷走散了，警察在问你几个问题。
You lost your grandfather on the streets. The police is asking you some questions.

1. 你爷爷穿什么衣服？
2. 他多大年纪？
3. 他多高？
4. 他有胡子吗？
5. 他的头发是什么颜色的？

(二) 回答下面的问题。 General Conversation: Answer the following questions.

1. 你身高多少？
2. 你体重多少？
3. 你从几岁开始掉牙？
4. 你从几岁开始长个子？
5. 你长胡子了吗？
6. 你什么时候胳膊/腿/脚/背/会疼？
7. 你每天刷几次牙？
8. 你什么时候刷牙？
9. 你觉得个子多高最好？
10. 你用左手写字，还是右手写字/打球/吃饭？

(三) 请看图片，然后描述你看到了什么。 Describe the picture below.

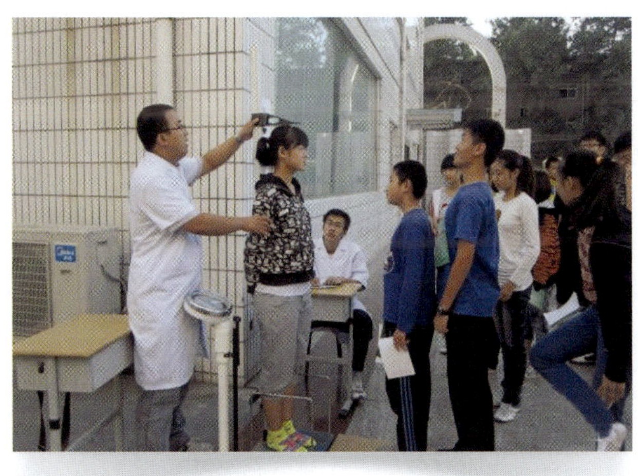

阅读理解 READING COMPREHENSION

（一）

小卫最近身体很不舒服，有时候睡觉还会流口水，妈妈笑他像小孩子。有时候他会发低烧，可是看了医生、吃了感冒药，还是没有退烧。小卫最近脾气也很暴躁，动不动就生气。他经常找弟弟麻烦，不让弟弟弹琴，嫌钢琴声音太吵。他也不让弟弟唱中文歌，嫌弟弟中文发音不标准。他还不让弟弟到楼下找小朋友玩，怕弟弟跟别人吵架，会丢他的脸。爸爸妈妈也搞不明白，为什么小卫最近脾气这么坏。

终于有一天，小卫牙齿痛了，爸爸妈妈才恍然大悟，原来小卫要长智齿啦。因为身体不舒服，所以才爱发脾气。每个人都有长牙的过程，长牙的时候每个人的症状是不一样的，有些人没有明显的感觉，然而有些人会有各种不舒服的感觉，比如经常流口水，或者发低烧，还会觉得牙疼。人不舒服了还会导致脾气变得很暴躁，这些是正常的现象。

请回答下列问题。

1) 妈妈为什么笑小卫像小孩子？

....

2) 脾气“暴躁”是什么意思？

....

3) 为什么大卫不让弟弟唱中文歌？

....

4) 大卫为什么爱发脾气？

....

5) 长牙的时候，每个人症状一样吗？为什么？

....

（二）

怎样和青春期的孩子相处？

第一段

【网友问】老师，您好！我儿子今年已经上初二了，平时回到家就很沉默。每次问他有关学校的问题，他每次都说不知道。问他最近考试了没？他不回答，我觉得很不开心，然后就会说他几句。后来问他别的问题，得到的答案也是不知道。我真不知道该怎么和我的儿子相处。

第二段

【专家答】我给您以下几点建议：第一，如果您无法和孩子进行言语沟通，那么就把您想说的话写下来，和孩子以书信的形式进行交流，也许会收到意想不到的效果哦。第二，要以真诚和理解的态度对待孩子。进入青春期的孩子总是希望得到他人的承认和尊重，希望摆脱成人的约束，渴望独立，尽管他们完全不能够独立。第三，尝试从不同的角度与孩子进行沟通。一个微笑、一句赞美都会缩小与孩子之间的距离。第四，多和孩子讨论一些他喜欢的话题，比如说运动，以此来拉近彼此的距离。

第三段

[6]我的分析和建议能够[7]您有所帮助，我相信[8]您的努力，[9]能在您[10]孩子之间建立起一座爱的桥梁。

1. 根据第一段的内容，选出两个正确的叙述。把答案写在方框里，任何次序都可以。

☐ ☐

A. 儿子今年上高中了，平时回到家就很沉默。
B. 孩子最近考试了，我知道他考得不好，所以要问他。
C. 每次问他学校的问题，他都回答我。
D. 我问他别的问题，他总是说不知道。
E. 我觉得不开心的时候不敢说他。
F. 我现在不知道怎么跟孩子交流了。
G. 我觉得自己越来越了解他了。

根据第二段的内容，从右栏中选出最适合左栏的句子的结尾。把答案写在方框里。**注意：**后半段比前半段多。

2. 如果觉得无法跟孩子沟通，你可以…… ☐
3. 进入青春期的孩子总是希望…… ☐
4. 一个微笑，就…… ☐
5. 多和孩子讨论一些他喜欢的话题，比如…… ☐

A. 可把你想说的话写下来。
B. 有很多人做亲密的朋友。
C. 爸爸妈妈问他们问题。
D. 可以让孩子喜欢你。
E. 可以拉近与孩子的距离。
F. 可以更加独立。
G. 尝试不同的方法。
H. 运动。

根据第三段的内容，用下面的词语填空。

[6]我的分析和建议能够[7]您有所帮助，我相信[8]您的努力，[9]能在您[10]孩子之间建立起一座爱的桥梁。

和	对	希望	应该	沟通
然后	不但	通过	既然	一定

6. ....
7. ....
8. ....
9. ....
10. ....

写作 WRITING

1. 你和网友约好周末在一个咖啡馆见面，请写一封**电子邮件**给你的朋友。**最少**写60个字。内容应该包括以下五点：

   1) 你头发的颜色和长度
   2) 你的五官
   3) 你的身高和体重
   4) 你们几点见面
   5) 手机的号码是多少
   6) 你们的安排

普通邮件

主题：

2. 你最近开始了青春期的发育，身体有一些让你想不到的变化。请给你的好朋友写一封**信**，谈谈你的身体变化和你的想法。**最少**写120个字。

生病
Health Issues

课文一 TEXT 1

Wáng Xiǎo jié
王小杰是学校足球队的队长，身体一直很好。可是这个星期，小杰已经请了好几次病假了。周一数学测验，一大早他就莫名奇妙地头晕、头疼；周二中文听写，他什么东西也没吃就开始拉肚子；周三英文演讲，他的牙却开始疼了；昨天戏剧演出，他本来要演男主角，可是嗓子疼，话也说不了；今天终于是星期五了，可是要做化学实验，化学是他最弱的一门课。昨晚小杰整晚睡不好，早上起来脖子疼得厉害，又得请病假了。同学们都在心里想，这个小杰到底是怎么了？

根据课文填写表格。 Fill in the blanks according to Text 1.

星期几 (Day of the Week)	病 (Illness)	可能的原因 (Possible Reason)
周一		
	拉肚子	
周三		
	嗓子疼	
		做化学实验

生词 New Words / 例句 Example Sentences

生词			例句
请病假	qǐng bìng jià	take sick leave	爸爸今天生病了，他只好请病假。
测验	cè yàn	test; exam	明天有数学测验，我很担心。
莫名奇妙	mò míng qí miào	without rhyme or reason	上课的时候，她莫名奇妙地哭了。
头晕	tóu yūn	giddy; dizzy	对不起，我头晕，不能去游泳了。
头疼	tóu téng	headache	我头疼，得去看医生了。
听写	tīng xiě	spelling; dictation	我们每周有一次英文听写。

(Continued on next page)

(Continued from p. 13)

拉肚子	lā dù zi	diarrhoea	我今天身体不好，一直拉肚子。
演讲	yǎn jiǎng	speech	那位作家的演讲非常精彩。
演出	yǎn chū	drama performance	这个周末，我们学校有演出，我演一棵树。
本来	běn lái	originally; at first	我本来想请病假，但还是来上学了。
主角	zhǔ jué	lead character; protagonist	我想演主角，可是老师只让我演一块石头。
嗓子疼	sǎng zi téng	sore throat	老师昨天上了很多节课，今天她嗓子疼。
终于	zhōng yú	finally	终于放假了，我打算出国玩玩。
实验	shí yàn	experiment	我们今天的科学课做了很多实验。
弱	ruò	weak	老师说我的听力很弱，要多听多练。
整晚	zhěng wǎn	the whole night	我昨天整晚都在读书，好累啊！
厉害	lì hai	serious; severe	他病得很厉害，在医院里住了两个星期。
到底	dào dǐ	*(used in a question for emphasis)*	我今天头疼、拉肚子，到底该不该去上学呢？

课文二 TEXT 2

今天早上小安(Xiǎo Ān)一起床就一直打喷嚏、流鼻涕。爸爸说："你肯定是晚上没盖好被子，着凉了！"

妈妈说，小安你身体太虚弱，所以动不动就感冒。平时要多做户外运动，比如骑单车、游泳、跑步等等。

哥哥说，谁让小安天天吃凉性的食物，比如冷饮呀，冰淇淋呀。

奶奶说，小安不能天天洗冷水澡，对身体不好。

妹妹说，感冒了，就去看医生呗，你们说得好像一个个都是医生。看看西医、吃吃药、打打针，明天就会好了。

爷爷说，不能看西医，西药对身体不好。还是要看中医，中药比较温和，对身体比较好。

妹妹说，爷爷，你的思想不能这么保守。

爷爷说，你是中国人，要懂中国文化。

小安生气地说，你们都别说了，我的感冒好了。

生词 New Words / 例句 Example Sentences

生词			例句
打喷嚏	dǎ pēn tì	sneeze	打喷嚏时要用纸巾盖住嘴巴。
流鼻涕	liú bí tì	have a runny nose	他生病了，每天流鼻涕。
盖被子	gài bèi zi	cover with a quilt	妈妈每天半夜起床给小宝宝盖被子。
着凉	zháo liáng	catch a cold	最近天气不好，小心着凉。
虚弱	xū ruò	physically weak	我最近发烧了一个星期，身体很虚弱。
动不动	dòng bú dòng	easily	她脾气很大，动不动就又哭又闹。
感冒	gǎn mào	catch a cold or flu	天气很冷，大家别感冒了。
户外活动	hù wài huó dòng	outdoor activity	我们全家都很喜欢户外活动。
骑单车	qí dān chē	ride a bicycle	我很想骑单车周游全国。
凉性的	liáng xìng de	"cooling" (food)	妈妈说我要多吃凉性的食物。
冷饮	lěng yǐn	cold drinks	冷饮不能一次吃太多。
冷水澡	lěng shuǐ zǎo	cold shower	冷水澡对身体到底好不好？
看医生	kàn yī shēng	see a doctor	一旦生病了就要去看医生。
西医	xī yī	a doctor trained in Western medicine	我爸爸生了病，经常都去看西医。
吃药	chī yào	take medicine	按时吃药，病就好得快。
打针	dǎ zhēn	have an injection	每次打针，弟弟都哇哇大哭。
中医	zhōng yī	traditional Chinese medicine (TCM)	中医中药有很长的历史。
比较	bǐ jiào	comparatively	新老师比较有趣，大家喜欢他的课。
温和	wēn hé	mild; moderate	她的性格很温和，很少生气。
思想	sī xiǎng	thinking	他年纪虽小，却是个有思想的人。
保守	bǎo shǒu	conservative	思想保守的人通常不愿意学习新东西。
懂	dǒng	understand	这篇文章很难，你看得懂吗？
别	bié	don't	别说话了，我在做作业呢。

根据课文回答下面的问题。 Answer the questions according to Text 2.

1. 今天早上小安怎么了？

....

2. 爸爸认为小安为什么会感冒？

....

3. 妈妈觉得小安感冒的原因是什么？

....

4. 奶奶认为小安应该要怎么做？

....

5. 你认为小安应该是要去看中医还是看西医？为什么？

....

听力 LISTENING

练习一，问题一至五　Exercise 1, Questions 1-5

你将听到几个中文句子，每个句子读两遍。在唯一正确的方格内打勾(✓)回答问题。
You will hear some short phrases in Chinese. You will hear each phrase twice. Answer each question by ticking (✓) 1 box only.

1.

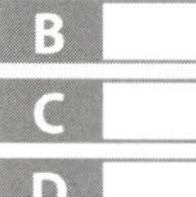

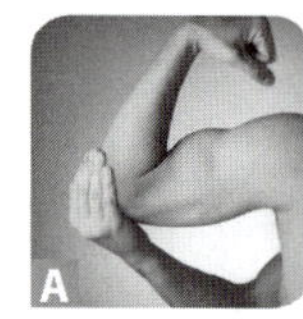
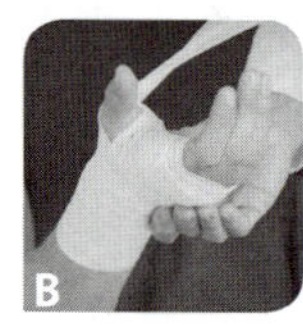
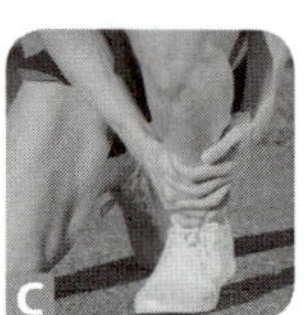
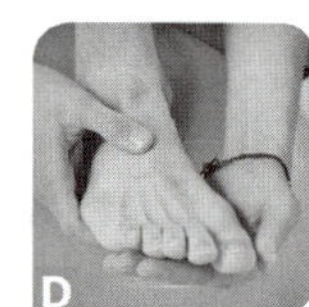

2.

A
B
C
D

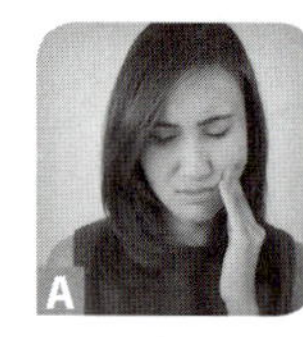
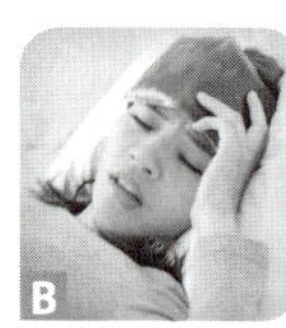
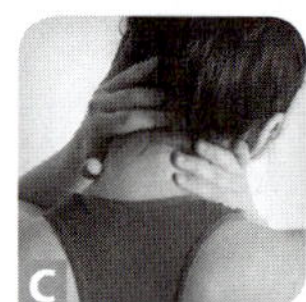
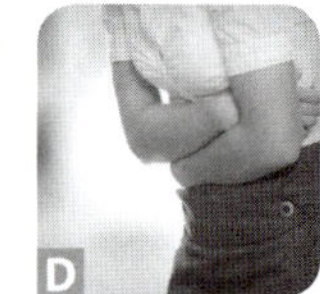

3.

A
B
C
D

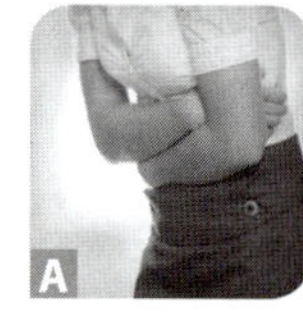
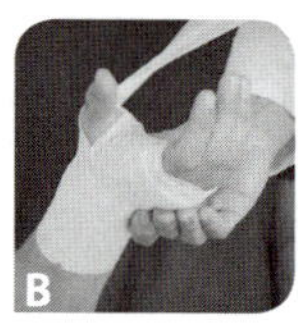
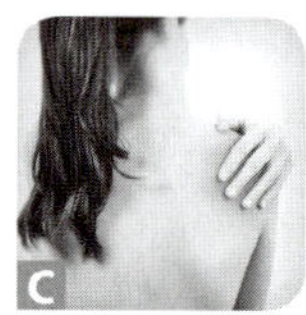

4.

A
B
C
D

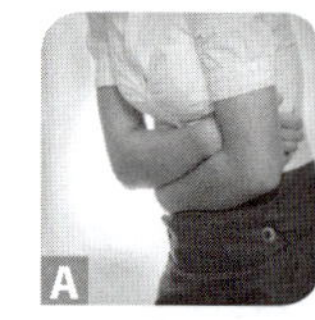

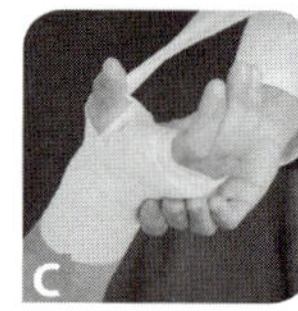
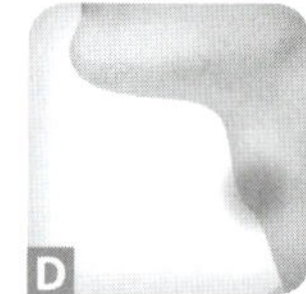

5.

A
B
C
D

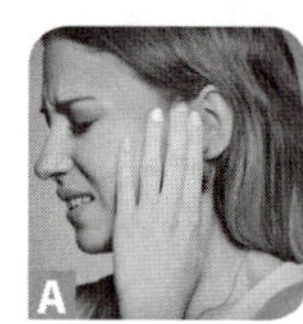
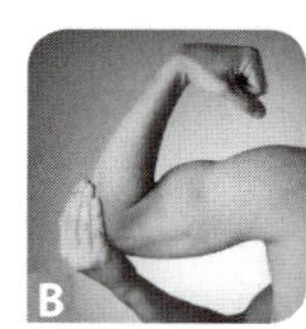
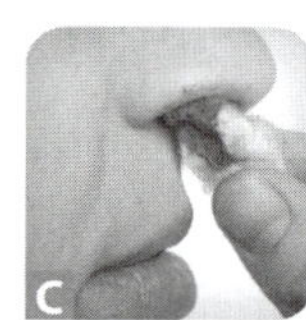
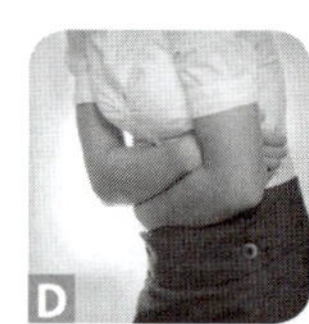

练习二，问题六至十　Exercise 2, Questions 6-10

下面是一个医生和病人的对话。请看图片。

The following conversation is between a doctor and a patient. Look at the pictures.

请听下面的句子，在唯一正确的方格内打勾(✓)回答问题。
Listen, and answer each question by ticking (✓) 1 box only.

6. 他哪里不舒服？

A
B
C
D

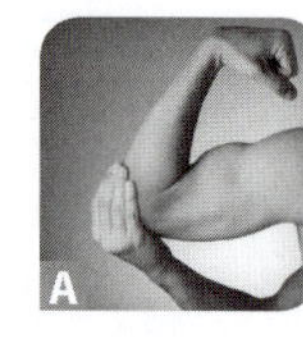
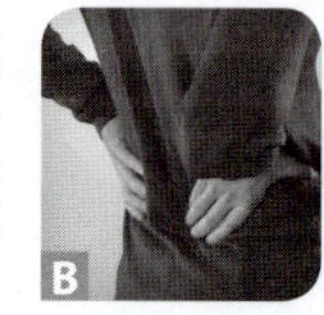
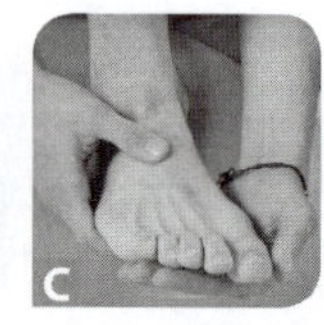
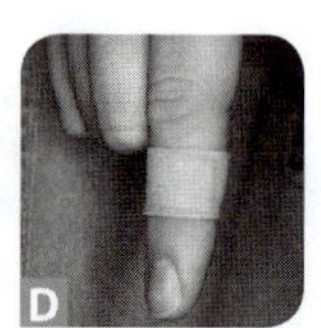

7. 他昨天参加了什么比赛受伤了？

A ☐ B ☐ C ☐ D ☐

8. 昨天他摔倒了几次？

A ☐ B ☐ C ☐ D ☐

A 一次 B 四次 C 六次 D 十次

9. 他还有哪里疼？

A ☐ B ☐ C ☐ D ☐

10. 他需要休息多长时间？

A ☐ B ☐ C ☐ D ☐

A 一个月 B 三个星期 C 一天 D 三个月

练习三，问题十一到十七 Exercise 3, Questions 11-17

生病 Falling Sick

请先阅读一下问题。
Read the questions.

用中文或拼音回答问题。
Listen, and answer the questions in Chinese.
You may write your answers in Chinese characters or *pinyin*.

11. 今天早上起来，作者有什么不舒服的地方？

....

12. 妈妈为什么不相信他生病了？

....

13. 他上第一节课的时候，头怎么了？

....

14. 第二节课的时候他想喝什么？

....

15. 课间休息的时候发生了什么？

(i) ....

(ii) ....

16. 今天他有什么考试？

....

17. 作者醒来的时候，妈妈做了什么？

....

口语 SPEAKING

(一) 角色扮演 Role Play

A

老师：医生
你：你自己

你的老师是一个学校的医生，他问你一些问题。
Your teacher is a school doctor. He is asking you some questions.

1. 你哪里不舒服？
2. 你什么时候开始觉得不舒服？
3. 今天你吃了什么？
4. 你有没有吃药？
5. 你明天想不想上学？

B

老师：中医
你：你自己

你生病了，这次妈妈带你去看中医，中医在问你几个问题。
You are sick, and your mother took you to see a TCM physician. The physician is asking you some questions.

1. 你为什么来看中医？
2. 你以前看过中医吗？
3. 你吃过中药吗？
4. 有些中药味道有点苦，你怕不怕？
5. 你想吃药丸还是喝药汤？

(二) 回答下面的问题。 General Conversation: Answer the following questions.

1. 你上次感冒是在什么时候？
2. 你去看过牙医吗？
3. 你吃过中药吗？
4. 你喜欢吃中药还是西药？
5. 你上次为什么肚子疼？
6. 你打过针吗？
7. 你做运动的时候受过伤吗？
8. 你觉得生病的时候应该要做什么？
9. 你觉得为什么要多喝温水？
10. 你觉得怎样才能少生病？

(三) 请看图片，然后描述你看到了什么。 Describe the picture below.

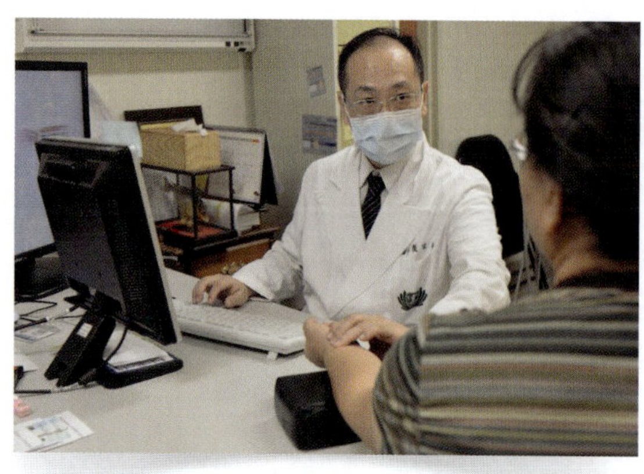

阅读理解 READING COMPREHENSION

(一)

爱丽最近很烦，因为她的脸上长痘痘了，再好的化妆品都不能挡住满脸的痘痘，真是悲剧啊！和朋友出去逛街聚会时的回头率都为零了，再也没有人回头看她长得多么漂亮。该怎么办呢？看了西医，吃了很多药，也做了美容，还是好不了。朋友说，这说明你的身体出现了问题，要用中医来慢慢调理，用中草药来祛痘。

爱丽满怀希望地去看了一个有名的中医，这个老中医给她开了一副中医药方：

> 将野菊花10克、花生30克、黄连10克、金银花20克等材料用水煎服，每日1剂，早晚饭后分两次温服。

爱丽一下子傻了，不但中药名看不懂，而且怎么煮中药呢？更重要的是，怎么把这么苦的中药喝下去！

请回答下列问题。

1) 爱丽最近为什么很烦？

…………………………………………

2) “回头率都为零了”是什么意思？

…………………………………………

3) 朋友认为爱丽为什么会长痘？

…………………………………………

4) 中医给爱丽开的中药里有哪些材料？请列举三个。

…………………………………………

5) 中药要怎么吃？

…………………………………………

（二）

怎么让孩子少感冒、少生病？

第一段　　　　注意健身

一年四季，天气变化很大。如果我们要想提高身体素质，不妨让孩子们多参加户外运动，比如骑自行车、打球、踢球、跑步、登山、做健身操，甚至可以尝试冬泳。

第二段　　　　注意食疗

身体抵抗力的提高，不单单局限于运动、穿衣保暖，还可以用日常的食疗来辅助，这样效果会更好。比如可以鼓励孩子们多喝一些橙汁、猕猴桃汁和番茄汁，这样就会在不知不觉中喝进去不少维生素C，对抵抗感冒非常有效果。

第三段　　　　中医调养

现在中医在世界是有一定影响力的。不少人都知道中医治疗疾病比较彻底，虽然治疗时间比较长。根据中医的建议，平时可以给孩子喝一些薏米水，或者用金银花、板蓝根等泡制的凉茶，这样可以预防感冒。

第四段　　　　环境设置

艾草是中国人常用的草药，它的功效是预防感冒，增强免疫力。买些艾草回家，点燃它来熏房间，可以很好地去除房内的病毒。如果你和孩子不喜欢艾草的味道，也可以用醋来代替。

1. 根据第一段的内容，选出三个正确的叙述。把答案写在方框里。任何次序都可以。

☐	A. 一年四季，每个季节的天气很不一样。
	B. 跑步是体育锻炼的唯一方式。
☐	C. 孩子应该多做户外活动，才可以提高身体素质。
	D. 冬泳也是一些家庭用来锻炼的方法。
☐	E. 除了锻炼，孩子们还需要按着季节变化穿衣服。

根据第二段的内容，判断下面的叙述对还是错。在方框里打勾[✓]，并以文章内容说明理由，两个部分答对了才能得分。

		对	错
2.	可以用日常食疗来辅助提高孩子的身体抵抗力。	☐	☐
	理由：..		
3.	喝猕猴桃汁不是一个值得鼓励的方式。	☐	☐
	理由：..		
4.	喝果汁能增加维生素，但是对抵抗感冒不是很有效果。	☐	☐
	理由：..		

根据第三段的内容，回答下面的问题。

5. 中医治疗疾病有什么特点？

(i) ....

(ii) ....

6. 怎样预防感冒？

(i) ....

(ii) ....

根据第四段的内容，选择最正确的答案。

7. 艾草是一种__________。

A. 草药　　B. 食物　　C. 花　　D. 水果

8. 人们买艾草回家做什么？

A. 装饰房间　　B. 点燃熏房间　　C. 泡茶　　D. 做菜

9. 如果你的孩子不喜欢艾草的味道，你可以＿＿＿＿＿＿。

A. 停止使用　　B. 加糖　　C. 用醋　　D. 用香水

写作 WRITING

1. 你今天很不舒服，不能去上课，请给老师写一张**病假条**。**最少写**60个字。内容应该包括以下五点：
   1) 你为什么写这个字条？
   2) 你从什么时候开始不舒服？
   3) 你哪里不舒服？
   4) 你要请几天假？
   5) 问老师今天有什么作业？

2. 你最近一直咳嗽，吃西药后，过了几周也不见好。上周你第一次去看了中医，吃了中药。请写一篇**日记**，谈谈你的感受。**最少**写120个字。

健康的生活方式
Healthy Lifestyle

课文一 TEXT 1

现在我们上十年级，离中学会考的日子越来越近，学习压力也越来越大。昨天我们几个好朋友在一起聊聊各自的生活，结果我们大吃一惊，因为我们发现各自的生活方式太不健康了。你们看一看，自己的生活是不是也是这样的呢？

- 很多人每天做功课到半夜，常常过了晚上十二点以后才睡觉。
- 不少同学早上洗澡以后，就没有时间吃早饭，只能喝一杯果汁或者牛奶就去赶校车。
- 很多人没有时间参加课外活动，每天除了学习还是学习。
- 每天上网时间超过八个小时，因此容易近视。
- 有的同学因为压力太大，甚至开始学抽烟。
- 有的人因为担心考试考得不好，心情变得很糟糕，觉得做什么都没意思。

生词 New Words / 例句 Example Sentences

生词			例句
压力	yā lì	pressure	快要考试了，大家的压力都很大。
生活	shēng huó	life	读高中了，我的生活有很大变化。
大吃一惊	dà chī yì jīng	shocked; surprised	看到这个手机的价格，我大吃一惊。
各自的	gè zì de	each; respective	我们是好朋友，但都有各自的爱好。
方式	fāng shì	way; pattern	我们要有健康的生活方式。
做功课	zuò gōng kè	do homework	我和好朋友每天在一起做功课。
半夜	bàn yè	midnight	朋友的生日晚会到半夜才结束。
果汁	guǒ zhī	fruit juice	果汁是健康饮料。
赶	gǎn	try to catch; rush for	早上我起床晚了，赶巴士赶得很辛苦。
上网	shàng wǎng	go online	我经常上网听音乐。

(Continued on next page)

(Continued from p. 24)

超过	chāo guò	exceed	我的Instagram的粉丝人数超过了一百，我真开心！
容易	róng yì	easy; simple	这次考试很容易，我只花了半个小时就做完了。
近视	jìn shì	myopia; short-sightedness	要保护眼睛，防止近视。
甚至	shèn zhì	even to the extent that	他甚至不知道父母的生日。
抽烟	chōu yān	smoking	抽烟对身体有害。
心情	xīn qíng	mood	要放假了，大家的心情都很好。
糟糕	zāo gāo	bad; terrible	今天的天气真糟糕。
没意思	méi yì si	meaningless	上网太多没意思。

根据课文回答下面的问题。 Answer the questions according to Text 1.

1. 最近我们为什么压力越来越大？
2. 我们觉得各自的生活方式怎么样？
3. 学生们一般晚上几点睡觉？
4. 上网时间很长，对身体有什么影响？
5. 为什么有的同学开始抽烟？
6. 为什么有的人觉得做什么都没有意思？

课文二 TEXT 2

不健康生活的"乐活族"

现在人们的生活节奏越来越快，生活也越来越紧张。为了活得舒服，一些人有着不健康的生活方式，这群人就被叫做不健康生活的"乐活族"。

Lì shā
丽莎的妈妈发现家里每个人都是这样的"乐活族"，于是她就要求每个人都要注重健康。可是，大家都不同意。

爷爷说："别逼我戒烟戒酒，那可是我活着的动力！"

奶奶说："别逼我做健身运动，我老了，让我歇会儿，别让我去遭那份儿罪！"

(Continued on next page)

(Continued from p. 25)

丽莎说："别逼我早睡早起，早上实在太困，让我好好睡一睡。"

妹妹说："别逼我控制饮食，肯德基和麦当劳可是我的最爱！"

哥哥说："别逼我戒'网瘾'，和朋友们上网玩游戏是我最开心的事！"

爸爸听了，叹口气说："我知道吃早餐有利于身体健康。可是，吃早餐就要早起，早起就要早睡，早睡就要少加班，少加班就会少赚钱。钱少了，你们吃的穿的都成问题，还提什么健康生活方式？"

生词 New Words　　例句 Example Sentences

生词			例句
节奏	jié zòu	rhythm	我们的生活节奏越来越快，真累啊！
紧张	jǐn zhāng	nervous	考试前我非常紧张，考完后就不紧张了。
舒服	shū fu	comfortable	他舒服地躺在沙发上看报纸。
于是	yú shì	so; therefore	哥哥最近经常生病，于是他开始每天做运动。
要求	yāo qiú	expectation; request	老师对我们的要求很高。
注重	zhù zhòng	pay attention to	这个国家不大注重饮食健康，所以胖子很多。
逼	bī	force	妈妈每天逼弟弟吃蔬菜。
戒烟	jiè yān	quit smoking	爸爸为了身体健康，昨天又开始戒烟了。
戒酒	jiè jiǔ	quit drinking	戒烟戒酒并不是一件容易的事情。
动力	dòng lì	motivation	学习上的压力也会变成动力。
歇	xiē	rest	走累了，我们就坐下来歇一下。
遭罪	zāo zuì	endure tough conditions	出门遇上了刮大风、下大雨，真遭罪。
控制	kòng zhì	control	我最近又长胖了，看来要控制饮食了。
网瘾	wǎng yǐn	internet addiction	我哥哥网瘾很大，没有网络他觉得没意思。
叹气	tàn qì	sigh	他考试考得不好，一直在叹气。
有利于	yǒu lì yú	be beneficial to	新鲜空气有利于健康。
加班	jiā bān	work overtime	爸爸整天没完没了地加班，我已经三天没有见到他了。
赚钱	zhuàn qián	make money	你觉得赚钱很重要吗？我不这么觉得。

根据课文回答下面的问题。 Answer the questions according to Text 2.

1. 什么叫不健康生活的"乐活族"？
2. 爷爷有什么坏习惯？
3. 奶奶不想做什么？
4. 哥哥喜欢干什么？
5. 爸爸常常不吃哪一餐？

听力 LISTENING

练习一，问题一至五 Exercise 1, Questions 1-5

你将听到几个中文句子，每个句子读两遍。在唯一正确的方格内打勾(✓)回答问题。
You will hear some short phrases in Chinese. You will hear each phrase twice. Answer each question by ticking (✓) 1 box only.

1. A ☐ B ☐ C ☐ D ☐

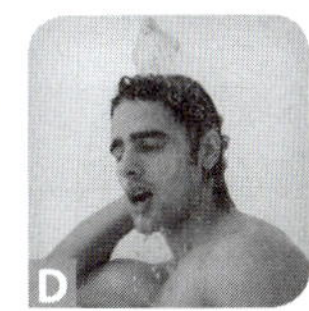

2. A ☐ B ☐ C ☐ D ☐

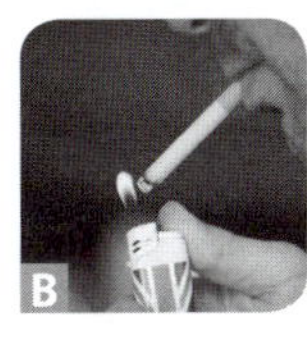

3. A ☐ B ☐ C ☐ D ☐

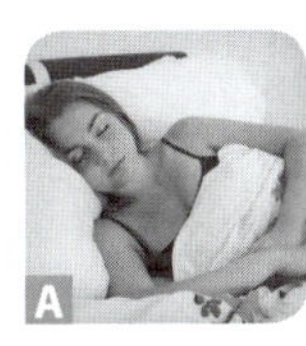
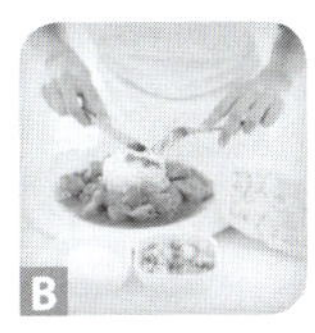

4. A ☐ B ☐ C ☐ D ☐

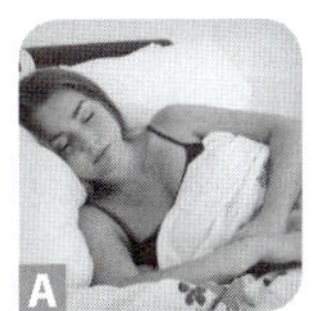

5. A ☐ B ☐ C ☐ D ☐

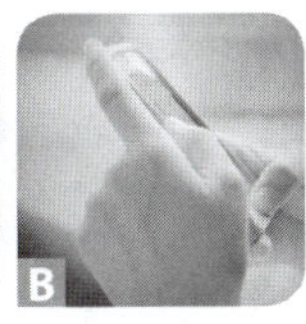
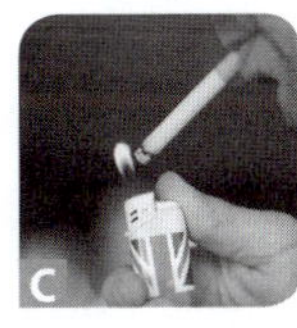

练习二，问题六至十 Exercise 2, Questions 6-10

下面是一家人的对话，请看图片。

A family is having a conversation. Look at the pictures.

请听下面的句子，在唯一正确的方格内打勾(✓)回答问题。
Listen, and answer each question by ticking (✓) 1 box only.

6. 爷爷不想戒掉什么？

A ☐ B ☐ C ☐ D ☐

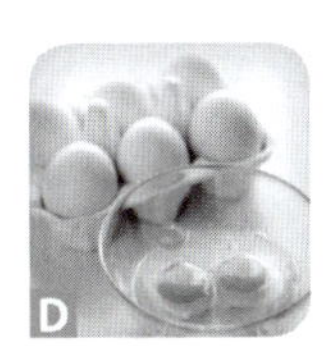

7. 奶奶去做什么？

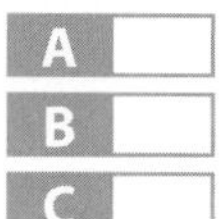

8. 丽莎不想做什么？

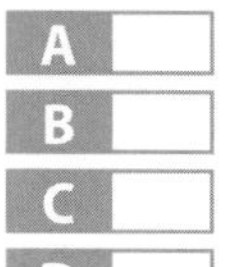

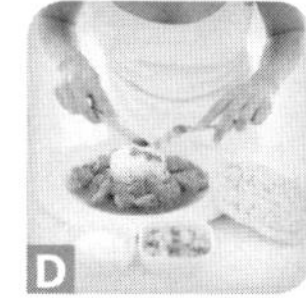

9. 小红爱吃什么？

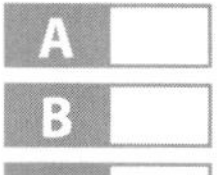
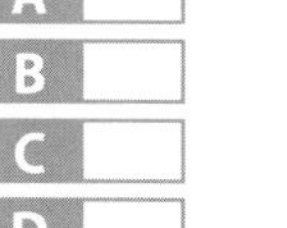

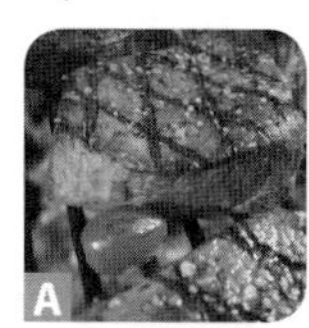

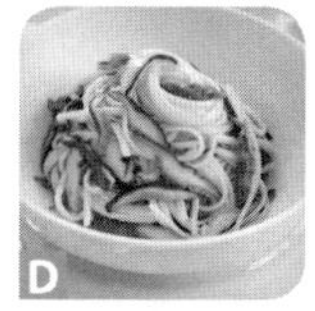

10. 小刚觉得什么时候最开心？

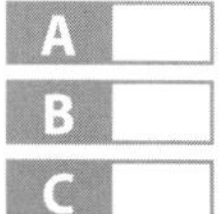

练习三，问题十一到十五 Exercise 3, Questions 11-15

不一样的儿童节 A Different Children's Day

请先阅读一下问题，然后选择正确答案。
Read the questions first, and choose the correct answers.

11. 马克妹妹的零食有什么？
A. 花生 B. 苹果 C. 果汁 D. 可乐

12. 妹妹把零食藏在哪里？
A. 书包 B. 学校 C. 冰箱 D. 游泳池

13. 妹妹为什么生气？
A. 因为马克把妹妹的零食藏在冰箱了。
B. 因为马克的朋友和马克一起吃妹妹的零食。
C. 因为马克笑妹妹长大了。
D. 因为妹妹觉得吃零食对身体不好。

14. 哪些东西所含的热量不高？
A. 可乐　B. 冰淇淋　C. 薯片　D. 水

15. 马克为什么觉得今年的儿童节不一样？
A. 因为他觉得妹妹懂事了，知道吃零食对身体不好。
B. 因为妹妹不吃零食了。
C. 因为妹妹把零食让给马克吃。
D. 因为妹妹很高兴。

口语 SPEAKING

(一) 角色扮演 Role Play

A

老师：你的同桌
你：你自己

你刚到学校，你的同桌在问你一些关于早餐的问题。
You just arrived in school. Your classmate is asking you some questions about breakfast.

1. 你吃了早餐吗？
2. 你一般早餐吃什么？
3. 你喜欢中式早餐还是西式早餐？
4. 你觉得什么样的早餐是健康的早餐？
5. 很多人不吃早餐，你觉得这样好不好？

B

老师：老人
你：你自己

你在中国一个农村做义工，你在问一个当地老人一些问题。
You are doing volunteer work in a village in China. You are asking a local elderly man some questions.

1. 您多大了？
2. 您平时是怎么锻炼身体的？
3. 您吃得健康吗？
4. 您有烦恼的时候会怎么做？
5. 您是怎么保持身体健康的？

(二) 回答下面的问题。 General Conversation: Answer the following questions.

1. 你平时几点睡觉?
2. 你觉得中学生每天要睡多久? 为什么?
3. 你喜欢吃素食吗?
4. 你觉得吃快餐好不好?
5. 你吃外卖吗? 你觉得这样好吗?
6. 你觉得自己有压力吗?
7. 你有哪些压力?
8. 你有压力的时候会做什么?
9. 你觉得自己的饮食习惯好吗?
10. 你一般吃早饭吗? 为什么?
11. 你常常去锻炼吗? 为什么?
12. 你喜欢做哪些运动?
13. 你觉得听音乐对减轻压力有用吗?
14. 你觉得自己的生活有规律吗?
15. 你觉得怎样才能有健康的生活方式?

(三) 请看图片，然后描述你看到了什么。 Describe the pictures below.

阅读理解 READING COMPREHENSION

（一）

低头族

大力刚搬到新加坡，他发现新加坡人无论做什么都在低头看手机：一边看手机一边过马路，一边看手机一边坐巴士，一边看手机一边吃饭。昨天他还看到一位年轻人边走边发短消息，一不小心掉进了公寓的游泳池里。

出于好奇，他上网查了查，看到有报道显示，现在有77%的人每天开机12小时以上，33.55%的人24小时开机，65%的人表示“如果手机不在身边会有焦虑”。其中，学生族和上班族是对手机最依赖的人群。有些学生甚至会产生依赖心理，导致和父母、同学、朋友的交流有障碍，对人际关系产生负面的影响，更严重的还要看心理医生。

大力心里想，新加坡是个很发达的国际大都市，几乎人手一个手机，但这样并不一定是一件好事情。

请选择正确答案。

1) 新加坡人在什么时候可能没有看手机？
   A. 过马路　B. 看电视　C. 坐巴士　D. 吃饭

2) 现在有多少人全天开着手机？
   A. 77%　B. 65%　C. 50%　D. 33.55%

3) 谁是对手机最依赖的人群？
   A. 小孩　B. 学生　C. 老人　D. 游客

4) 哪些不是低头族的负面影响？
   A. 影响和朋友的交流　B. 可能要看心理医生
   C. 对手机产生依赖心理　D. 交到更多的朋友

5) 以下哪个不是大力的想法？
   A. 新加坡是个大城市　B. 新加坡很发达
   C. 每个人都有手机是一件好事　D. 对新加坡人常常看手机很好奇

（二）

丽娜最近很苦恼，因为她发现放假才一个月，她的旧衣服已经不能穿了，原因是她最近胖了好多。在这一个月，她天天在家睡懒觉、看电视，还一边看电视一边吃她喜欢的薯片和汉堡包，很少出去运动。结果……

这下坏了，等一开学，同学们肯定要笑她，叫她"肥妞"。幸好离开学还有一个月，丽娜决定去瘦身中心问一问，看有什么瘦身的好方法。

医生告诉她，如果她想在一个月内瘦下来，有四个方案可以选择：

1) 做抽脂手术

费用：一次手术要花费1万块

疗程：术后要有一个星期的观察期，费用另算。

2) 跟私人健身教练做定期健身运动

费用：一小时200块，每天至少两小时

疗程：一个月

3) 让专业营养师定制每天的饮食

费用：一个月8000块，准备三餐食物

疗程：一个月

4) 吃减肥药

费用：一盒1000块，每天三粒，饭后吃。每月吃6盒。

疗程：一个月

丽娜心里打了一个小九九，做抽脂手术吧，没钱。安排教练吧，坚持不下来。请营养师吧，没时间。吃减肥药吧，担心副作用太大，身体吃不消。那她应该怎么办呢？

判断对错，并且给出理由。

1) ☐ 丽娜最近很苦恼，因为放假了。

理由：

2) ☐ 假期里丽娜都没有出去运动。

3) ☐ 做抽脂手术减肥的话，只要花费1万块。

....

4) ☐ 请私人教练减肥很便宜，只要花200块。

....

5) ☐ 丽娜最后选择吃减肥药来减肥。

....

写作 WRITING

1. 你马上要期末考试了，非常紧张。请给你的好朋友写一封**电子邮件**。**最少**写60个字。内容应该包括以下五点：
   1) 你为什么写这个字条？
   2) 你什么时候考试？
   3) 你现在怎么复习？
   4) 你有哪些压力？
   5) 你怎么来缓解压力？

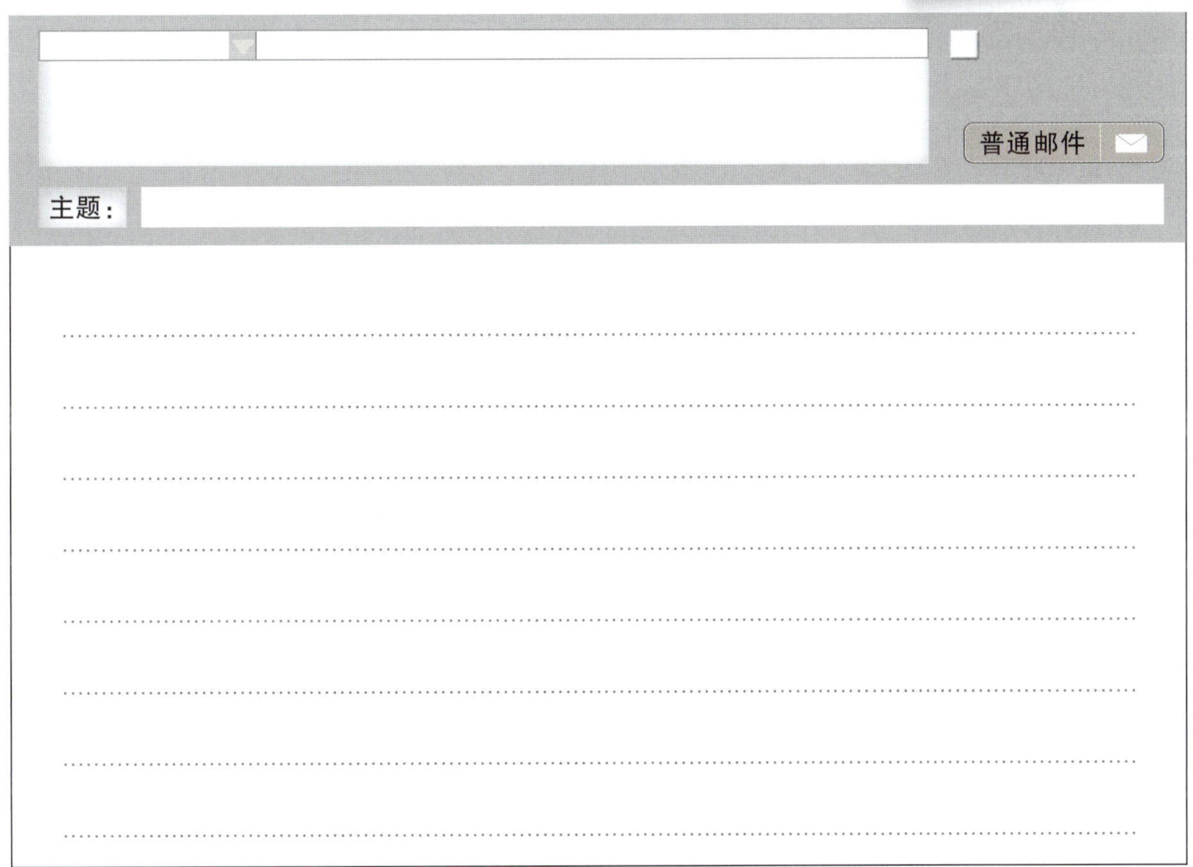

2. 你的学校在向学生们推广健康的生活方式，你要代表学生会向同学们做一个**演讲**，谈谈你的看法和建议。**最少**写120个字。

Unit 7
Holidays

旅行的准备
Trip Preparation

课文一 TEXT 1

Dà Wēi　Xiǎo Wēi

李先生：大威、小威，已经八点了！快一点，我们要去机场了。

大威、小威：爸爸，我们都准备好了。我们怎么去，坐地铁还是出租车？

李先生：出租车。大威，你打个电话叫一辆出租车吧。

大　威：行，没问题！

大　威：喂，出租汽车公司吗？请问你现在有车吗？

营业员：有，你要去哪儿？

大　威：去北京国际机场。

营业员：你住哪儿？

大　威：北京光明饭店，在中山路上。我们行李很多，需要一辆小面包车。汽车能马上到吗？

营业员：没问题。司机五分钟后到饭店大厅接你们。

大　威：太好了。谢谢。

大　威：爸爸、小威，出租车马上要到了，我们快走吧。

生词 New Words　　例句 Example Sentences

生词			例句
公司	gōng sī	company	爸爸在这家公司工作。
营业员	yíng yè yuán	salesperson	这个营业员的服务非常好。
国际	guó jì	international	我在国际学校上学。
饭店	fàn diàn	hotel	这家饭店靠近地铁站，出入非常方便。
行李	xíng lǐ	luggage	姐姐每次旅行都带很多行李，里面都是衣服。
面包车	miàn bāo chē	van	这辆面包车可以坐八到十个人。
司机	sī jī	driver	这个司机开车非常小心。
分钟	fēn zhōng	minute	电影五分钟后就要开始了。
大厅	dà tīng	hall	假日酒店的大厅很大，人很多。

根据课文回答下面的问题。 Answer the questions according to Text 1.

1. 谁去北京国际机场？

2. 他们打算怎么去机场？

3. 谁打电话订车？

4. 为什么要订小面包车？

5. 营业员说出租车什么时候会到？

课文二 TEXT 2

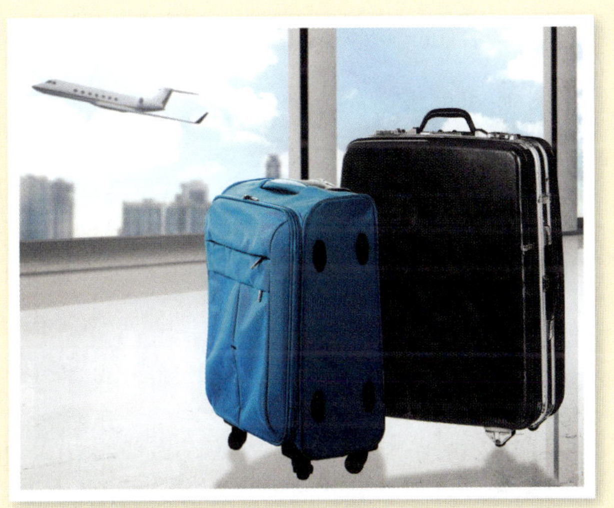

暑假快到了，我们又可以旅行了。但是这一次跟以前不一样，妈妈没时间做旅行计划，也就是说，我和弟弟要负责准备这次旅行。

首先，我们要决定去哪里旅行。有的人想去美国，有的人想去欧洲。最后我们问爸爸，爸爸说我们上个寒假去过美国了，可是还没有去过新西兰，应该去那里看看。好吧，新西兰，我们来啦！

所有的事情都是说说容易做起来难。在订机票的时候，我们发现了一个问题：弟弟的护照过期了。我们只能等他有了新护照才能买机票，可是机票的价格每天都在上涨！终于买了机票后，我们开始订酒店，但是酒店有那么多，真不知该从哪里入手。

我们花了一个星期的时间上网找资料、查地图，最后选择了在市中心的一个汽车旅馆，并用妈妈的信用卡付了款。我们很兴奋地告诉妈妈我们把旅行计划做好了，妈妈看了看我们给她的资料，说："不错，不过好像有问题哦！"

原来，我们忘记了时差，把入住时间搞错了！

生词 New Words　　例句 Example Sentences

生词			例句
暑假	shǔ jià	summer holidays	去年暑假我们去了很多地方。
旅行	lǚ xíng	travel; tour	今年夏天我们要去中国旅行。
负责	fù zé	be responsible for	妈妈每天负责准备我们的晚餐。
首先	shǒu xiān	firstly	我们将首先坐飞机，然后坐船去那个地方。
决定	jué dìng	decide	我决定从明天开始要好好学习。
欧洲	Ōu Zhōu	Europe	欧洲有很多美丽的国家。
寒假	hán jià	winter holidays	今年寒假你有什么打算？
订机票	dìng jī piào	book air tickets	我打算下个月去欧洲旅行，现在要上网订机票。
护照	hù zhào	passport	出国旅行一定要带护照。
过期	guò qī	expire	糟糕，我的护照过期了。
上涨	shàng zhǎng	increase (in price)	今年去泰国的机票价格上涨了百分之六。
酒店	jiǔ diàn	hotel	这家酒店的客房很贵，我们还是找别家吧。
资料	zī liào	information	让我先上网找些资料，然后我们再决定去哪些地方。
地图	dì tú	map	有了这张地图，我们就不怕迷路了。
选择	xuǎn zé	choose	越多选择往往就越难选择。
旅馆	lǚ guǎn	inn	这家旅馆的客房很便宜，所以非常受欢迎。
信用卡	xìn yòng kǎ	credit card	我妈妈有很多张信用卡。
付款	fù kuǎn	make payment	买东西的时候用信用卡付款比较方便。
原来	yuán lái	as it turns out; actually	原来出国旅行需要准备这么多东西！
忘记	wàng jì	forget	我早上忘记带钱包出门，现在没钱买东西吃。
时差	shí chā	time difference	中国和新加坡没有时差，但和新西兰有四个小时的时差。

根据课文判断对错，并且给出理由。

True or false?
Explain why if the statement is false.

1. ☐ 我们要在暑假出去旅行。　理由：……
2. ☐ 这次旅行是妈妈负责做旅行计划。……
3. ☐ 我们决定去新西兰度假。……
4. ☐ 弟弟的护照丢了，所以需要换一个新的护照。……
5. ☐ 我们想早点买机票，因为机票的价格会变得越来越贵。……
6. ☐ 我们最后订了一个五星级酒店。……
7. ☐ 妈妈看到了我们的计划以后非常高兴，说很棒。……

听力 LISTENING

练习一，问题一至五 Exercise 1, Questions 1-5

你将听到几个中文句子，每个句子读两遍。在唯一正确的方格内打勾(✓)回答问题。
You will hear some short phrases in Chinese. You will hear each phrase twice. Answer each question by ticking (✓) 1 box only.

1. 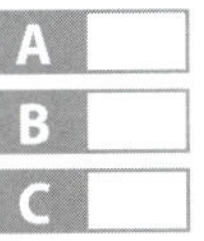

2. 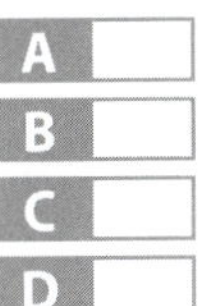

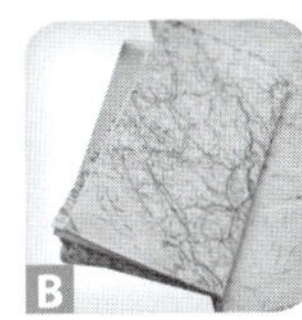

3. 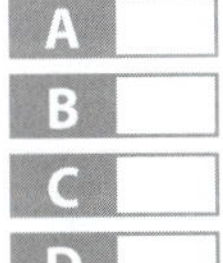

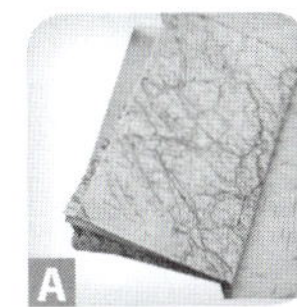
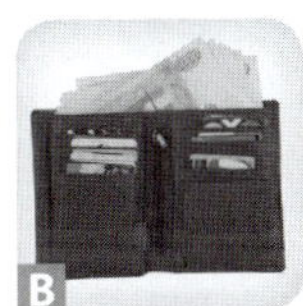

4. 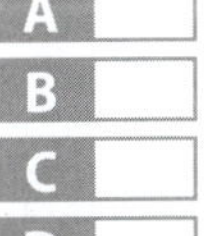

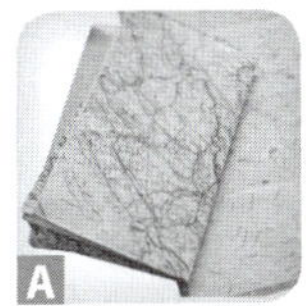

5. 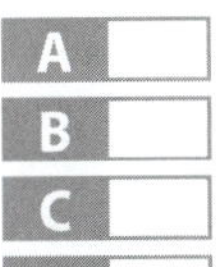

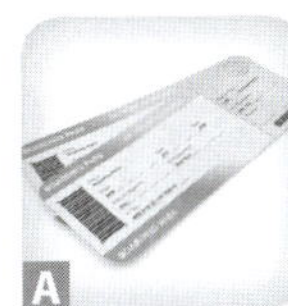
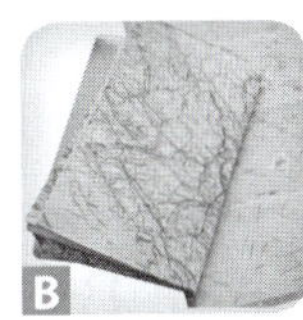

练习二，问题六至十 Exercise 2, Questions 6-10

下面是一家人的对话。请看图片。

A family is having a conversation. Look at the pictures.

请听下面的句子，在唯一正确的方格内打勾(✓)回答问题。
Listen, and answer each question by ticking (✓) 1 box only.

6. 这次旅行换了多少钱？

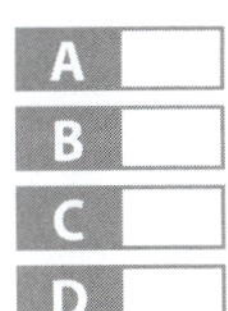

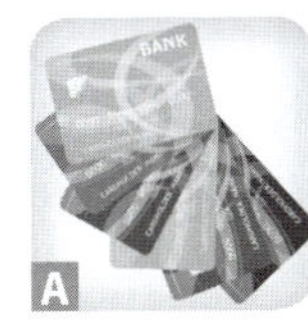

7. 弟弟什么东西不见了？

A ☐ B ☐ C ☐ D ☐

A B C D

8. 丽莎在找什么？

A ☐ B ☐ C ☐ D ☐

A B C D

9. 爸爸带了什么？

A ☐ B ☐ C ☐ D ☐

A B C D

10. 飞机票有什么不对？

A ☐ B ☐ C ☐ D ☐

A B C D

练习三，问题十一到十七 Exercise 3, Questions 11-17

准备毕业旅行 Preparing for the graduation trip

请先阅读一下问题，然后选择正确答案。
Read the questions first, and choose the correct answers.

11. 他们要去哪里旅行？ A. 英国 B. 越南 C. 泰国 D. 新加坡

12. 大卫负责做什么？ A. 买食物 B. 订机票 C. 换钱 D. 导游

13. 小刚负责做什么？ A. 订酒店 B. 订机票 C. 换钱 D. 导游

14. 他们需要多少间房间？ A. 四 B. 十四 C. 十 D. 四十

15. 小美的姐姐做什么工作？ A. 买食物 B. 订机票 C. 换钱 D. 导游

16. 马克要做什么？

....

17. 凯瑞要帮女孩子做什么？

....

口语 SPEAKING

(一) 角色扮演 Role Play

A

老师：海关官员
你：你自己

你要去韩国旅行，正在过海关关口，海关问你一些问题。
You are visiting Korea and are at the customs now. The customs officer is asking you some questions.

1. 你是哪国人？
2. 你为什么要来韩国？
3. 你订了哪个酒店？
4. 你带了多少钱？
5. 你打算在韩国住多久？
6. 你买回程票了吗？

B

老师：旅行社工作人员
你：你自己

你要去巴黎，到旅行社询问跟团一些事宜。
You plan to visit Paris and are making enquiries at a travel agency now.

1. 一个旅行团大概多少人？
2. 坐哪家航空公司的飞机？
3. 一个人的费用是多少？
4. 一共几天？
5. 旅行社包吃、包住，也包门票吗？

(二) 回答下面的问题。 General Conversation: Answer the following questions.

1. 你自己订过机票吗？
2. 你喜欢坐直飞的航班还是转机的航班？为什么？
3. 你喜欢订什么样的酒店？
4. 你订酒店的时候，是看价钱还是看设施？
5. 你在中国坐过出租车吗？
6. 你在中国的出租车上跟司机用中文说话吗？
7. 你喜欢自己订旅行计划吗？
8. 你觉得旅行的时候需要注意什么？
9. 你喜欢去远的地方旅行还是去近的地方旅行？为什么？
10. 你有时差问题吗？
11. 你旅行的时候喜欢带很多行李吗？为什么？
12. 你觉得旅行前需要做哪些准备？

(三) 请看图片，然后描述你看到了什么。 Describe the picture below.

阅读理解 READING COMPREHENSION

(一)

酒店服务员：您好，这是上海假日酒店。请问，您需要帮忙吗？
王　小　姐：你好，我想预订一个房间。
酒店服务员：没问题。请问您打算什么时候来？
王　小　姐：下个月，五月六日到。
酒店服务员：您打算住多久？
王　小　姐：两周。
酒店服务员：我们有海景房和城市风景房，您想要什么样的房间？
王　小　姐：我想要一个带海景的双人房。请问多少钱一晚？
酒店服务员：海景双人房八百八一晚。
王　小　姐：我是大学生，请问学生有折扣吗？
酒店服务员：对不起，学生没有打折。但下个月是我们酒店的十周年庆典，我们有优惠，住十晚免费送两晚。
王　小　姐：太好了。请问可以用信用卡吗？
酒店服务员：当然可以，而且没有手续费。
王　小　姐：谢谢。请帮我订两周吧。
酒店服务员：好。房间已经预订好了。希望五月六日能见到您。再见！
王　小　姐：再见！

请回答下列问题。

1) 王小姐想预订哪家酒店的房间？

....

2) 王小姐想住多长时间？

....

3) 王小姐想订什么样的房间？

....

4) 王小姐一共要付多少钱？

....

5) 王小姐用信用卡付款需要交手续费吗？

....

(二)

旅行攻略

快放假了，丁琳打算去日本自助旅行。她在网上查了一个旅行攻略，如下：

第一天：

从北京出发到达关西国际机场后，就去机场2楼购买前往市区的车票。然后坐地铁到JR Namba火车站，再步行5分钟到达酒店，好好休息和调整。晚上，可以去泡天然温泉，消除疲劳。

第二天：

利用大阪周游卡游览多个大阪景点。交通主要以地铁与免费的“11路公车”(走路)为主。上午参观著名的旅游景点，如天守阁、通天阁、天王寺庙等。下午可以去海洋馆观看日本特有的海洋生物。请注意，海洋馆不在免费范围内，但若出示周游卡，可以打九折。门票一张两千日元。

第三天：

乘坐JR地铁到奈良公园。公园里有东大寺、春日大社、国立博物馆等名胜古迹。最有特色的是公园里有很多自由玩耍的小鹿，游客们可以买食物喂给它们吃。不过小鹿有时会追着游客讨东西吃，吓得游客边跑边叫，有趣极了。

请回答下列问题。

1) 丁琳去日本是跟旅行团去的吗？

....

2) 从火车站怎么去酒店？

....

3) 第一天晚上丁琳可以做什么？

....

4) 到海洋馆出示周游卡的话，门票一张多少钱？

....

5) 在奈良公园喂小鹿，为什么有时游客会边跑边叫？

....

写作 WRITING

1. 你想邀请你的好朋友在这个长周末去泰国旅行。请写一封**电子邮件**给你的朋友，**最少**写60个字。内容应该包括以下五点：

   1) 你打算什么时候出发？
   2) 什么时候回来？
   3) 住在哪里？
   4) 费用是多少？
   5) 会去哪些旅游景点？

普通邮件

主题：

....

....

....

....

....

....

....

....

....

....

....

....

....

....

....

2. 你听说苏格兰非常漂亮，你打算在今年暑假去那里旅游。你给你在爱丁堡的笔友写一封**信**，谈谈你要做哪些旅行准备。**最少**写120个字。

UNIT 7
第二课
LESSON 2

度假
Going on Holiday

课文一 TEXT 1

我们学校一年有三个假期。除了寒假和暑假，春天的时候还有复活节假期。复活节假期虽然不长，只有两个星期，但是我们都特别喜欢这个假期，因为那时学校有很多考试，学习太累了，我们需要好好休息一下。另外，春天的天气很舒服，所以大部分同学都会去不同的地方度假。

今年的复活节假期，我就和几个朋友一起去了越南度假。办签证、买机票、入关、取行李，去越南一切都很顺利。一出机场，就看见成排的摩托车，我从来没有见过这么多的摩托车！我高兴地说："你好，越南，我的假期开始了！"

生词 New Words / 例句 Example Sentences

假期	jià qī	holiday; vacation	这个假期，我想好好在家休息。
春天	chūn tiān	spring	春天到了，公园里开满了美丽的花儿。
复活节	Fù huó jié	Easter	人们喜欢在复活节的时候吃彩蛋。
另外	lìng wài	in addition; besides	她买了一条裙子，另外还买了一双鞋。
大部分	dà bù fèn	majority; most	大部分人都会用手机上网。
度假	dù jià	go on holiday	他们下星期到海边度假。
签证	qiān zhèng	visa	有些国家需要办签证才能到那里旅游。
机票	jī piào	air ticket	现在去马来西亚的机票好便宜，我们赶快上网订吧。
入关	rù guān	entering a country	今天入关的人特别多，排了一个小时的队还没有轮到我。
取	qǔ	take; get; fetch	我先去取行李，你在这里等我。
顺利	shùn lì	smooth	工作进行得很顺利，按时完成没问题。
成排的	chéng pái de	in rows	那棵树上站着成排的鸟儿，真有意思。
摩托车	mó tuō chē	motorcycle	在台湾，很多人骑摩托车。
从来	cóng lái	all along	我从来没见过他。

根据课文选择正确的答案。 Choose the correct answers according to Text 1.

1. 我们学校一年有……
   A. 三个假期　B. 四个假期　C. 寒假　D. 暑假
2. 复活节假期一般有……
   A. 三周　B. 四周　C. 两周　D. 一周
3. 我们都喜欢复活节假期，因为……
   A. 不用考试　B. 能休息和度假　C. 喜欢复活节　D. 有巧克力吃
4. 这个假期我们去度假的地方是……
   A. 泰国　B. 缅甸　C. 日本　D. 越南
5. 我们在入关以后要做的事情是……
   A. 换钱　B. 买电话卡　C. 拿行李　D. 去吃饭
6. 我们走出大厅，看到了很多……
   A. 摩托车　B. 汽车　C. 自行车　D. 高楼

课文二 TEXT 2

难忘的旅行：新加坡

新加坡又名“狮城”，是世界上最小的几个国家之一，但它却有着很大的吸引力。新加坡一年到头都是夏天，特别适合旅行。这次放暑假，我们全家人就坐飞机去了狮城旅游。

新加坡是个花园城市，有很多漂亮的地方。但对孩子们来说，动物园是他们的最爱，因为里面的熊猫等动物实在太可爱了。另外一个好玩的地方是飞鸟公园，里面有各种各样的小鸟，非常有意思。

午饭我们吃的是“海南鸡饭”，虽然我们排队等了一个小时，但是很值得，因为海南鸡饭实在是美味可口，价格也不贵！

饭后我们去了购物中心，因为新加坡是有名的“购物天堂”，什么都有，但价格不便宜，除非你碰到大减价。去巴刹讨价还价是我觉得最有趣的事情。

我们玩到晚上十点多才回酒店，这真是有意思的一天！

生词 New Words / 例句 Example Sentences

生词			例句
狮城	Shī Chéng	Lion City (Singapore)	狮城，也就是新加坡，是东南亚的一个小国。
世界	shì jiè	world	世界很大，我想去看看。
吸引力	xī yǐn lì	attraction	泰国的吸引力太大了，每年有很多游客。
一年到头	yì nián dào tóu	all year round	我一年到头都很忙。
夏天	xià tiān	summer	这个夏天特别热。
适合	shì hé	suitable	这里的生活很适合老人。
孩子	hái zi	children	王老师有两个可爱的孩子。
动物园	dòng wù yuán	zoo	今天我们一家人到动物园去玩。
熊猫	xióng māo	panda	妹妹非常喜欢熊猫，因为熊猫长得很可爱。
实在	shí zài	really; indeed	我最近实在太忙了，每天只睡五六个小时。
飞鸟	fēi niǎo	birds	这里的飞鸟很多，常常可以听到它们的叫声。
值得	zhí dé	worth	马尔代夫很值得去玩一趟。
购物中心	gòu wù zhōng xīn	shopping centre	这里的购物中心很大，东西很多。
天堂	tiān táng	paradise	新加坡是个美食天堂，到处都可以吃到好吃的东西。
除非	chú fēi	unless	今个周末我不能出去玩，除非今天就把所有的作业做完。
大减价	dà jiǎn jià	sale	圣诞节大减价的时候，购物中心总是人山人海。
巴刹	bā shā	market	很多新加坡人都喜欢到巴刹，也就是市场，去买东西。
讨价还价	tǎo jià huán jià	bargain	在市场买东西，一定要讨价还价。

根据课文回答下面的问题。 Answer the questions according to Text 2.

1. 新加坡又叫做什么？

....

2. 为什么新加坡特别适合旅行？

....

3. 为什么孩子们最喜欢动物园？

....

4. 为什么排队等候一个小时很值得？

....

5. “大减价”是什么意思？

....

6. 为什么一定要在新加坡购物？

....

7. 什么是作者觉得最有趣的事情？

....

听力 LISTENING

练习一，问题一至五　Exercise 1, Questions 1-5

你将听到几个中文句子，每个句子读两遍。在唯一正确的方格内打勾(✓)回答问题。
You will hear some short phrases in Chinese. You will hear each phrase twice. Answer each question by ticking (✓) 1 box only.

1. A ☐ B ☐ C ☐ D ☐

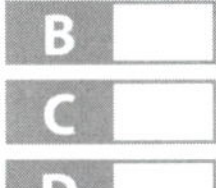

2. A ☐ B ☐ C ☐ D ☐

3. A ☐ B ☐ C ☐ D ☐

4. A ☐ B ☐ C ☐ D ☐

5. A ☐ B ☐ C ☐ D ☐

练习二，问题六至十　Exercise 2, Questions 6-10

下面是一家人的对话。请看图片。
A family is having a conversation. Look at the pictures.

请听下面的句子，在唯一正确的方格内打勾(✓)回答问题。
Listen, and answer each question by ticking (✓) 1 box only.

6. 英国人爱吃什么？

A ☐ B ☐ C ☐ D ☐

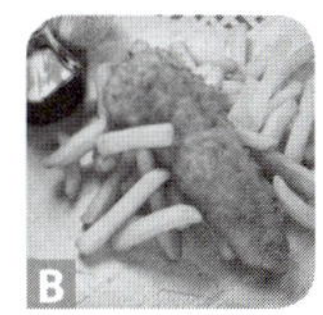

7. 弟弟想做什么？

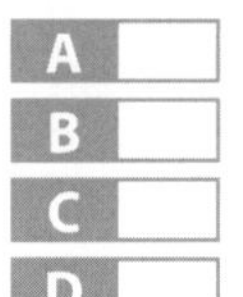

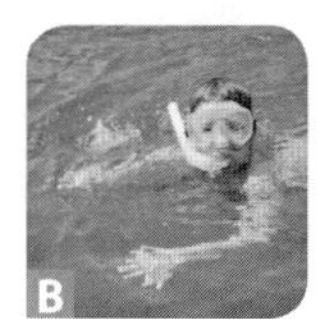

8. 丽莎在做什么？

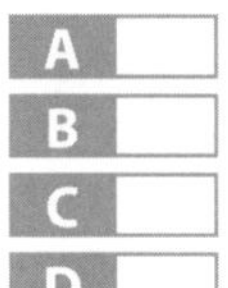

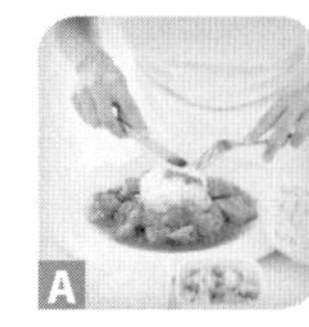

9. 妈妈带了什么？

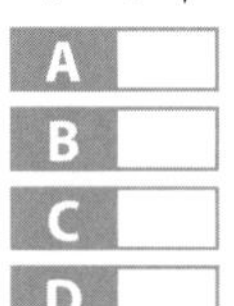

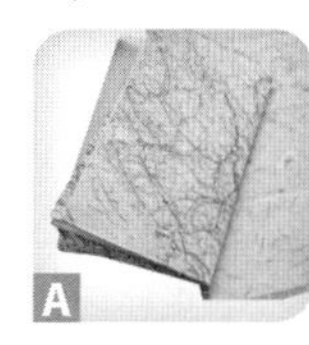

10. 我们住在哪里？

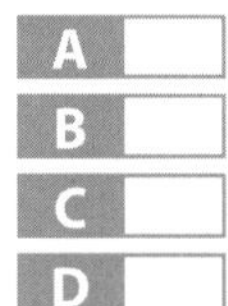

练习三，问题十一到十五 Exercise 3, Questions 11-15

看熊猫去 Let's See the Pandas

请先阅读一下问题，然后选择正确答案。
Read the questions first, and choose the correct answers.

11. 凯玲要去哪里看熊猫？
A. 英国　B. 越南　C. 泰国　D. 中国

12. 熊猫的故乡在哪里？
A. 四川　B. 厦门　C. 杭州　D. 北京

13. 国外的熊猫有什么特点？
A. 爱玩　B. 不爱动　C. 爱爬树　D. 爱打架

14. 中国的熊猫有什么特点？
A. 懒　B. 不爱动　C. 好动　D. 爱睡觉

15. 为什么凯玲觉得妈妈的话总是对的？

....

口语 SPEAKING

(一) 角色扮演 Role Play

A

老师：酒店服务员
你：你自己

你和酒店服务员在谈话。
You are talking with a hotel staff member. She is asking you some questions.

1. 你在什么时候订的酒店？
2. 你一共住几晚？
3. 你和谁一起入住？
4. 你需要在酒店吃早餐吗？
5. 你打算怎么付款？

B

老师：旅行社
你：你自己

你要去马尔代夫度假，你正在跟旅行社订机票。
You plan to go to Maldives for holidays and are now booking air tickets with the travel agency.

1. 你想什么时候去马尔代夫？
2. 你要订几张机票？
3. 你需要办签证吗？
4. 护照有效期到哪一年？
5. 你打算什么时候回来？

(二) 回答下面的问题。 General Conversation: Answer the following questions.

1. 上个暑假你去哪里度假了？
2. 你度假的时候都喜欢做什么？
3. 你最喜欢去哪个国家／地方旅游？为什么？
4. 城市旅行和田园风光旅行，你更喜欢哪一种？为什么？
5. 明年暑假你打算去哪里旅游？
6. 你一般和谁一起去旅行？
7. 你一般是跟团游还是自助游？为什么？
8. 你喜欢去海边玩吗？
9. 你喜欢刺激的活动吗？比如高空跳伞？
10. 你一般一年出去旅行几次？
11. 你觉得旅行有什么好处？
12. 你觉得度假有哪些坏处？
13. 你喜欢跟爸爸妈妈去旅行，还是跟朋友一起去旅行？为什么？

(三) 请看图片，然后描述你看到了什么。 Describe the pictures below.

阅读理解 READING COMPREHENSION

（一）

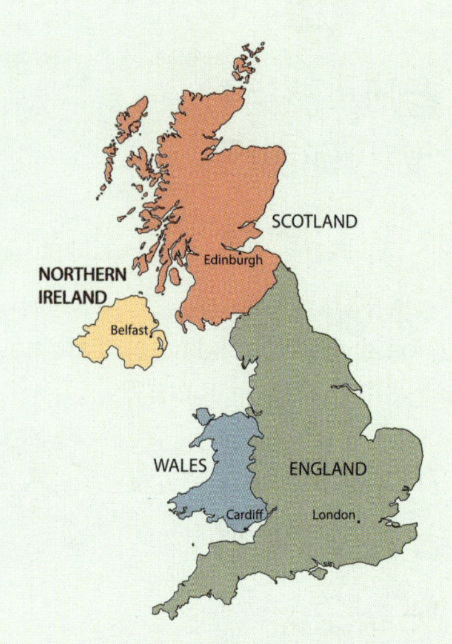

布莱恩一大早就要赶上从伦敦到北爱尔兰的飞机。布莱恩长得又高又胖，特意要求了一个靠过道的座位，这样坐着会比较舒服。

飞机刚起飞后不久，他就听见广播里面说："亲爱的乘客，飞机预计在下午5点到达。但由于天气原因，将推迟两个小时到达，请大家见谅。"布莱恩心想晚上7点也还好，就没怎么在意。

快到7点，广播又响了："亲爱的乘客，由于闪电原因，我们无法降落到北爱尔兰，我们将先飞往威尔士。请大家见谅！"布莱恩气得脸都红了，可是他也没有别的办法，只好坐着干等。

好不容易，到了7点半，广播又开始了："亲爱的乘客，由于航空管制，我们无法按时降落威尔士，请大家见谅。"这下布莱恩的手脚开始发抖，害怕了。因为到现在，MH370还没找到呢。他心想，以后再也不会为了省钱而订廉价航空了。

请回答下列问题。

1) 布莱恩今天要去哪里？

…………………………………………

2) 布莱恩对座位有什么要求？

…………………………………………

3) 布莱恩本来应该几点到北爱尔兰？

…………………………………………

4) 飞机为什么要先飞往威尔士？

…………………………………………

5) 布莱恩为什么害怕？

…………………………………………

(二)

圣诞节放假，天一收拾行李去了韩国凤凰滑雪场度假。这个滑雪场将是2018年冬季奥运会的举办地。韩国的冬天天气很冷，每天都下雪，风也很大，但这并没有影响天一兴奋的心情。

一大早，天一就提前来滑雪场等教练。因为训练费很贵，一小时要200美金，天一不想浪费钱。可是10分钟过去了，教练还是没有来。天一等得又冷又饿，他决定先去买点早饭。他从钱包里掏出100美元准备买个韩国泡饭和泡菜来热热身，可是因为他戴着手套，钱没抓紧，一下子被风吹跑了，天一到处找也没找到。他不甘心，想了个办法，要把钱找回来。

于是，他又掏出100美元，故意让风把钱吹走。天一想，只要他顺着这个风向，肯定能把他的两百块钱一起找回来。就这样，天一跟着钱跑啊跑，跑到湖边，他还真的看到了他的两百美元，只可惜他的钱都打水漂了，漂到了湖中央，拿不回来了。天一只好垂头丧气地回到滑雪场。教练一见到他就说："天一，真对不起，你订的一个小时的学习滑雪的时间已过，明天再来吧！"

请回答下列问题。

1) 2018年的冬奥会在哪里举办？

2) 天一为什么提前来滑雪场等教练？

3) 天一早餐想吃什么？

4) 天一打算怎么找到他被风吹走的100美金？

5) 一天之内，天一一共损失了多少美元？

6) "打水漂"是什么意思？

写作 WRITING

1. 你和你的家人暑假去了中国度假。回来后，请你给在中国的朋友写一封**电子邮件，最少**写60个字。电邮中要包括下面的内容：

   1) 你去了哪里？
   2) 在那里你做了什么好玩的事？
   3) 你吃了什么好吃的东西？
   4) 你买了什么礼物？
   5) 你有没有跟当地人说中文？

普通邮件

主题：

2. 你最近刚和两位同学去了北京自助游。请用**博客**写一写你的经历。**最少**写120个字。

开心博客

购物
Shopping

课文一 TEXT 1

零用钱

现在大部分的学生都有自己的零用钱。那么，这些钱都是从哪里来的呢？大部分的零用钱是爷爷、奶奶，或者爸爸、妈妈给的。也有的是学生们做家务家长给的奖励，比如洗一次碗10元，洗一次衣服20元，拖一次地15元等等。

学生们都用这些钱来做什么呢？

艾丽(Ài Lì)说：“我喜欢把钱存起来，买自己喜欢的衣服，比如连衣裙、短裙。”

立德(Lì dé)说：“我最喜欢玩电脑游戏了，每个月我都用零用钱买电脑游戏。”

小美和维卡(Wéi Kǎ)觉得学习最重要，钱要花在学习上，所以她们会用钱来买书和文具。但是绝大多数的学生还是把钱花在买零食上。其实，学生们可以想一想，能否把钱花在更有意义的事情上？例如，我们帮助失学的儿童，捐款给孤独老人等。

生词 New Words　 Example Sentences

生词			例句
学生	xué sheng	student	我的班里有二十个学生。
零用钱	líng yòng qián	pocket money	我的零用钱不够用。
家务	jiā wù	housework	我常常帮妈妈做家务。
家长	jiā zhǎng	parent	很多家长明天会到学校参加家长会。
奖励	jiǎng lì	reward	老师的鼓励是最好的奖励。
碗	wǎn	bowl	我晚餐要吃两碗饭。
衣服	yī fu	clothes	外边冷，多穿些衣服。
拖地	tuō dì	mop the floor	哥哥每个星期都会帮妈妈拖地。
存	cún	save (money)	你有存钱的习惯吗？
连衣裙	lián yī qún	dress	姐姐穿上这条连衣裙很好看。
绝大多数	jué dà duō shù	vast majority	我们班绝大多数的同学都喜欢学中文。

(Continued on next page)

(Continued from p. 56)

花	huā	spend	昨天我花了三十块钱买了一本中文小说。
零食	líng shí	snack; titbits	我妹妹零食不离手，所以很胖。
其实	qí shí	actually; in fact	我其实不喜欢弹琴，我喜欢唱歌。
有意义	yǒu yì yì	meaningful	我要把钱花在有意义的事情上。
失学	shī xué	deprived of education	非洲有很多失学儿童需要我们的帮助。
儿童	ér tóng	children	你家楼下有儿童游乐场吗？
捐款	juān kuǎn	donate	她每个月都捐款帮助那些孤独的老人。
孤独	gū dú	lonely; single or childless	他一个人过生日，非常孤独。

根据课文判断对错，并且给出理由。

True or false?
Explain why if the statement is false.

1. ☐ 学生大部分的零用钱是做家务赚来的。 理由：......
2. ☐ 洗衣服赚的零用钱是最多的。 ......
3. ☐ 立德一般把零用钱花在买文具上。 ......
4. ☐ 绝大多数的学生用零用钱来买文具。 ......
5. ☐ 用零用钱帮助失学的儿童是更有意义的事情。 ......

课文二 TEXT 2

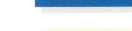

网上购物的利与弊

网购就是在家里上网买东西，现在越来越多的中国人喜欢用网络购物。这是因为可以在家"逛商店"，没有时间、地点的限制，还可以买到当地没有的商品。网上付钱也比用现金购物更安全、更方便。另外，网上购物时，还可以一边买东西一边听音乐。

可是，也有些人觉得网上购物有不少缺点。

王杰说，"网上的东西可能和照片上很不一样。"

小小说，"网上购物最不好的是不能试穿衣服，很难了解大小和质量。"

小刚觉得，如果对网上买的商品不满意，要换的话就会很麻烦。

所以，网上购物具有方便、快捷、价格便宜等优点，但是也有它的问题。

生词 New Words / 例句 Example Sentences

利弊	lì bì	pros and cons	什么事情都有利弊。
网购	wǎng gòu	online shopping	现在网购非常流行。
逛商店	guàng shāng diàn	go window shopping	姐姐喜欢和朋友一起逛商店买东西。
地点	dì diǎn	location	约会见面的地点是在麦当劳门口。
限制	xiàn zhì	restriction	有些游戏对身高有限制，比如过山车。
当地	dāng dì	local	现在当地的时间是晚上十点，比新加坡快两小时。
商品	shāng pǐn	products; merchandise	这家店很大，里面的商品很多。
现金	xiàn jīn	cash	网购不能用现金，得用信用卡。
安全	ān quán	safety	外出旅游，一定要注意安全。
缺点	quē diǎn	shortcoming	她什么都好，就是有不爱运动这个缺点。
照片	zhào piàn	photo	这些照片是我去年到中国旅行时拍的。
试穿	shì chuān	try on (a garment)	昨天陪妈妈去买衣服，试穿了十几件，还是没有合适的。
质量	zhì liàng	quality	这双鞋的质量不好，才穿了一个星期就已经坏了。
满意	mǎn yì	satisfied	我对学校课外活动的安排很满意。
换	huàn	change	我要先回家换件衣服才去看电影。
快捷	kuài jié	fast	我喜欢坐地铁，因为地铁比公共汽车更快捷。
优点	yōu diǎn	strong point; merit	她的缺点很多，优点更多。

根据课文回答下面的问题。 Answer the questions according to Text 2.

1. 什么是网络购物？

   ……………………………………

2. 网购有什么好处？

   (i) ……………………………………

   (ii) ……………………………………

   (iii) ……………………………………

   (v) ……………………………………

3. 网购有什么缺点？

   (i) ……………………………………

   (ii) ……………………………………

   (iii) ……………………………………

4. 你喜欢网购吗？为什么？

   ……………………………………

5. 请说一说你网购的经历。

   ……………………………………

听力 LISTENING

练习一，问题一至五　Exercise 1, Questions 1-5

你将听到几个中文句子，每个句子读两遍。在唯一正确的方格内打勾(✓)回答问题。
You will hear some short phrases in Chinese. You will hear each phrase twice. Answer each question by ticking (✓) 1 box only.

1. A ☐ B ☐ C ☐ D ☐

A

B

C

D

2. A ☐ B ☐ C ☐ D ☐

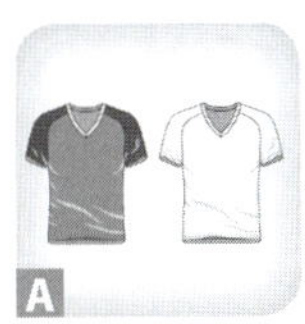
A

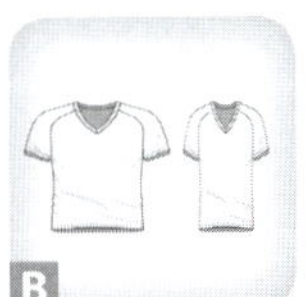
B

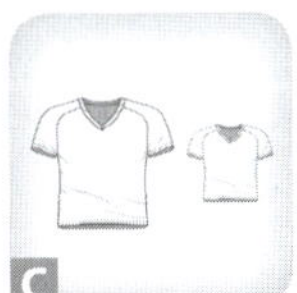
C

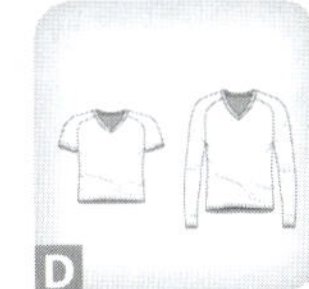
D

3. A ☐ B ☐ C ☐ D ☐

A

B

C

D

4. A ☐ B ☐ C ☐ D ☐

A

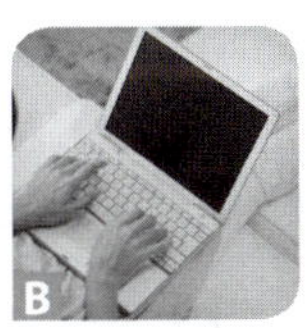
B

C

D

5. A ☐ B ☐ C ☐ D ☐

A　B　C　D

练习二，问题六至十　Exercise 2, Questions 6-10

下面是你在商店里听到的一段对话。请看图片。

You heard this conversation in a store. Look at the pictures.

请听下面的句子，在唯一正确的方格内打勾(✓)回答问题。
Listen, and answer each question by ticking (✓) 1 box only.

6. 他想买什么？

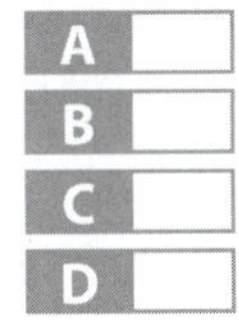

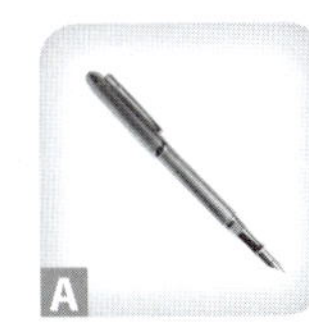
A

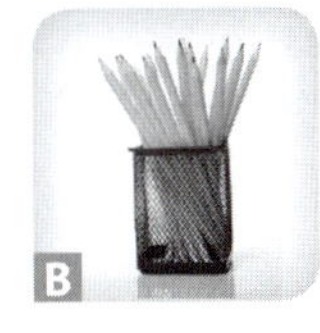
B

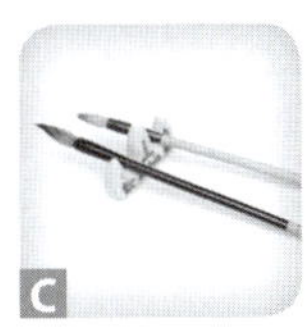
C

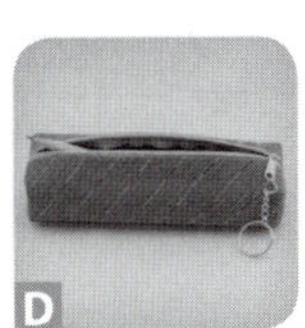
D

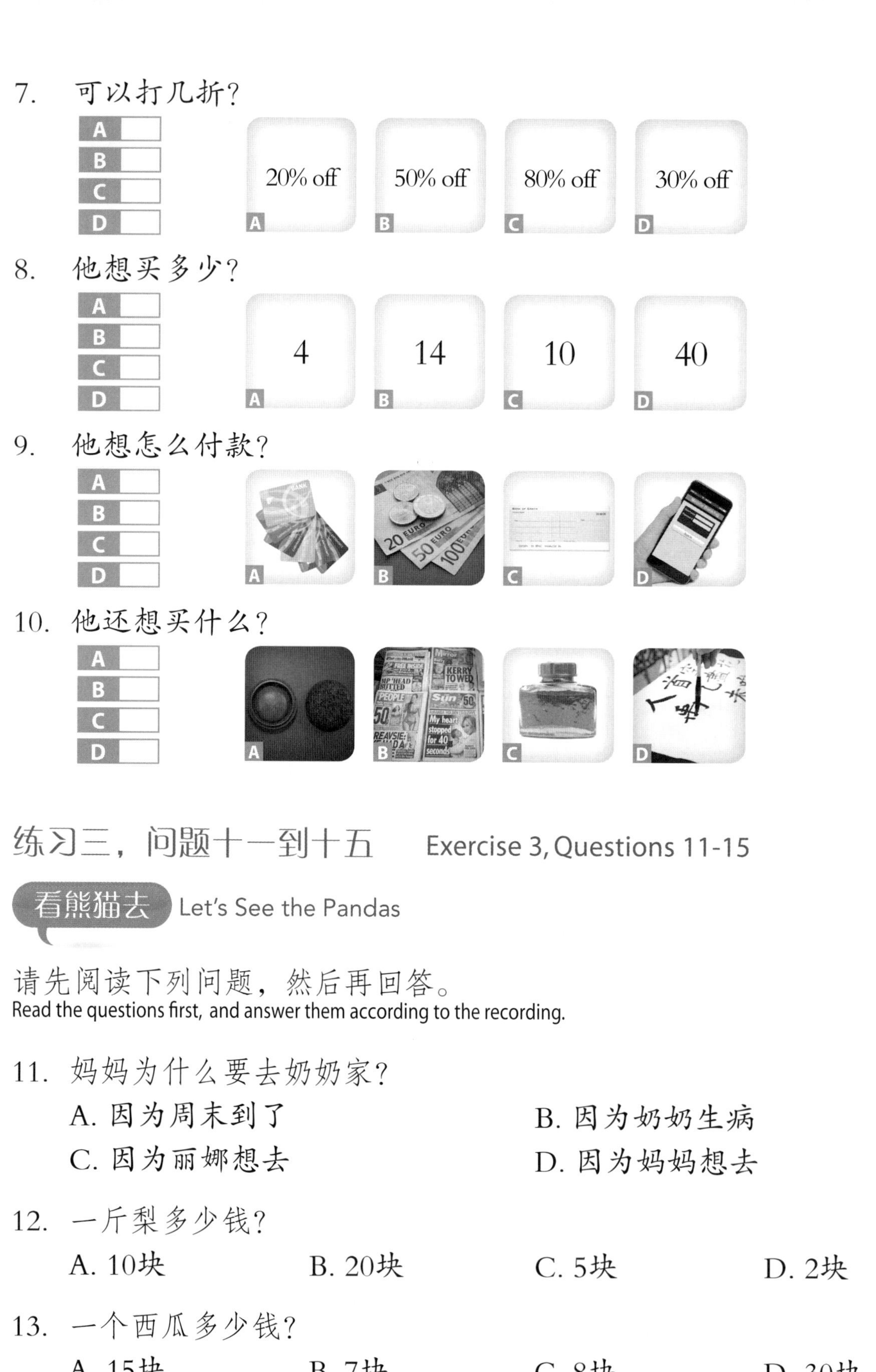

7. 可以打几折？

A ☐ B ☐ C ☐ D ☐

A. 20% off　B. 50% off　C. 80% off　D. 30% off

8. 他想买多少？

A ☐ B ☐ C ☐ D ☐

A. 4　B. 14　C. 10　D. 40

9. 他想怎么付款？

A ☐ B ☐ C ☐ D ☐

A　B　C　D

10. 他还想买什么？

A ☐ B ☐ C ☐ D ☐

A　B　C　D

练习三，问题十一到十五　Exercise 3, Questions 11-15

看熊猫去 Let's See the Pandas

请先阅读下列问题，然后再回答。
Read the questions first, and answer them according to the recording.

11. 妈妈为什么要去奶奶家？
A. 因为周末到了　B. 因为奶奶生病
C. 因为丽娜想去　D. 因为妈妈想去

12. 一斤梨多少钱？
A. 10块　B. 20块　C. 5块　D. 2块

13. 一个西瓜多少钱？
A. 15块　B. 7块　C. 8块　D. 30块

14. 丽娜还需要找妈妈要多少钱？
A. 两块钱　B. 十块钱　C. 一块钱　D. 五块钱

15. 如果你是丽娜，钱不够的时候，你会怎么做？

....

口语 SPEAKING

(一) 角色扮演 Role Play

A

老师：商店的售货员
你：你自己

你在和商店售货员谈话。
You are talking with a shop assistant. She is asking you a few questions.

1. 你想买什么衣服？
2. 你喜欢什么颜色的衣服？
3. 你喜欢穿休闲的衣服吗？为什么？
4. 你在网上买过衣服吗？
5. 你打算怎么付款？

B

老师：玩具店的售货员
你：你自己

你打算去玩具店为你的妹妹买一只宠物玩具作为生日礼物。
You are going to buy your sister a toy as her birthday gift. You are talking to the shop assistant.

1. 你想买什么玩具？
2. 你为什么要买宠物玩具？
3. 你想买大的还是小的？
4. 你想要什么颜色的？
5. 你打算花多少钱？

(二) 回答下面的问题。 General Conversation: Answer the following questions.

1. 你喜不喜欢购物？
2. 你一般跟谁去购物？
3. 请谈一谈你最近一次购物的经历。
4. 你喜欢逛什么样的商店？
5. 你最近买了什么衣服？
6. 你买东西的时候喜欢讨价还价吗？
7. 你有没有在网上买过东西？
8. 你觉得网上购物怎么样？
9. 你打算买什么东西给你的妈妈做生日礼物？
10. 你觉得名牌怎么样？
11. 有人说英国是购物天堂，你觉得呢？
12. 你喜欢去超市买东西吗？
13. 你一般是什么时间去超市买东西？
14. 你有没有去过菜市场买东西？

(三) 请看图片，然后描述你看到了什么。 Describe the pictures below.

阅读理解 READING COMPREHENSION

(一)

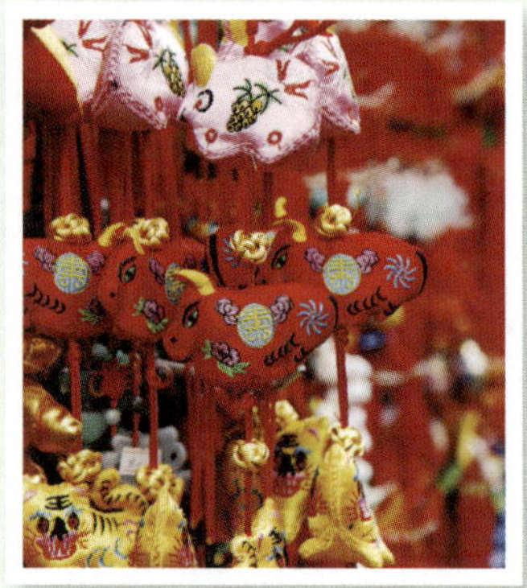

我和家人经常在假期去不同的国家度假，我们喜欢在度假的时候购买纪念品。上个月妈妈在打扫房间的时候，发现家里有很多我们以前买的纪念品，例如，有三十几个冰箱贴，十几个木勺子，好几个洋娃娃，几叠明信片等等。妈妈说，这些东西现在都没用了，该扔掉，以后度假的时候不能再买纪念品了。

上个星期，我们去中国旅游。中国的东西又好又便宜，我们又开始疯狂购物了。爸爸一直问："你们真的需要买这些吗？"我们想也不想就回答："我们真的需要，这个又好又便宜！"结果，当我们回来的时候，不得不再去买一个更大的旅行箱。

判断对错，并且给出理由。

1) ☐ 虽然我们不常常去度假，但是去度假的时候，我们一定买很多纪念品。

理由：……………………

2) ☐ 昨天妈妈打扫房间，发现了很多我们以前买的各种各样的纪念品。比如冰箱贴、木勺子、洋娃娃和明信片等等。

……………………

3) ☐ 妈妈说我们买的纪念品很有意义，非常好。

……………………

请回答下列问题。

1) 我们为什么在中国疯狂购物？

……………………

2) 我们在回来之前又买了什么？为什么？

……………………

(二)

学校的跳蚤市场

跳蚤市场(flea market)里出售的商品一般是二手商品，价格很低，仅为新货价格的10%～30%。小到衣服上的装饰物，大到完整的旧汽车、录像机、电视机、洗衣机等，应有尽有。

今年，我们学校也举办了IB跳蚤市场。很多同学把自己用过的和IB有关的课本、学习用品、书包，甚至笔记本拿来卖。卖得最好的当然是学习成绩好的学生，一来，大家觉得可以沾他们的好运气；二来，买他们的笔记本，可以学习到他们独特的学习方法。不过，成绩不好的同学的书，也卖得很好，因为他们的书上没写什么字，差不多都是新的。通过这次跳蚤市场，同学们都受益匪浅，大家都说“明年要再办一次！”

请选择正确答案。

1) 跳蚤市场里不卖什么东西？
   A. 时尚衣服　B. 旧货　C. 多余的物品　D. 过时的衣物

2) 跳蚤市场卖的东西，价格怎么样？
   A. 很贵　B. 和商场一样　C. 便宜　D. 比新货贵10%～30%

3) IB 跳蚤市场不卖什么东西？
   A. 校服　B. 笔记本　C. 学习用品　D. 课本

请回答下列问题。

1) 为什么大家喜欢买学习成绩好的同学的学习资料？

   (i)..........

   (ii)..........

2) 为什么学习成绩不好的同学的书也卖得很好？

   ....

3) 同学们对IB跳蚤市场有什么看法？

   ....

写作 WRITING

1. 你们家附近的一个商店正在进行圣诞节大甩卖，很多东西都在打折。请你给你的朋友写一封**电子邮件**，**最少**写60个字。应包括以下内容：
   1) 你为什么写这个电邮？
   2) 你的朋友为什么应该跟你去购物？
   3) 你打算买什么？
   4) 你们在哪里见面？
   5) 你们怎么联络？

普通邮件

主题：

2. 请写一篇关于购物的有趣经历。**最少**写120个字。

Unit 8
Hometown

天气和地理
Weather and Geography

课文一 TEXT 1

今年春天小萍(Píng)到了英国巴斯读大学。巴斯可真是一个漂亮的城市，有很多古罗马的建筑，到处是优美的田园风光。巴斯大学在山顶，可是，巴斯市中心和商业区在山下。小萍最喜欢和好朋友琳达一起从山顶慢慢地走下来，一边走一边聊，还可以看一看路边古罗马风格的房子。

“你的家乡有山吗？”琳达(Lín dá)问。

“有啊，黄山就是中国很有名的山之一，很多人都喜欢爬黄山。但在黄山上很少看到房子。”小萍说，“英国人把房子建在矮矮的的山上，很有意思。”

琳达觉得很好奇：“为什么在黄山上房子很少呢？”

“那是因为中国的山不像英国的山，都是又高又陡的。”小萍回答说。

“难怪……”

生词 New Words / 例句 Example Sentences

生词			例句
田园风光	tián yuán fēng guāng	rural scenery	英国的田园风光很漂亮。
山顶	shān dǐng	mountaintop	我很想到山顶看日出。
市中心	shì zhōng xīn	city centre	伦敦市中心非常热闹。
商业区	shāng yè qū	business district	商业区有各种各样的商店。
路边	lù biān	roadside	他有点累，所以把车停在路边休息一下。
风格	fēng gé	style	你喜欢什么风格的衣服？
房子	fáng zi	house	市中心的房子都很小。
家乡	jiā xiāng	hometown	他今年要回家乡看他的爸爸妈妈。
之一	zhī yī	one of	画画是我的爱好之一。
爬山	pá shān	mountain climbing	爬山是一种很好的运动。

(Continued on next page)

(Continued from p. 68)

好奇	hào qí	curious	我们对新来的老师很好奇。
陡	dǒu	steep	这个山很陡，不容易爬。
难怪	nán guài	no wonder	小皮从来不做作业，难怪成绩不好。

补充词汇 Extended Vocabulary

巴斯	Bā sī	Bath
古罗马	Gǔ Luó mǎ	ancient Rome
黄山	Huáng Shān	Huangshan (a mountain range in Anhui, China)

根据课文回答下面的问题。 Answer the questions according to Text 1.

1. 为什么说巴斯是个漂亮的城市？
2. 巴斯大学坐落在城市的什么地方？
3. 小萍喜欢和琳达一起做什么？
4. 琳达对什么很好奇？
5. 请你帮琳达完成最后一个句子。

课文二 TEXT 2

中国是世界上继美国和加拿大之后的第三大国家，主要的河流有长江与黄河。长江是中国第一大河，世界第三大河。黄河是中国第二大河，长5464公里。

中国有南北之分。一般认为长江以北叫北方。北方的冬天比较寒冷，会下大雪。北方人偏爱吃面食，比如饺子、面条、馒头等。中国的首都北京就在北方。很多人喜欢到北京参观中国古代的宫殿，比如故宫和颐和园。有句话说“不到长城非好汉”，很多人都喜欢爬长城。

长江以南是南方，南方天气比较温和，但经常下雨，有时候还会有台风。南方人偏爱吃米饭。上海、香港等国际大都市都在中国的南方。很多人也喜欢到云南、广西等少数民族地区去游玩，那里的气候很适合游山玩水。

生词 New Words　　例句 Example Sentences

生词			例句
主要的	zhǔ yào de	main	这个国家主要的语言有哪几种？
河流	hé liú	river	这个地区有好几条河流。
南北	nán běi	south and north	中国有南北之分，所以中国人也分为南方人和北方人。
冬天	dōng tiān	winter	冬天的时候要多穿点衣服。
寒冷	hán lěng	cold	现在的冬天越来越寒冷。
偏爱	piān ài	have a special liking	她偏爱吃甜点。
面食	miàn shí	food made of flour	我不喜欢吃面食。
首都	shǒu dū	capital	你知道澳大利亚的首都是哪里吗？
参观	cān guān	visit	我们明天要去参观北京的故宫。
古代的	gǔ dài de	ancient	古代的服装真是太美了！
宫殿	gōng diàn	palace	这个宫殿花了十年才建成。
好汉	hǎo hàn	brave man; hero	好汉做事好汉当。
下雨	xià yǔ	to rain	下雨了，开车要小心。
台风	tái fēng	typhoon	明天有台风，我们还是不要出门了。
米饭	mǐ fàn	rice	我喜欢吃米饭，不喜欢吃面条。
大都市	dà dū shì	big city	香港是一个国际大都市。
少数民族	shǎo shù mín zú	ethnic minority	我很喜欢看少数民族的舞蹈。
地区	dì qū	region	这个地区的河水特别干净。
气候	qì hòu	climate	这里的气候适合种苹果。
游山玩水	yóu shān wán shuǐ	visit various scenic spots	她经常游山玩水。

补充词汇 Extended Vocabulary

长江	Cháng Jiāng	Yangtze River	上海	Shàng Hǎi	Shanghai
黄河	Huáng Hé	Yellow River	香港	Xiāng Gǎng	Hong Kong
故宫	Gù Gōng	Forbidden City	云南	Yún Nán	Yunnan
颐和园	Yí hé Yuán	Summer Palace	广西	Guǎng Xī	Guangxi
长城	Cháng Chéng	Great Wall			

根据课文选择正确的答案。 Choose the correct answers according to Text 2.

1. 哪个国家比中国大？　A. 澳大利亚　B. 印度　C. 加拿大　D. 西班牙
2. 世界第三大河是什么？　A. 长江　B. 黄河　C. 黄海　D. 渤海
3. 中国的南方和北方通常是以哪条河来区分的？　A. 长江　B. 黄河　C. 珠江　D. 黑龙江
4. 如果你想看看中国古代的皇宫，应该去哪里玩？　A. 北方　B. 南方　C. 澳门　D 台湾
5. 如果你想了解少数民族的习俗，应该去哪里玩？　A. 北方　B. 南方　C. 北京　D. 黄海

听力 LISTENING

练习一，问题一至五　Exercise 1, Questions 1-5

你将听到几个中文句子，每个句子读两遍。在唯一正确的方格内打勾(✓)回答问题。
You will hear some short phrases in Chinese. You will hear each phrase twice. Answer each question by ticking (✓) 1 box only.

1. 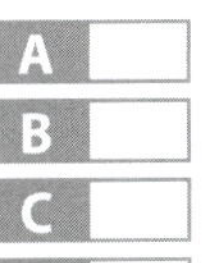

A B C D

2. A B C D

 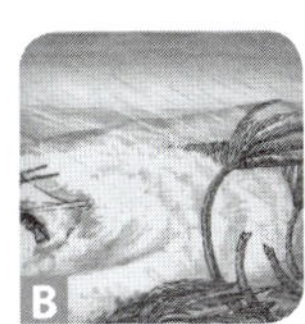  

3. A B C D

A 十三度

B

C 二十三度

D 三十一度

4. A B C D

5. A B C D

练习二，问题六至十　Exercise 2, Questions 6-10

下面是你在公园里听到的一段对话。请看图片。

You heard this conversation in a park. Look at the pictures.

请听下面的句子，在唯一正确的方格内打勾(✓)回答问题。
Listen, and answer each question by ticking (✓) 1 box only.

6. 明天天气怎么样？

A B C D

  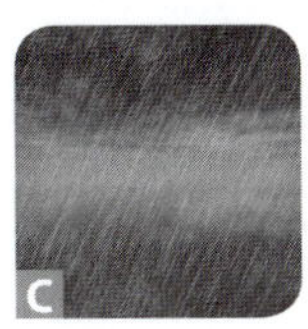 

7. 公园里好玩的地方在哪儿？

A ☐ B ☐ C ☐ D ☐

8. 去湖边的路上，你会看到什么？

A ☐ B ☐ C ☐ D ☐

9. 哪个季节最美？

A ☐ B ☐ C ☐ D ☐

10. 北方的冬天有什么？

A ☐ B ☐ C ☐ D ☐

练习三，问题十一到十六 Exercise 3, Questions 11-16

请先阅读下列问题，然后再回答。
Read the questions first, and answer them according to the recording.

11. 我们什么时候去爬山？
A. 这个周末 B. 下个周末
C. 星期五 D. 上个周末

12. 我们为什么去爬山？
A. 爸爸想锻炼身体
B. 我们很长时间没有爬山了
C. 紫金山很有名
D. 天气很好

13. 紫金山有多高？
A. 四百多米
B. 四十米高
C. 十四米高
D. 一百四十米

14. 妈妈为什么想回家？
A. 门忘记关了
B. 下雨了
C. 妈妈觉得太累了
D. 妈妈不高兴了

15. 到了山顶后，天气怎么样？

....

16. 我们为什么很开心？

....

口语 SPEAKING

(一) 角色扮演 Role Play

A

老师：中国游客
你：你自己

你在和一位来自中国的游客谈话。
You are talking with a tourist from China.

1. 这里的天气怎么样？
2. 这里夏天气温多少度？
3. 这里经常下雨吗？
4. 这里最好玩的地方是哪里？
5. 这里有没有有名的儿童游乐园？

B

老师：学校的学生
你：地理老师

你们正在上地理课。
You are having a geography lesson now.

1. 老师，中国的首都是哪个城市？
2. 那里哪个季节最好？
3. 那里哪个季节最适合去旅游？
4. 长江经过那里吗？
5. 那里是在南方还是北方？

(二) 回答下面的问题。 General Conversation: Answer the following questions.

1. 一年有哪几个季节？
2. 你喜欢哪个季节？为什么？
3. 在你们城市，春天天气怎么样？
4. 今天的天气怎么样？
5. 今天气温多少度？
6. 你们这里夏天最高气温是多少度？
7. 你们这里最低气温多少度？
8. 在中国，最有名的两条河叫什么名字？
9. 你们家附近有山吗？
10. 你们这里有庙吗？
11. 你喜欢去湖边做什么？
12. 晴天的时候你都做些什么？
13. 你喜欢下雨天吗？为什么？
14. 你们这里下雪吗？
15. 你见过雪吗？
16. 你们这里有台风吗？
17. 刮台风的时候你们要不要去上学？
18. 天气不好的时候你都做什么？

(三) 请看图片，然后描述你看到了什么。 Describe the picture below.

阅读理解 READING COMPREHENSION

（一）

三月二十三日　　　　　　星期五　　　　　　晴转多云

在中国，大部分的城市都四季分明，可最近很多城市的天气都有点反常。比如说南京，原本应该是暖和的春天，却连续五天高温，最高气温高达二十八度。这可是夏天的温度啊！昨天气温又突然下降，让人觉得是秋天。今天可好，刮起了北风，让人觉得很冷，好像冬天来了。一天里有10度的温差就已经够大了。可现在，一天有20度的温差！

我的好朋友在微博上说："这几天真夸张，如果说上午是春天的话，那么中午便是夏天，傍晚为秋天，而夜里则是冬天。春夏秋冬，一天让人全过一遍。"是啊，昨天在南京的步行街上，穿着春夏秋冬各季衣服的路人都有。

请回答下列问题。

1) 最近，大部分中国城市的天气是怎么样的？

………………………………………………………………

2) 南京现在应该是什么季节？

………………………………………………………………

3) 南京昨天发生了什么？

………………………………………………………………

4) 一天中温差多少度就算很大了？

………………………………………………………………

5) 昨天在南京的步行街你可以看到什么？

………………………………………………………………

（二）

全国网友微博晒天气

济南

西安

昆明

南京

第一段

逢考必过(网名)：济南，城市中的战斗机，一年四季随“季”播放。济南人民不容易啊，一周走完春夏秋冬。周一穿汗衫，周二穿衬衫，周三穿短袖，周四穿毛衣，周五必须穿大衣，周六周日又让你想裸奔。一年四季随机播放，这样的城市，你值得拥有！

第二段

每日笑话微博：中国城市可分为三类：一是像西安那样的普通城市，春夏秋冬顺序播放；二是像昆明那样的文艺城市，春季单曲循环；三像南京这样的非主流城市，城市中的战斗机，一年四季随机播放。

第三段

七月的风暖暖的(网名)：大家注意啦，从昨天下午开始，一场冷空气来袭，江苏各地将再次进入“冬天”！大伙即使坐在家里，也能感到一阵阵寒意！记者从气象部门了解到，今天我市气温7到1℃，东北风4-5级；明天气温13℃-2℃，东北风3-4级；后天气温15-5℃，东北风3-4级。气象部门提醒市民，出门需格外防寒保暖。

1. 根据第一段的内容回答问题。

1) 请填写下面的表格。

时间	星期一	星期二	星期三	星期四	星期五	星期六
穿衣	汗衫					

2) “随机”在这里是什么意思？

A. 不同的顺序　B. 不按着规定　C. 随便选择　D. 跟着机器一起

2. 根据第二段的内容判断对错。

			理由：
1)	☐	中国城市能分为五类。	
2)	☐	西安一年里没有冬天。	
3)	☐	昆明一年四季都是春天。	
4)	☐	南京市的天气没有规律，常常很冷或者很热。	

3. 根据第三段的内容回答问题。

1) "七月的风暖暖的"发这篇博客的目的是什么？

2) 为什么即使坐在家里，也会觉得冷？

3) 城市今天天气什么样？

(i)

(ii)

4) 气象部门提醒市民出门时应该注意什么？

写作 WRITING

1. 你今天上中文课的时候，老师讲了中国的南方和北方，她给你们留的作业是写一封**信**给你的朋友，介绍一下南方或者北方。**最少**写60个字。内容应该包括以下五点：

   1) 你想介绍南方还是北方？
   2) 南方/北方的天气怎么样？
   3) 南方/北方人喜欢吃什么？
   4) 你所知道的南方/北方的有名的城市是哪个？
   5) 你喜欢中国的南方还是北方，为什么？

2. 你最近去了香港旅游。虽然是冬天，但香港还是比较闷热。香港岛很热闹，新界有不少自然景区，比如湿地公园、狮子山等等。请写一篇**日记**，谈谈你的感受。**至少**写120个字。

城市的不同地方
Different Places in a City

课文一 TEXT 1

这是上海，一个魅力之都，大得不得了，人也多得不得了。而我出生的城市是一个中等城市，比上海小很多。

上海市中心有一条步行街—南京路。南京路两边都是商店，里面的东西应有尽有，有些还可以讨价还价。南京路的东边是长长的外滩，有各国特色的建筑，很多人喜欢在那里拍照留念。外滩的对面是浦东，其中一个地标是"东方明珠塔"，很多游客会到东方明珠的顶楼看上海的夜景，那真是美不胜收。

上海还有各种博物馆，比如历史博物馆、科技馆、自然博物馆、美术馆、儿童博物馆等等。我特别喜欢去博物馆，既能放松心情，又能增长知识。

生词 New Words / 例句 Example Sentences

生词			例句
魅力	mèi lì	charm	香港是一个很有魅力的城市。
中等	zhōng děng	medium	这是个中等城市，没有上海大。
步行街	bù xíng jiē	pedestrian zone	我喜欢去步行街逛逛。
商店	shāng diàn	shop	这里的商店很多，可以逛一整天。
应有尽有	yīng yǒu jìn yǒu	have everything that one could wish for	这个集市的东西应有尽有。
东边	dōng bian	east	太阳从东边升起。
拍照	pāi zhào	take photos	同学们都喜欢拍照，我不喜欢。
留念	liú niàn	keep as a memento	我拍了很多照片作为留念。
地标	dì biāo	landmark	台北101是台北的地标。
顶楼	dǐng lóu	top floor	要上顶楼才能看到整个城市的夜景。
夜景	yè jǐng	night view	香港山顶的夜景令人难忘。

(Continued on next page)

(Continued from p. 79)

美不胜收	měi bú shèng shōu	more beauty than one can take in	从山顶望去，这个城市的景色美不胜收。
博物馆	bó wù guǎn	museum	我每到一个地方，都喜欢去当地的博物馆。
科技	kē jì	technology	现代科技让我们的生活更加便利。
自然	zì rán	nature; natural	大自然美不胜收。
放松	fàng sōng	relax	最近压力很大，要好好放松一下。
增长	zēng zhǎng	increase; grow	这个城市今年经济增长很快。
知识	zhī shi	knowledge	学习新知识是一件很开心的事情。

补充词汇 Extended Vocabulary

南京路	Nán jīng Lù	Nanjing Road (famous shopping street in Shanghai)
外滩	Wài Tān	the Bund
浦东	Pǔ Dōng	Pudong (business district in Shanghai)
东方明珠塔	Dōng fāng Míng zhū Tǎ	Oriental Pearl TV Tower

根据课文判断对错，并且给出理由。

True or false? Explain why if the statement is false.

1. ☐ "我"出生的城市比上海小。 理由：..........
2. ☐ 在南京路可以开汽车。 ....
3. ☐ 外滩的对面是浦西。 ....
4. ☐ 很多游客喜欢到东方明珠塔吃饭。 ....
5. ☐ 上海没有自然博物馆。 ....

课文二 TEXT 2

到了一个新的城市，我很喜欢到处走走。有的时候，走着走着就迷路了。迷路的时候，除了自己在手机上查地图以外，最快的方法就是找当地人问路了。可是，有时候，问路也比较麻烦。

第一个原因是我分不清楚东南西北。虽然我学过怎么判断南边在哪个方向，可是还是要花很长时间才能搞清楚。

第二个原因是自己不自信。比如别人告诉我了："往前走，

(Continued on next page)

(Continued from p.80)

到了第二个路口往右拐”，于是我一直走，可是很快就不知道自己是不是到了第二个路口了，也忘了自己是不是往右拐了。所以，还得继续问路。

第三个原因，有的人喜欢说往右拐，往左转。可是，左边和右边是相对的啊。所以我常常得问到底是在哪里往左转。

第四个原因是语言问题，有的人不会说普通话，或者普通话说得不太好，我不是听不懂，就是理解错了。

不过，问路虽然很麻烦，但是我还是喜欢出去到处逛逛。

生词 New Words / 例句 Example Sentences

生词			例句
到处	dào chù	everywhere	星期天，购物中心里到处都是人。
迷路	mí lù	lose one's way	昨天我上街的时候迷路了，很晚才回家。
方法	fāng fǎ	way; method	要学好中文有很多不同的方法。
问路	wèn lù	ask for directions	出门旅游时我经常问路。
清楚	qīng chǔ	clear	他的话说得不清楚，我不知道他要什么。
判断	pàn duàn	judge; decide	很难判断她是不是真的喜欢打篮球。
方向	fāng xiàng	direction	请问地铁站是在哪个方向？
自信	zì xìn	confidence	我的妹妹很自信，学习也很努力。
往前走	wǎng qián zǒu	go straight	你只要往前走五分钟，就会看到地铁站了。
路口	lù kǒu	intersection; crossing	到了这个路口，我迷路了。
往右拐	wǎng yòu guǎi	turn right	去医院该往右拐，还是往左拐呢？
一直走	yì zhí zǒu	keep walking	当地人告诉我，一直走，再走两分钟就到了。
继续	jì xù	continue	他虽然生病了，但还是继续工作。
左	zuǒ	left	请在前面的路口左拐。
转	zhuǎn	turn	从这里往右转，就能看到地铁站。
相对的	xiāng duì de	relatively	好和坏是相对的，有时坏事会变好事。
普通话	pǔ tōng huà	Putonghua; Mandarin; standard Chinese	你听得懂普通话吗？
听不懂	tīng bù dǒng	cannot understand (by listening)	他听不懂普通话，我们还是用英语吧。
理解	lǐ jiě	understand	我觉得爸爸不理解我。他不知道我需要什么。
不过	bú guò	but; however	我的老师很严格，不过他也很关心学生。
逛	guàng	stroll; roam	我妈妈喜欢逛街，一逛就是好几个小时。

根据课文回答下面的问题。 Answer the questions according to Text 2.

1. 到了一个新的城市，作者喜欢做什么？

....

2. 迷路的时候，作者会做什么？

....

根据课文判断对错，并且给出理由。 True or false? Explain why if the statement is false.

			理由：
1.	☐	我不会判断左右，所以我觉得问路很麻烦。	....
2.	☐	我知道怎么判断南北，但是需要花很多时间。	....
3.	☐	我很自信，所以不愿意听别人说的。	....
4.	☐	我不喜欢别人说往左拐，往右拐，因为我不知道哪边是左边。	....
5.	☐	我只有知道面对哪个建筑物，才知道哪边是左边。	....
6.	☐	有的人不会说普通话，所以我有的时候问路就不方便。	....
7.	☐	我听不懂普通话，所以理解错了。	....
8.	☐	问路虽然麻烦，但是我还是喜欢问路。	....

写出五句跟问路有关的句子。

1. ....

2. ....

3. ....

4. ....

5. ....

听力 LISTENING

练习一，问题一至五 Exercise 1, Questions 1-5

你将听到几个中文句子，每个句子读两遍。在唯一正确的方格内打勾(✓)回答问题。
You will hear some short phrases in Chinese. You will hear each phrase twice. Answer each question by ticking (✓) 1 box only.

1. 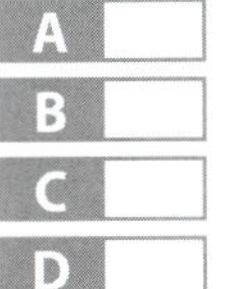

2. A B C D

3. A B C D

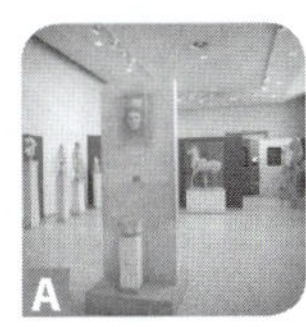   

4. A B C D

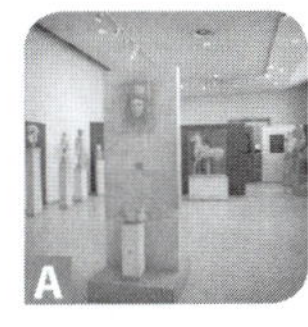   

5. A B C D

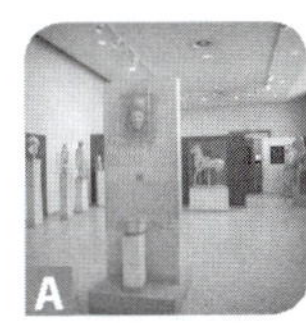   

练习二，问题六至十 Exercise 2, Questions 6-10

下面是你在售楼处听到的一段对话。请看图片。

You heard this conversation in the real estate office. Look at the pictures.

请听下面的句子，在唯一正确的方格内打勾(✓)回答问题。
Listen, and answer each question by ticking (✓) 1 box only.

6. 什么店从早上一直开到晚上十一点？

A B C D

  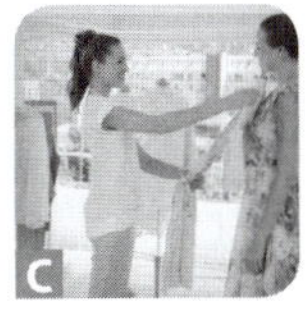 

7. 娱乐中心有什么？

A ☐
B ☐
C ☐
D ☐

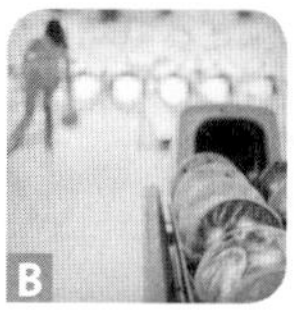

8. 这个高楼是什么？

A ☐
B ☐
C ☐
D ☐

9. 什么离这里很远？

A ☐
B ☐
C ☐
D ☐

10. 这附近有什么？

A ☐
B ☐
C ☐
D ☐

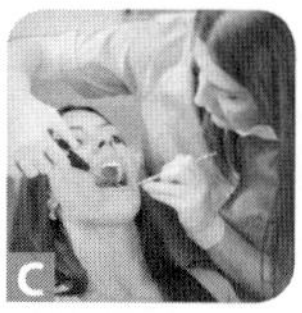

练习三，问题十一到十六 Exercise 3, Questions 11-16

请先阅读下列问题，然后再回答。
Read the questions first, and answer them according to the recording.

11. 胡志明市邮局是在哪一年开始使用的？

A. 1886　　B. 1890
C. 1891　　D. 1892

12–13. 列出几乎每位游客都会去看一看胡志明市邮局的两个原因。

(i) ……………………………………

(ii) ……………………………………

14. 在邮局大厅的两侧挂着什么？

……………………………………

15–16. 如果想拍复古风格的照片，最好在哪里拍？什么时间来拍？

(i) ……………………………………

(ii) ……………………………………

口语 SPEAKING

(一) 角色扮演 Role Play

A

老师：游客
你：北京人

你在和一位游客谈话。
You are talking to a tourist in Beijing.

1. 请问附近有博物馆吗？
2. 那是什么博物馆？
3. 博物馆离这里远吗？
4. 博物馆的附近有地铁站吗？
5. 我应该怎么去这个博物馆？

B

老师：路人
你：你自己

你在路上，一位路人问你一些问题。
You are talking to someone in the street.

1. 请问，这条路叫什么名字？
2. 附近有超市吗？
3. 中山医院在哪里？
4. 坐地铁还是坐公共汽车去中山医院比较方便？
5. 如果走路去中山医院，要走多久？

(二) 回答下面的问题。 General Conversation: Answer the following questions.

1. 你出生在哪个城市？
2. 你喜欢你的城市吗，为什么？
3. 你城市的中心花园在哪个地方？
4. 你城市的商业区在哪个地方？
5. 你的城市有什么有名的小吃？
6. 如果去你的城市玩，应该去哪些地方？
7. 你的城市有哪些博物馆？
8. 你城市里的人一般是开车还是骑自行车？
9. 你家附近有没有咖啡馆？
10. 这里最近的银行在哪里？
11. 你家附近有没有健身房？
12. 你有没有去过你们城市的动物园？
13. 你喜不喜欢去娱乐中心？
14. 你去娱乐中心一般都做什么？
15. 你喜欢去美术馆看展览吗？

(三) 请看图片，然后描述你看到了什么。 Describe the picture below.

阅读理解 READING COMPREHENSION

（一）

在中国的银行，人总是很多，也很乱。麻烦的是，即使人再多，银行的窗口也就只有那么两三个。

昨天下午，我去银行申请银行卡，排了半个多小时的队才轮到我。当我在填写表格的时候，突然听到身边的一个年轻人大声嚷嚷起来："已经排了这么久了，我的号码都错过了，怎么还没轮到我！"他的脸因为生气变得很红，眼睛睁得大大的。

这个时候，银行经理走过来，耐心地告诉那个小伙子，可能是叫他号码的时候，他没有听见。他说："请您不要生气，下一个就轮到你！"

没过过久，我就听到那个小伙子说："我想存十块钱！"

请回答下列问题。

1–2) 请写出作者对于中国银行的两个印象。

(i) .... (ii) ....

3) 那位年轻人为什么大声嚷嚷？

....

4) 银行经理解释还没有轮到那位年轻人的原因是什么？

....

5) 那位年轻人来银行做什么？

....

（二）

非洲肯尼亚动物园活动

第一天：参观马塞马拉动物保护区

在马赛马拉：早餐后，我们将参观马赛马拉动物保护区，这里有95种动物和450种鸟类，是非洲野生动物观光胜地。在平原上，你会看到斑马、长颈鹿、羚羊、狮子和猎豹，但害羞的黑犀牛却很难看到。

第二天：观赏“观鸟天堂”公园

您将有一整天的时间，参观为保护禽鸟专门建立的“观鸟天堂”公园。这是非洲第一个保护鸟类的国家公园。著名电视节目《动物世界》中的许多镜头都拍摄于此。园内有约450种禽鸟，尤以火烈鸟而闻名于世。这里约有火烈鸟200万只，占世界总量的三分之一。

第三天：参观非洲土著居民区

土著居民的房子，前面是帐篷，洗手间是用石头造的，设计很独特，还有小木屋。不过感觉住帐篷更有特色，只是没有锁，贵重物品最好随身携带，也不提供拖鞋。个人建议别洗澡，水温不是很热，晚上也很凉，温差比较大。

判断对错，并且给出理由。

1) ☐ 早饭后的第一件事是参观“观鸟花园”。 理由：……………………

2) ☐ 在平原上，很难看到狮子。 ……………………

3) ☐ 《动物世界》中的许多镜头是在马赛马拉动物保护区拍摄的。 ……………………

4) ☐ 土著居民的整个房子都是用石头造成的。 ……………………

5) ☐ 住帐篷非常安全。 ……………………

6) ☐ 作者建议游客不要在土著居民区洗澡。 ……………………

写作 WRITING

1. 你请你的好朋友在周末来参加你的生日聚会，请写一封**电子邮件**给你的朋友。**最少**写60个字。内容应该包括以下五点：

   1) 聚会中会有哪些小吃？
   2) 聚会有什么活动？
   3) 聚会几点开始？
   4) 怎么来你的家？
   5) 你家附近有什么有名的地方？

普通邮件

主题：

2. 你的笔友要在暑假期间到伦敦旅游一个星期。请给他/她写一封**信**，谈谈你的旅游建议。**最少**写120个字。

城市的著名景点

Places of Interest

课文一 TEXT 1

你去过阿拉伯国家吗？那是一个多么神秘的地方啊！从小我就听说过帆船酒店，一直很想去那里看看，却一直没有机会。上个月我去了迪拜，终于看到了"七星级"的帆船酒店。酒店的外观像帆船，比我想像中的更壮观！

可让我最吃惊的不是帆船酒店，而是阿拉伯的女人。因为不管天气有多热，她们都要穿着长袍、戴着面纱。在外面，她们不可与男人有任何的交流和沟通。听说在阿拉伯国家，女人的地位比较低。我想，如果我是阿拉伯女人，我会这样穿衣服吗？

生词 New Words / 例句 Example Sentences

生词			例句
神秘	shén mì	mysterious	阿拉伯是一个神秘的地方。
地方	dì fang	place	这个地方有很多美丽的风景。
从小	cóng xiǎo	since young	妹妹从小就喜欢画画。
帆船	fān chuán	sailing boat	我们城市每年都有帆船比赛。
却	què	but; however	我参加了比赛，却没有获奖。
外观	wài guàn	external appearance	这辆自行车的外观漂亮，我非常喜欢。
想像	xiǎng xiàng	imagine	我想像中的阿拉伯国家有沙漠、有骆驼。
壮观	zhuàng guān	magnificent	长城比我想像中的还要壮观。
吃惊	chī jīng	surprised	看到她瘦了那么多，我们都很吃惊。
不管	bù guǎn	no matter	不管你喜欢不喜欢，你都要学数学。
长袍	cháng páo	robe	阿拉伯女人大部分时间都穿着长袍。
戴	dài	put on or wear (accessories)	他戴着一只蓝色的手表。
面纱	miàn shā	veil	她戴着面纱，我看不到她的样子。
外面	wài miàn	outside	外面正在下雨，我们还是等一下再出门。
任何	rèn hé	any	妈妈说任何有营养的食物都要吃。
地位	dì wèi	status	在一些国家，妇女的地位很低。

补充词汇 Extended Vocabulary

阿拉伯	Ā lā bó	Arab; Arabic	迪拜	Dí bài	Dubai

根据课文回答下面的问题。 Answer the questions according to Text 1.

1. 上个月作者去了哪里旅游?

   ……………………………………

2. 作者为什么很想去那里旅游?

   ……………………………………

3. 作者觉得现实中的帆船酒店怎么样?

   ……………………………………

4. 在阿拉伯国家，作者觉得什么令人吃惊?

   ……………………………………

5. 作者听说了什么?

   ……………………………………

课文二 TEXT 2

悉尼是澳大利亚第一大城市，有很多游客喜欢去的景点，比如悉尼歌剧院、情人港、海湾大桥、维多利亚女王大厦等等。悉尼歌剧院是悉尼市的标志性建筑，也是世界文化遗产之一。这个歌剧院从1959开始建设，到1973年才正式落成，设计师是丹麦人。悉尼歌剧院有中文普通话游览项目，每场三十分钟。歌剧院最引人之处是它的建筑，那白色的贝壳般的外观，就象飞在空中的花瓣。如果你来悉尼旅游，一定不能错过悉尼歌剧院！

到达方式：乘坐城市地铁(City Rail)或者市区内的免费穿梭巴士555路到达Circular Quay（环形码头），下车步行5–10分钟即可到达。

开放时间：9:00–17:00

门票：24澳元，学生及16岁以下儿童16.8澳元。

电话：+61(0)2 9250 7777

网址：http://www.sydneyoperahouse.com

生词 New Words　例句 Example Sentences

景点	jǐng diǎn	tourist attraction	这么多好玩的景点，先去哪里呢？
标志性	biāo zhì xìng	symbolic	我想看这个城市最有标志性的建筑。
遗产	yí chǎn	heritage	很多城市的景点都计划申请成为世界文化遗产。
建设	jiàn shè	build	这个城市建设得真快！
正式	zhèng shì	official	昨天我正式上班了，在一个咖啡馆当服务员。
落成	luò chéng	(building, bridge, etc.) be completed	新落成的大桥离我家很近。
设计师	shè jì shī	designer	哥哥长大以后想当一个服装设计师。
游览	yóu lǎn	tour	我们昨天游览了悉尼歌剧院。
项目	xiàng mù	project	这个项目很重要，一定要做好。
引人之处	yǐn rén zhī chù	attraction	这首歌的引人之处是歌词写得特别感人。
贝壳	bèi ké	seashell	昨天我在海边捡到了一个红色的贝壳。
空中的	kōng zhōng de	in the air	我想象空中的鸟儿一样，自由自在的。
花瓣	huā bàn	petal	秋天到了，地上有很多花瓣，好美！
错过	cuò guò	miss; let slip	这是一个很好的机会，你千万不要错过。
到达	dào dá	reach; arrive	从这里坐巴士就能到达市中心。
乘坐	chéng zuò	ride; travel by	爸爸每天乘坐公司的巴士上班。
市区	shì qū	city area	市区里有很多高楼大厦。
穿梭巴士	chuān suō bā shì	shuttle bus	我要乘坐机场免费穿梭巴士去酒店。
下车	xià chē	alight	我们在下一站下车。
即可	jí kě	able to	只要上网报名即可成为会员。
开放	kāi fàng	open (to the public)	这家博物馆每天的开放时间很短，只有四个小时。
门票	mén piào	admission ticket	这个公园的门票不贵，才五块钱一张。

补充词汇 Extended Vocabulary

悉尼	Xī ní	Sydney	海湾大桥	Hǎi wān Dà qiáo	Harbour Bridge
悉尼歌剧院	Xī ní Gē jù yuàn	Sydney Opera House	维多利亚女王大厦	Wéi duō lì yà nǚ wáng Dà shà	Queen Victoria Building
情人港	Qíng rén Gǎng	Darling Harbour	丹麦	Dān mài	Denmark

根据课文选择正确的答案。 Choose the correct answers according to Text 2.

1. 下面的选项哪个不是游客去悉尼旅行喜欢去的地方?

   A. 情人港　　B. 海湾大桥
   C. 维多利亚女王大厦　　D 联合国大厦

2. 人们建悉尼歌剧院花了多长时间?

   A. 1959年　　B. 1973年
   C. 14 年　　D. 86年

3. 悉尼歌剧院的中文导览时间有多长?

   A. 半个小时　　B. 60分钟
   C. 1个小时　　D. 90分钟

4. 悉尼歌剧院最吸引人的地方是什么?

   A. 提供中文介绍　　B. 白色
   C. 白色的贝壳般的外观　　D. 花瓣

5. 小东今年15岁，他和爸爸、妈妈要一起去参观悉尼歌剧院，他们家一共要花多少钱?

   A. 48澳元　　B. 16.8澳元
   C. 24澳元　　D. 64.8 澳元

听力 LISTENING

练习一，问题一至五 Exercise 1, Questions 1-5

你将听到几个中文句子，每个句子读两遍。在唯一正确的方格内打勾(✓)回答问题。
You will hear some short phrases in Chinese. You will hear each phrase twice. Answer each question by ticking (✓) 1 box only.

1. A ☐ B ☐ C ☐ D ☐

A B  C  D

2. A ☐ B ☐ C ☐ D ☐

 A B 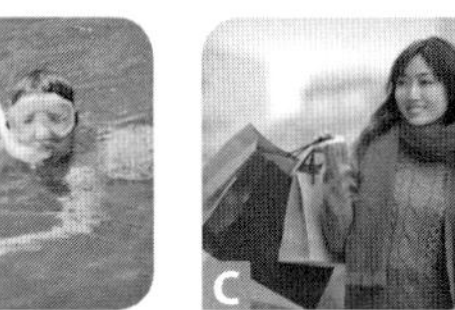 C 

D

3. A ☐ B ☐ C ☐ D ☐

 A  B  C  D

4. A ☐ B ☐ C ☐ D ☐

 A  B  C  D

5. A ☐ B ☐ C ☐ D ☐

 A  B  C  D

练习二，问题六至十 Exercise 2, Questions 6-10

下面是你在售楼处听到的一段对话。请看图片。

You heard this conversation in the real estate office. Look at the pictures.

请听下面的句子，在唯一正确的方格内打勾(✓)回答问题。
Listen, and answer each question by ticking (✓) 1 box only.

6. 哪个城市有“天堂之岛”的美称？

A ☐ B ☐ C ☐ D ☐

 A  B  C  D

7. 马来西亚的双峰塔高多少米？

A ☐ B ☐ C ☐ D ☐

A	B	C	D
460	466	166	160

8. 温哥华最低气温多少度？

A ☐ B ☐ C ☐ D ☐

A	B	C	D
39℃	−6℃	−39℃	6℃

9. 厦门鼓浪屿以什么出名？

A ☐ B ☐ C ☐ D ☐

A B C D

10. 中国云南以什么出名？

A ☐ B ☐ C ☐ D ☐

A B C D

练习三，问题十一到十五 Exercise 3, Questions 11-15

请先阅读下列问题，然后再回答。
Read the questions first, and answer them according to the recording.

11. 人们说的 "上有天堂，下有苏杭" 里面的苏杭是哪两个城市？
A. 苏州和杭州 B. 苏州和广州
C. 杭州和广州 D. 沧州和温州

12. 杭州被叫做人间天堂的原因是什么？
A. 杭州的东西很好吃 B. 杭州的东西很便宜
C. 杭州有美丽的西湖 D. 杭州有很多漂亮的女孩子

13. 西湖的湖水从一开始就是这么干净吗？为什么？

....

14. 去西湖玩应该要做什么活动？

A. 骑马 B. 划船 C. 吃饭 D. 钓鱼

15. 在西湖能看到的各种颜色指的是什么？

______ 是蓝色的，______ 是绿色的，______ 是红色的。

口语 SPEAKING

(一) 角色扮演 Role Play

A

老师：台湾的游客
你：你自己

你在和一位来自台湾的游客谈话。
You are talking with a tourist from Taiwan.

1. 你是本地人吗？
2. 每年有多少游客到这里旅游？
3. 这个城市有什么著名的旅游景点？
4. 哪里可以吃到这里的特色小吃？
5. 如果要买纪念品，要去哪里买？

B

老师：游客
你：景点的售票员

你在和游客谈话。
You are talking with a tourist.

1. 请问，成人票多少钱一张？
2. 儿童票多少钱一张？
3 学生有打折吗？
4. 这里有两个旅游景点，可以买联票吗？
5. 这些旅游景点的开放时间是什么？

(二) 回答下面的问题。 General Conversation: Answer the following questions.

1. 如果你的朋友来看你，你会带他去哪里玩？
2. 你的城市有没有邮票博物馆？
3. 你去过那些博物馆吗？
4. 你的城市的博物馆什么时间开门，什么时间关门？
5. 你的城市里有河吗？
6. 你的城市里的公园叫什么名字？你常常去公园里做什么？
7. 你的城市最有名的景点是什么？

(三) 请看图片，然后描述你看到了什么。 Describe the picture below.

阅读理解 READING COMPREHENSION

(一)

我是土生土长的本地人，我了解这个城市的每一个角落，也喜欢这个城市的每一条街道。城市被运河分成两边，运河的东边是老城区，运河的西边是新城区。我家在运河的东边，离公共汽车站很近。这个地区有很多小巷和古老的建筑。小巷的两边是各种各样的商店，比如面包、杂货店、饭馆、书店和服装店等等。东区每天都有很多人，可是很安全，也很干净。西区大多是高级酒店、博物馆和大型商场等，住宅区比较少，但是商业区比较多。我很爱我的城市。

判断对错，并且给出理由。

1) ☐ 我对城市的街道不大了解。 理由：……………………

2) ☐ 我住在老城区。 ……………………

3) ☐ 我家附近有公共汽车站。 ……………………

4) ☐ 东区的小巷里有很多商店。 ……………………

5) ☐ 老城区很热闹，也很脏。 ……………………

6) ☐ 西区的住宅区比较少。 ……………………

（二）

第一段

被称为世界奇迹之一的尼亚加拉瀑布，名字出自印第安语，意为“雷神之水”。除了壮阔的瀑布景观及大自然风光之外，尼亚加拉也以餐馆多、旅馆多、旅游项目多而闻名。下面就介绍两个有意思的项目。

第二段

“雾中少女号”游轮 (Maid of the Mist Boat Tour)

“雾中少女号”游轮可以容纳六百名游客，白天每隔十五分钟一班，可把游客直接带到位于美国一侧的美国瀑布和位于加拿大一侧的马蹄瀑布之前，使人有身临其境之感。

第三段

蝴蝶生态保护园 (Butterfly Conservatory)

蝴蝶生态保护温室就座落在植物园中。温室内有2000多只自由飞翔的热带蝴蝶。繁茂的植物使游客仿佛来到了热带雨林。持有“尼亚加拉瀑布和大峡谷观光通行证”的中国游客还可以免费使用耳机，收听有关景点的普通话讲解。

请回答下列问题。

1) 尼亚加拉瀑布是什么意思？

……………………

2) 使尼亚加拉瀑布闻名于世的原因有哪些？

……………………

3) 雾中少女号游轮在白天每小时有几班？

……………………

4) 蝴蝶生态保护温室在哪里？

……………………

5) 谁可以免费收听景点的普通话讲解？

……………………

写作 WRITING

1. 你刚去了一个著名的旅游景点旅游，请写一封**信**给你的朋友，介绍一下这个地方。**最少**写60个字。内容应该包括以下五点：

   1) 你去了哪里？
   2) 那里的天气怎么样？
   3) 你喜欢这个旅游景点吗？
   4) 你觉得当地人怎么样？

2. 你们全家去年搬到了一个新的城市。请写一篇**日记**，谈谈你对这个新城市的感受。**最少**写120个字。

Unit 9

Future Plans

上大学
Further Education

课文一 TEXT 1

一位台湾的朋友开玩笑说，在台湾，如果从高楼上掉下一块砖头砸到三个人，其中两个会是硕士，另一个会是博士。在我父母的年代，有个好工作比上大学更重要。可是在我们这个年代，如果不读大学就好像少了些什么，是一件会被别人笑话的事情。对于我们来说，大学的选择很多，从不同的国家、不同的学校，到不同的专业，各种选择应有尽有。根据统计，亚洲学生普遍喜欢实用性强的科目，比如医科、法律、会计、工程等等，而西方国家的很多学生则会选择读人文、艺术、经济之类的专业。

生词 New Words / 例句 Example Sentences

生词			例句
开玩笑	kāi wán xiào	joke	我的老师喜欢开玩笑，上他的课总是很开心。
高楼	gāo lóu	tall building	市区里有很多高楼。
砖头	zhuān tóu	brick	地上为什么会有那么多砖头？
砸	zá	pound	他的脚被石头砸到，现在走不动了。
硕士	shuò shì	master (degree)	学校里很多老师都有硕士学位。
博士	bó shì	PhD	我计划读博士，今后在大学里教书。
笑话	xiào hua	joke	他讲的笑话真好笑。
对于	duì yú	with regard to	对于学生来说，考试是非常重要的。
专业	zhuān yè	major; discipline	长大以后，你想读什么专业？
根据	gēn jù	according to	根据天气预报，明天有大雪。
统计	tǒng jì	statistics	有些统计说男孩子的学习不如女孩子好，可是我不这么认为。
普遍	pǔ biàn	generally	我们学校的学生普遍都喜欢运动。
实用性	shí yòng xìng	practicability	学拉丁文好像没有什么实用性。
医科	yī kē	medicine	想当医生就要读医科。

(Continued on next page)

(Continued from p. 102)

法律	fǎ lǜ	law	他是律师，对法律非常了解。
会计	kuài jì	accountancy	学会计的学生数学都不错。
工程	gōng chéng	engineering	他的物理和数学都很好，所以想在大学读工程。
西方	xī fāng	the West; western	在西方国家，很多人家里都养宠物。
则	zé	(used to indicate contrast)	他喜欢看电影，而我则喜欢上网。
人文	rén wén	humanities	她对人文科目很感兴趣。

补充词汇 Extended Vocabulary

台湾	Tái wān	Taiwan	亚洲	Yà Zhōu	Asia

根据课文判断对错，并且给出理由。 True or false? Explain why if the statement is false.

1. ☐ 台湾朋友的笑话让人们觉得台湾很重视高等教育。 理由：……………………
2. ☐ 在我父母的年代，读大学很重要。 ……………………
3. ☐ 我们对于读大学没有什么选择。 ……………………
4. ☐ 中国很多学生在大学读艺术类的专业。 ……………………
5. ☐ 西方国家的学生没有亚洲学生那么看重实用性强的科目。 ……………………

课文二 TEXT 2

上大学值不值？

第一段

腾讯新闻里一位成都爸爸的“捡垃圾比读大学强”的言论，引发了网友们就“上大学值不值得”为题的讨论。

第二段

这位爸爸宁愿出钱帮助女儿玲玲(Líng ling)做小生意，也不愿意出学费

(Continued on next page)

(Continued from p. 103)

让她读大学，因为他觉得这些钱一定会"打水漂"：读四年大学学费很贵，而且很可能读完大学却找不到工作，还不如现在高中一毕业就进入社会，做点小生意。

第三段

可是玲玲很喜欢读书，认为读书能增长知识、开阔眼界、改变命运。网友们对此议论纷纷。看来这已不仅是一个代沟的问题了。你觉得玲玲应该上大学吗？如果她的父亲不支付她的学费，你有什么好的建议吗？

http://blog.people.com.cn/article/1378108083631.html

生词 New Words / 例句 Example Sentences

生词			例句
新闻	xīn wén	news	爷爷每天晚上都看新闻节目。
垃圾	lā jī	garbage; rubbish	不能随便扔垃圾。
言论	yán lùn	opinion; speech	我觉得言论自由很重要。
引发	yǐn fā	initiate; spark off	她的观点引发了我们的思考。
网友	wǎng yǒu	netizens	网友们讨论了这么久，还是没有结果。
讨论	tǎo lùn	discussion	经过一个小时的讨论，我们终于想cc到了解决方法。
宁愿	nìng yuàn	would rather	我宁愿写一个小时的中文，也不愿意学十分钟的数学。
生意	shēng yì	business	这家书店的生意很好。
学费	xué fèi	tuition fee	大学的学费很贵。
不如	bù rú	not as good as	这家餐馆的菜不如那家的好吃。
高中	gāo zhōng	high school	他在高中时很喜欢打篮球。
毕业	bì yè	graduate	哥哥今天大学毕业了，大家都为他感到高兴。
社会	shè huì	society	社会上有很多需要我们帮助的人。
读书	dú shū	study	弟弟不喜欢读书，每天只想玩电脑游戏。
开阔	kāi kuò	widen; broaden	出国旅行可以开阔我们的眼界。
眼界	yǎn jiè	horizon; perspective	这次的学习之旅真是大开眼界。
命运	mìng yùn	destiny; lot	只要努力，我们都可以改变自己的命运。
不仅	bù jǐn	not the only one	这不仅是我一个人的看法。
代沟	dài gōu	generation gap	我和父母有很深的代沟。
支付	zhī fù	pay	爸爸每个月都帮我支付电话费。

Extended Vocabulary

腾讯	Téng Xùn	Tencent	成都	Chéng Dū	Chengdu

根据第一段的内容回答问题。 Answer the questions according to Paragraph 1 in Text 2.

1. 这篇文章是一个报道还是博客？为什么？

....

2. 根据这位成都爸爸的言论，网上对什么的讨论很激烈？

....

根据第二段的内容回答问题。 Answer the questions according to Paragraph 2 in Text 2.

3. 为什么这位成都爸爸不愿意给女儿付上大学的学费？

....

4. 你觉得第二行中“打水漂”是什么意思？

....

根据第三段的内容回答问题。 Answer the questions according to Paragraph 3 in Text 2.

5. 玲玲想上大学是因为：

(i) ....

(ii) ....

(iii) ....

6. 第二行“议论纷纷”是什么意思？

....

7. 你的建议是什么？

....

听力 LISTENING

你会听到四段录音。每一段录音播放之前,你将有两分钟的时间先阅读题目。每一段录音会播放两次。你有两分钟回答问题，不会写的汉字可以使用拼音*(Pinyin)*。
You will hear four recordings. Before each recording is played, you will have two minutes to read the questions first. Each recording will be played twice. You will have two minutes to answer each question. You may use pinyin in your answers.

在播放录音的过程中,你可以随时回答问题或记下讯息。在每一段录音播放之后，你有一分钟的时间检查你的答案。
While the recording is being played, you can answer the question or take notes at any time. After the recording is played, you will have one minute to check your answers.

第一篇，问题一至五 Recording 1, Questions 1-5

根据第一段录音的内容，回答下面的问题。
Answer the following questions according to the first recording.

1. 这段谈话发生在哪里？

....

2. 为什么小琴要去找升学顾问谈话？

....

3. 请列出小琴的父母觉得去英国读大学的好处。

(i) ....

(ii) ....

(iii) ....

4. 小琴觉得去美国读大学最大的困难是什么？

....

根据第一段录音的内容，从A、B、C、D中，选出一个正确的答案，把答案写在方框里。
Based on the first recording, choose the correct option and write it in the box below.

5. ☐ 下面的叙述哪一个是正确的？
   A. 小琴已经决定了不去美国读书。
   B. 在美国读大学，只要读三年。
   C. 在美国读大学的学费比英国贵。
   D. 在英国可以住学生宿舍。

第二篇，问题六至十　Recording 2, Questions 6-10

根据第二段录音的内容，从A、B、C、D中，选出一个正确的答案，把答案写在方框里。
Based on the second recording, choose the correct option and write it in the box below.

6. ☐ 水仙楼在哪里？
   A. 校园的东南边　　B. 校园的西南边
   C. 校园的西北边　　D. 校园的西南边

7. ☐ 问询者住在________。
   A. 521室　B. 301室　C. 610室　D. 101室

8. ☐ 下面哪个叙述是正确的？
   A. 宿舍里没有卫生间。　　B. 每间宿舍有两位学生。
   C. 水仙楼在湖边。　　D. 询问者睡下铺。

根据第二段录音的内容，回答下面的问题。
Answer the following questions according to the second recording.

9. 询问者在领了住宿用品后，需要先去做什么？

....

10. 询问者要领取哪些住宿用品？

(i) ....

(ii) ....

第三篇，问题十一至十七　Recording 3, Questions 11-17

根据第三段录音的内容，从A、B、C、D中，选出一个正确的答案，把答案写在方框里。
Based on the third recording, choose the correct option and write it in the box below.

11. ☐ 校园卡介绍的对象是谁？
   A. 小学生　B. 初中学生　C. 高中学生　D. 大学新生

12. ☐ 把校园卡放在读卡区，不会显示什么信息？
   A. 学生学号　B. 余额　C. 所读专业　D. 所在校区

13. ☐ 去北大图书馆借书，需要带什么才能借书？
   A. 身份证　B. 校园卡　C. 读卡器　D. 读卡机

14. ☐ 为了校园卡的安全使用，每次消费不得超过多少？
   A. 3元　B. 13元　C. 30元　D. 300元

根据第三段录音的内容，回答下面的问题。
Answer the following questions according to the third recording.

15. 列出三个北大校园卡的功能：

(i) ....

(ii) ....

(iii) ....

16. 谁规定校园卡不允许借给他人？

....

17. 如果校园卡丢失，应该怎么做？

(i) ....

(ii) ....

第四篇，问题十八至二十一 Recording 4, Questions 18-21

根据第四段录音的内容，从A、B、C、D中，选出一个正确的答案，把答案写在方框里。
Based on the fourth recording, choose the correct option and write it in the box below.

18. ☐ 这是一篇什么报道？
A. 旅游 B. 运动 C. 饮食 D. 电影

19. ☐ 牛津剑桥的对抗赛共举办了多少届？
A. 81 B. 76 C. 187 D. 158

20. ☐ 下面哪个叙述是正确的？
A. 本次比赛最后牛津获胜。
B. 牛津剑桥比赛每两年举办一次。
C. 这次比赛被中断8分钟。
D. 主办方要求重新回到Chiswick桥，再比赛一次。

根据第四段录音的内容，回答下面的问题。
Answer the following questions according to the fourth recording.

21. 比赛为什么中断？

....

口语 SPEAKING

(一) 角色扮演 Role Play

A

老师：你的同学
你：你自己

你和你的同学在讨论一些读大学的问题。
You and your classmate are talking about going to college.

1. 你想去哪里读大学？
2. 你为什么想去那个国家读大学？
3. 你想读什么专业？
4. 你为什么想读这个专业？
5. 你的父母支持你吗？

B

老师：学校的职业顾问
你：你自己

你学校的职业顾问在和你讨论几个问题。
Your school career advisor is asking you some questions about your future plans.

1. 你觉得自己大学升学考试的成绩怎么样？
2. 你打算读什么专业？
3. 你想去其他国家读大学吗？
4. 大学毕业以后你会再读研究生吗？
5. 毕业以后你想做什么工作？

(二) 回答下面的问题。 General Conversation: Answer the following questions.

1. 你以后想去哪里上大学？为什么？
2. 你在大学想学什么？
3. 你觉得上大学重要吗？
4. 你的父母希望你去哪里上大学？
5. 现在你考试的压力大不大？
6. 考试有压力的时候，你会怎么办？
7. 你觉得哪一门考试你会考得特别好，为什么？
8. 在大学，你想参加什么新的活动？
9. 在大学，你想住学生宿舍吗？
10. 你觉得大学生活和中学生活有什么不同？

(三) 请看图片，然后描述你看到了什么。 Describe the picture below.

阅读理解 READING COMPREHENSION

(一)

在美国读书

第一段

今天是浩洋在美国读书的[1]一天，他很兴奋，一大早[2]来到学校。[3]没有想到的是，他[4]每节课[5]迟到，[6]连老师也找不到，[7]美国和中国的学校非常不同。

第二段

在中国，教室和学生的座位是固定的，学生们坐在教室里等老师来上课；而美国则恰恰相反，老师在固定的教室，学生们要去不同的教室上课。浩洋刚来到这所大学，觉得学校像一个迷宫，好不容易找到了一个教室，课已经上了三分之一…… 更让浩洋难受的是，老师说英文说得太快了，他常常跟不上，也听不太懂老师布置的作业。

第三段

浩洋看看自己手上的英汉字典，他知道自己要比别人付出更多的努力才可以。

根据第一段的内容选词填空。

就　　可是　　不但　　第　　而且　　因为　　都

1) .... 2) .... 3) .... 4) ....
5) .... 6) .... 7) ....

根据第二段的内容选择正确答案。

1) 第三行里的“恰恰”是什么意思？
A. 正好　B. 洽谈　C. 舞蹈　D. 现在

2) 第七行里“三分之一”是多少？
A. ⅓　B. 3　C. 30%　D. 3 分钟

3) 最后一行中的“布置”是什么意思？
A. 布　B. 设计　C. 给　D. 收拾

根据第二段、第三段的内容回答问题。

1) 浩洋为什么要比别人付出更多的努力才可以？

....

根据文章判断对错，并且给出理由。

1) ☐ 浩洋第一天很早就来到学校。　理由：..............................
2) ☐ 在美国，学生找老师上课。　..............................
3) ☐ 当浩洋找到教室的时候，课已经上完了。　..............................
4) ☐ 浩洋听不懂老师上课讲什么，因为浩洋没学过英语。　..............................

（二）

外国语大学的第一天

第一段

罗纳尔终于考上北京外国语大学了。今天是他第一天到学校上课。令他惊讶的是，他的同班同学几乎全是外国人，不过，大家都讲一口流利的中文。为什么会有这么多外国留学生呢？

第二段

一位身高1米九零的法国男孩说，中国人比较勤劳，他喜欢中国的活力，所以想来中国。一位金发女孩说她对中国很好奇，她是Hungary的，罗纳尔以为是hungry,后来才明白原来她来自匈牙利。

(Continued on next page)

(Continued from p. 111)

第三段

一位漂亮的韩国妹妹告诉罗纳尔，她学习汉语，是为了和中国人做生意，开美容医院。一位又高又壮的赞比亚大叔，用一口标准的普通话问罗纳尔："同学你好，你会说英语吗？"罗纳尔心里想，"赞比亚叔叔，你的普通话说得那么好，我会不会说英语又有什么关系。"

根据第一段的内容选择正确答案。

1) 罗纳尔在上什么大学？
   A. 清华大学
   B. 北京师范大学
   C. 北京理工大学
   D. 北京外国语大学

2) 什么让罗纳尔很惊讶？
   A. 大学很大。
   B. 同学很多。
   C. 同学都是外国人。
   D. 他们都不会说中文。

根据第二段的内容选择正确答案。

1) 法国男孩身高是多少？
   A. 1.9 米　　B. 1.09米　　C. 1.79米　　D. 1.97米

2) 法国男孩为什么到中国来上学？
   A. 中国人好。　　B. 和中国人做生意。
   C. 来学中文。　　D. 因为中国人勤劳，有活力。

3) 金发女孩是哪国人？
   A. 法国　　B. 美国　　C. 匈牙利　　D. 俄国

根据第三段的内容选择正确答案。

1) 赞比亚大叔的中文讲得怎么样？
   A. 很好　　B. 标准　　C. 不好　　D. 很差

2) 罗纳尔多心里是怎么想的？
   A. 你的中文不太好。　　B. 我们可以用英文交流。
   C. 我们可以用中文交流。　　D. 你的英文很差，没有中文好。

根据文章选择正确答案。

1) 罗纳尔的同学中没有来自以下哪个国家？
   A. 赞比亚　　B. 韩国　　C. 匈牙利　　D. 美国

写作 WRITING

1. 你刚刚和父母因为读大学专业的问题吵架了。请写一封**电子邮件**给你的朋友，**最少**写60个字。内容应该包括以下五点：

   1) 你是什么时候和父母吵架的？
   2) 你想上什么专业？为什么？
   3) 你的父母想让你上什么专业？为什么？
   4) 你打算怎么做？

2. 你马上要报考大学了，你的爸爸妈妈说你可以去任何一个国家读大学。请给你的好朋友写一封**信**，谈谈你的打算。**最少**写120个字。

做义工和暑期工

Volunteering and Summer Jobs

课文一 TEXT 1

Ài mǎ

爱玛在九年级时去了一个新学校。她真的很喜欢这所学校，因为这个学校什么都有，设施很齐全。老师和同学都很友好，学校餐厅的食物也不错。但是学校要求所有的学生都要去做义工，比如去养老院看望老人、去孤儿院照顾孤儿、去医院看望病人等等。学校的学生从四岁就开始参加义工活动，但是爱玛几乎从来没有做过义工，她有一点担心。

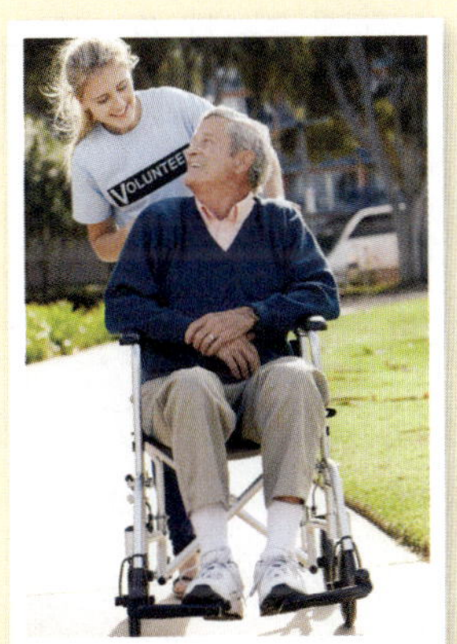

上个星期五是爱玛第一次去做义工，她去了一家老人院看望老人。让她没有想到的是，爷爷奶奶们都很热情。虽然有些老人说话有点困难，但是他们一直对她微笑。过了一会儿，爱玛就放松了，也不觉得紧张了，她开始和爷爷奶奶们聊天。爱玛觉得很开心，也学到了很多。现在她希望今后可以经常去做义工。

生词 New Words

Example Sentences

生词			例句
义工	yì gōng	volunteer work	做义工可以让你很开心。
养老院	yǎng lǎo yuàn	old people's home	这个城市有几家养老院？
看望	kàn wàng	visit (someone)	明天我要去医院看望生病的阿姨。
老人	lǎo rén	old people; seniors	养老院里住着很多老人。
孤儿院	gū ér yuàn	orphanage	我在想我们能为孤儿院里的孤儿做什么？
照顾	zhào gù	look after	这个暑假我想好好照顾生病的奶奶。
医院	yī yuàn	hospital	这个医院有很多有名的医生。
病人	bìng rén	patient	这些病人都需要护士的照顾。
几乎	jī hū	almost	他几乎每个周末都到老人院看望老人。
第一次	dì yī cì	first time	这是我第一次到孤儿院做义工。
热情	rè qíng	enthusiastic	这些义工都非常热情。
说话	shuō huà	talk	他很内向，不喜欢和人说话。
困难	kùn nan	difficulty	没有什么困难能难倒我。
微笑	wēi xiào	smile	她的脸上常常带着微笑。
一会儿	yí huìr	brief moment	你在这里等我，我一会儿就回来。
希望	xī wàng	hope	我希望早点考试，然后我就可以出国旅行了。

根据课文回答下面的问题。 Answer the questions according to Text 1.

1. 爱玛什么时候去了新学校？

2. 爱玛觉得新学校怎么样？

3. 爱玛一开始担心什么？

4. 学校的学生可以做哪些义工？

5. 爱玛觉得上周的义工经历怎么样？

课文二 TEXT 2

高中生应该要在暑假做暑期工吗？不同的学生对此有不同的意见（*网名：美眉，我最酷，开心苹果，当红小生）。

第一段

美　眉：高中生暑假打工的想法不错，但找工作实在难！太难！极其难！高三那么多学生都在找兼职的工作，没有人有什么工作经验，而且很多学生不是高分低能（成绩好、能力差），就是眼高手低（对工作很挑剔，做什么工作都不愿意）。暑期工还是说的多，做的少。

第二段

我 最 酷：高中生做兼职暑期工绝对是利大于弊。一方面可以锻炼自己，另一方面又可以赚点零用钱，还能在工作中扩大交际圈，认识不少新朋友，一举两得。所以我觉得只要有机会，一定要去做暑期工。

第三段

开心苹果：我不同意高中生暑期打工。他们没有什么社会经验，很容易被别人骗。辛辛苦苦工作两个月，可能连最低工资也拿不到。大部分学生都是做很简单的工作，比如餐厅的服务员、电话客服等等。做这种工作每天都很累，又学不到什么技能，很浪费时间。

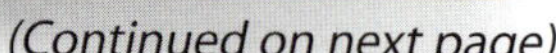
(Continued on next page)

(Continued from p. 116)

第四段

当红小生： 现在的学生都是父母的掌上明珠，在家多娇气啊！做做暑期工正好是一个很好的机会让他们吃点苦，明白赚钱不是那么容易的，而且也可以让他们更加独立。与其整个暑假都在家睡懒觉、玩游戏、参加各种聚会，还不如去做点暑期工。

生词 New Words

例句 Example Sentences

生词			例句
暑期工	shǔ qī gōng	summer job	他做的暑期工是在餐厅当服务员。
意见	yì jiàn	opinion; view	你对做暑期工有什么意见？
想法	xiǎng fǎ	opinion; what one has in mind	我不同意你的想法。
极其	jí qí	extremely	现在要找到一份好的工作极其困难。
兼职	jiān zhí	part-time	我根本没有时间去做兼职。
经验	jīng yàn	experience	有工作经验非常重要。
挑剔	tiāo tī	picky	他怎么还是这么挑剔？
愿意	yuàn yì	willing	他不愿意做这么辛苦的工作。
绝对	jué duì	absolutely	多看书对我们绝对有好处。
锻炼	duàn liàn	train; exercise	只有天天锻炼，身体才会好。
扩大	kuò dà	expand	大量阅读能扩大知识面。
交际圈	jiāo jì quān	social circle	不要一直呆在家里了，出去走走才能扩大交际圈。
只要	zhǐ yào	so long as	只要明天不下雨，我们就去外面打篮球。
社会经验	shè huì jīng yàn	social experience	她刚工作，还没有什么社会经验。
骗	piàn	deceive; con	她对你这么好，你怎么可以骗她呢？
辛辛苦苦	xīn xīn kǔ kǔ	laboriously	这可是我辛辛苦苦做的菜，再难吃也试一下吧？
工资	gōng zī	wages	在餐馆打工的工资不是很高。
服务员	fú wù yuán	waiter/waitress	这家餐馆的服务员都很年轻。
客服	kè fú	customer service	这间店的客服不太好，我们还是不要买它的东西吧。
技能	jì néng	skill	你从这份暑期工学到了什么技能？
浪费	làng fèi	waste	手机聊天真浪费时间。
掌上明珠	zhǎng shàng míng zhū	beloved daughter	她没有兄弟姐妹，是父母的掌上明珠。
娇气	jiāo qì	delicate	她是个娇气的女孩，从来没有做过家务。
独立	dú lì	independent	她非常独立，常常一个人去旅行。
睡懒觉	shuì lǎn jiào	have a good sleep	周末能够睡懒觉，真幸福啊。
聚会	jù huì	get-together; party	下星期有个同学聚会，可以看到以前中学的同学。

根据第一段的内容回答问题。 Answer the questions according to Paragraph 1 in Text 2.

1. 文中第三行的“高分低能”是什么意思？

2. 文中第四行的“眼高手低”是什么意思？

根据第二段的内容回答问题。 Answer the question according to Paragraph 2 in Text 2.

3. 列举暑期工的好处。

(i) ……

(ii) ……

(iii) ……

根据第三段的内容回答问题。 Answer the question according to Paragraph 3 in Text 2.

4. “开心苹果”为什么不同意高中生做暑期工？

(i) ……

(ii) ……

(iii) ……

根据第四段的内容回答问题。 Answer the question according to Paragraph 4 in Text 2.

5. “当红小生”觉得做暑期工是一个好机会，因为：

(i) ……

(ii) ……

(iii) ……

根据课文判断对错，并且给出理由。 True or false? Explain why if the statement is false.

6. ☐ 学生们对于暑假打工的意见看法不一。 理由：……

7. ☐ “美眉”觉得高中生找工作很不容易。 ……

8. ☐ “我最酷”是支持高中生做暑期工的。 ……

9. ☐ “开心苹果”认为高中生只做一些技术含量低的工作，没什么意义。 ……

10. ☐ 做暑期工可以让那些娇气的高中生变得更加独立，这是“当红小生”的意见。 ……

听力 LISTENING

你会听到四段录音。每一段录音播放之前,你将有两分钟的时间先阅读题目。每一段录音会播放两次。你有两分钟回答问题，不会写的汉字可以使用拼音*(Pinyin)*。
You will hear four recordings. Before each recording is played, you will have two minutes to read the questions first. Each recording will be played twice. You will have two minutes to answer each question. You may use pinyin in your answers.

在播放录音的过程中,你可以随时回答问题或记下讯息。在每一段录音播放之后，你有一分钟的时间检查你的答案。
While the recording is being played, you can answer the question or take notes at any time. After the recording is played, you will have one minute to check your answers.

第一篇，问题一至五 Recording 1, Questions 1-5

根据第一段录音的内容，回答下面的问题。
Answer the following questions according to the first recording.

1. ☐ 杰西卡想应聘什么工作？
   A. 咖啡馆经理　　B. 到咖啡馆做兼职
   C. 到麦当劳做打扫卫生　　D. 服务客人

2. ☐ 杰西卡在麦当劳做兼职做了多久？
   A. 一年　　B. 十二年　　C. 一个月　　D. 十二个月

3. ☐ 下面哪个叙述是正确的？
   A. 杰西卡不喜欢和人聊天。
   B. 杰西卡今天十七岁，上十年级。
   C. 杰西卡做过炸薯条的工作。
   D. 杰西卡最后没有被录取。

4. 杰西卡为什么要去咖啡馆工作？

   ……………………………………………………

5. 杰西卡认为服务客人时需要怎么做？
   (i) ……………………………………………
   (ii) ……………………………………………
   (iii) ……………………………………………

第二篇，问题六至十 Recording 2, Questions 6-10

根据第二段录音的内容，回答下面的问题。
Answer the following questions according to the second recording.

6. [ ] 这个辩论讨论的话题是什么？

A. 中学生应不应该做义工　　B. 中学生应不应该兼职打工

C. 中学生应不应该补习　　D. 中学生应不应该赚钱

7. 为什么兼职打工对比较困难的家庭会有很大的帮助？

....

8. [ ] 中学生在给低年级的学生补习有什么好处？

A. 学会关心学生　　B. 增长知识

C. 减轻家庭负担　　D. 学会教书

9. [ ] 为什么做兼职打工的学生不乱花钱？

A. 学会教书　　B. 增长知识

C. 减轻家庭负担　　D. 知道父母赚钱辛苦

10. 反方认为兼职打工有哪三个弊端？

(i) ....

(ii) ....

(iii) ....

第三篇，问题十一至十八　Recording 3, Questions 11-18

根据第三段录音的内容，从A、B、C、D中，选出一个正确的答案，把答案写在方框里。
Based on the third recording, choose the correct option and write it in the box below.

11. [ ] 穿红马甲的是什么人？

A. 打工　　B. 学生　　C. 义工　　D. 妈妈

12. [ ] 根据新规定，几岁的孩子才可以做义工？

A. 20周岁　　B. 14周岁　　C. 10周岁　　D. 15周岁

13. [ ] “我”现在几岁？

A. 9岁　　B. 14岁　　C. 10岁　　D. 15岁

14. [ ] 如何申请做义工？

A. 去找交通警察申请　　B. 找妈妈

C. 网上申请　　D. 找义工

15. [ ] 下面的叙述哪一个是正确的？

A. 妈妈不做义工　　B. 我现在就可以申请做义工

C. 妈妈在做义工　　D. 妈妈不让我做义工

根据第三段录音的内容，回答下面的问题。
Answer the following questions according to the third recording.

16. 义工们帮交通警察做什么？

(i) ....

(ii) ....

17. 妈妈什么时候帮“我”申请义工？

....

18. 妈妈为什么知道这么多关于义工的事情？

....

第四篇，问题十九至二十三 Recording 4, Questions 19-23

根据第四段录音的内容，从A、B、C、D中，选出一个正确的答案，把答案写在方框里。
Based on the fourth recording, choose the correct option and write it in the box below.

19. ☐ “我”什么时候开始做义工的？
A. 小学 B. 中学 C 大学 D. 工作以后

20. ☐ “我”做义工多久了？
A. 4年 B. 5年 C. 9年 D. 10年

21. ☐ “我”对做义工有什么看法？
A. 很快乐，很放松 B. 不喜欢
C. 觉得很烦 D. 很难养成习惯

根据第四段录音的内容，回答下面的问题。
Answer the following questions according to the fourth recording.

22. “爱心社”都做什么义工？

(i) ....

(ii) ....

(iii) ....

23. 做义工最难的是什么？

....

口语 SPEAKING

(一) 角色扮演 Role Play

A

老师：义工团队负责人
你：你自己

你想加入一个义工社团，义工团队问你一些问题。
You wish to join a voluntary welfare organisation. The person in charge is asking you some questions.

1. 你为什么要加入我们的团队？
2. 你以前有没有做过义工？
3. 说一说你做义工的经历。
4. 你做义工学到了什么？
5. 你觉得做好义工最重要的什么？

B

老师：一个山区的孩子
你：你自己

你去山区做义工，一个孩子在问你几个问题。
You are working as a volunteer in a mountain area. A local child is asking you some questions.

1. 你从哪里来？
2. 你到我们这里来做什么？
3. 你觉得到山区做义工辛苦吗？
4. 你为什么来我们这里做义工？
5. 你觉得到山区做义工最大的困难是什么？

(二) 回答下面的问题。 General Conversation: Answer the following questions.

1. 你有没有做过暑期工？
2. 你去年暑假做了什么工作？
3. 你觉得做暑期工有什么好处？
4. 你从暑假工作里学到了什么？
5. 你爸爸 / 妈妈对你做暑期工是怎么看的？
6. 你家有没有人做义工？
7. 你第一次做义工的时候多大？
8. 你做义工都学到了什么？
9. 你觉得做义工的人需要有什么样的性格？
10. 说一说你做义工的一次经历？

(三) 请看图片，然后描述你看到了什么。 Describe the pictures below.

阅读理解 READING COMPREHENSION

（一）

第一段

调查发现，多达90%的年轻人曾做过义工，但大多数是偶尔做一次。越来越多的年轻人不喜欢做义工，有38%的人因为学习、工作太忙而没有做义工。另外28%的人则认为当义工影响他们的生活。本来工作就很辛苦，到了周末就要好好休息，和朋友聚聚，所以大部分年轻人不愿意因为周末做义工而影响他们的生活。

第二段

在谈到服务的对象时，高达65%的人选择小孩，其次是动物和环境，老人和残疾人各只占6%。调查发现老人排后面，主要是因为年青人和他们沟通有困难，有些老人不喜欢讲话。另外，年青人也缺乏照顾残疾人的技能和耐心。

第三段

调查也发现，很多年轻人想做义工，只是缺乏这方面的知识。希望有更多的人积极地号召年轻人做义工，并提供相关培训。

第四段

[1]做过义工的小亮分享经验时说："时间是自己分配的，[2]每周两三个小时[3]不多，[4]少看一部电影就可以了。[5]在帮助别人时，我[6]变得更有自信。"

根据第一段的内容选择正确答案。

1) 有多少年轻人曾经做过义工？
   A. 42%　　B. 38%　　C. 28%　　D. 90%

2) 为什么年轻人不喜欢做义工，以下哪个选项不对？
   A. 学习忙　　B. 工作忙　　C. 周末要休息　　D. 心情不好

根据第二段的内容回答问题。

1) 关于义工喜欢的服务对象，请按百分比从高到低排顺序。
动物， 老人， 小孩， 残疾人

....

2) 义工照顾老人时有什么问题?
A. 有语言沟通问题　　B. 年轻人不喜欢老年人
C. 老年人不喜欢年轻人　　D. 年轻人觉得老年人太慢

3) 年轻的义工对残疾人服务缺乏什么?
A. 同情心　B. 爱心　C. 耐心　D. 关心

根据第三段内容判断对错，并且给出理由。

1) ☐ 很多年轻人想做义工，但是缺乏义工方面的知识。
理由：..........

2) ☐ 年轻人做义工，不需要相关培训。

....

根据第四段的内容选词填空，并回答问题。

其实	而且	只要	并	所以	曾经	也

1) ....　　4) ....

2) ....　　5) ....

3) ....　　6) ....

7) 小亮觉得在帮助别人的时候， 对自己有什么好处?

....

（一）

应该让孩子做暑期工吗？

第一段

我们要孩子做暑期工，并不是希望他们可以赚钱养家，而是通过一些工作体验，让他们明白"赚钱艰难"的道理，从而更珍惜金钱，不乱花钱。

第二段

中学生平均会有一个半月长的暑假，而大学生假如不用实习的话，暑假更会长达两至三个月。在这些悠长的暑假中，很多孩子可能会整天躲在家里玩游戏，或是跟朋友外出游玩并乱花钱。与其这样，倒不如让他们到社会上工作，用自己的劳力赚取零花钱。

第三段

让孩子当暑期工有很多好处，最重要的是让他们体验赚钱不易，明白父母工作的辛劳。等今后他们自己买东西的时候，就会想起"原来买一双名牌运动鞋，差不多等于几个星期的收入"，那花钱就会更加谨慎。

第四段

另外，当孩子尝试过工作后，就能学会更多待人处事的技能，例如接受上司的指令、与同事相处、学习团队精神等。这些对孩子将来的成长都会带来好处。不过孩子在选择暑期工的时候，必须要尽量小心，避免选择一些具有危险性的工作，或是跌入欺骗陷阱。

https://www.bcthk.com/family_p128.html

根据第一段的内容选择正确答案。

1) 我们要孩子做暑期工，是希望____________________。

A. 他们养家　　B. 得到一些钱

C. 让他们明白赚钱不容易　　D. 得到更好的工作

2) 孩子们通过做暑期工，可能会____________________。

A. 乱花钱　　B. 珍惜金钱　　C. 喜欢工作　　D. 继续工作

根据第二段的内容回答问题。

1) 中学生的暑假一般有多长？

....

2) 在暑假里，很多孩子在家里做什么？

....

3) 为什么有的父母让孩子出去工作？

....

根据第三段的内容判断对错，并且说明理由。

1) ☐ 让孩子做暑假工，只有一个好处，就是让他们知道赚钱不容易。

理由：..

2) ☐ 很多孩子做过暑期工以后， 就明白了父母工作的辛劳。

....

3) ☐ 当孩子想买运动鞋的时候， 他会想一想再买。

....

4) ☐ 一双运动鞋，价钱差不多和几个星期赚的钱一样。

....

根据第四段，从下面选出三个正确的句子。

1) 孩子们尝试工作以后，可以__________。

☐
☐
☐

A. 学会待人处事的技能
B. 更加喜欢工作
C. 学习团队精神
D. 不怕危险
E. 知道去赚钱
F. 学会如何同同事相处
G. 掉入陷阱

写作 WRITING

1. 你打算在暑假去做一份暑期工，可是你的父母觉得你应该要趁放假期间好好学习。请给你的好朋友写一封**信**，谈谈你的看法和想法。**最少**写120个字。

2. 你正在做志愿者活动，忽然有人打电话找你。请说一说（150字左右）：

1) 谁打电话找你？
2) 为什么打电话给你？
3) 你在电话里聊了什么？
4) 后来发生了什么？

Unit 10
Life as a Teenager

青少年的问题和压力

Teenagers' Issues

UNIT 10 第一课 LESSON 1

课文一 TEXT 1

杰克（Jié kè）是好几个国家的混血儿：爷爷是俄国人，奶奶是法国人，外公是美国人，外婆是中国人。朋友们都说他长得又高又帅，可是他还是觉得自己的身材不够好。因为他的女朋友喜欢高高瘦瘦的男生，可是杰克有点偏重。为了讨好他的女朋友，他就努力地减肥。每天只吃水果、沙拉和一个水煮蛋，就连看到心爱的肯德基也只能心上一把刀，“忍”着。他每天一放学就跑去健身房锻炼两个小时。人们都说女生注重自己的身材，可减肥也是十四岁的杰克最关心的事情。他觉得自己的压力真大啊！

生词 New Words / 例句 Example Sentences

生词			例句
混血儿	hùn xuè ér	a person of mixed blood	这个歌手是一个混血儿。
身材	shēn cái	(body) figure	她总觉得自己的身材不够好。
偏重	piān zhòng	overweight	他有点偏重，所以想减肥。
讨好	tǎo hǎo	try to please	他从来不愿意去讨好别人。
努力	nǔ lì	make great efforts	我正在努力学习中文。
减肥	jiǎn féi	lose weight	姐姐正在努力减肥。
水煮蛋	shuǐ zhǔ dàn	boiled egg	你想吃水煮蛋还是煎蛋？
心爱的	xīn ài de	beloved	昨天我心爱的小狗走丢了，真叫人伤心。
忍	rěn	endure	这里的工作有点辛苦，你就忍着点吧。
健身房	jiàn shēn fáng	gym	虽然我家楼下就有一个健身房，但是我从来没有去过。
关心	guān xīn	care about	老师很关心学生们的学习。

根据课文选择正确的答案。 Choose the correct answers according to Text 1.

1. 杰克没有哪个国家的血统？ A.中国 B.德国 C.美国 D.俄国
2. 杰克对什么不满意？ A.身高 B.长相 C.成绩 D.身材
3. 杰克没有用到的减肥方法是： A.锻炼 B.节食 C.吃药 D.不吃垃圾食品
4. 心上一把刀是什么汉字？ A.忍 B.忘 C.切 D.忽
5. 杰克每天去健身房的原因是： A.减肥 B.不用学习 C.陪朋友 D.减轻压力

课文二 TEXT 2

第一段

丽娟（Lì juān）今天又和爸爸吵架了，因为她要去看韩国的BigBang的演唱会，爸爸不给她钱买票，丽娟就很生气。丽娟爸爸没办法，只好去找老师，希望听听老师的建议。

第二段

爸爸告诉老师：丽娟的房间里贴满了BigBang的照片、唱片、海报。只要BigBang开演唱会，不管在哪里，她都要想办法去看。如果不让看，她就又吵又闹。

第三段

丽娟说："为什么我的同学都可以去看演唱会，只有我不能去？如果我不去，会很没面子的！"爸爸说："你能不能有点自己的主见，为什么别人去你就要去？"丽娟说："追星不一定都不好！现在IB考试紧张，看看明星可以减轻压力呀！"

第四段

老师对爸爸说，现在青少年追星的现象很普遍，不能一棍子打死，要好好沟通。

生词 New Words | 例句 Example Sentences

生词			例句
演唱会	yǎn chàng huì	concert	下个星期S.H.E.要来开演唱会啦！
买票	mǎi piào	buy tickets	我先去买票，你在这里等我。
唱片	chàng piàn	song album	现在几乎没有人买唱片了。
又吵又闹	yòu chǎo yòu nào	make a din	他在这里又吵又闹，真的很烦人。
只有	zhǐ yǒu	only	只有他知道这件事。
没面子	méi miàn zi	lose face	他怎么邀请，她都不去，让他觉得很没面子。
主见	zhǔ jiàn	one's own opinion	他是一个独立、有主见的人。
追星	zhuī xīng	pursue a celebrity	她喜欢追星，对学业没什么兴趣。
不一定	bù yí dìng	not necessarily	太多运动不一定对身体好。
减轻	jiǎn qīng	reduce	听歌可以帮助我们减轻压力。
现象	xiàn xiàng	phenomenon	学生做暑期工的现象很普遍。
棍子	gùn zi	rod; stick	他用棍子把那条蛇打死了。

根据第一段的内容回答问题。 Answer the questions according to Paragraph 1 in Text 2.

1. 今天发生了什么事？

   ……………………

2. 丽娟想去做什么？

   ……………………

3. 为什么爸爸要去找老师？

   ……………………

根据第二段的内容回答问题。 Answer the question according to Paragraph 2 in Text 2.

4. 丽娟为了追星，做了哪些事情？

   (i) ……………………

   (ii) ……………………

   (iii) ……………………

根据第三段的内容回答问题。 Answer the questions according to Paragraph 3 in Text 2.

5. 丽娟为什么一定要去看BigBang的演唱会？

   ……………………

6. 丽娟认为追星有什么好处？

   ……………………

根据第四段的内容回答问题。 Answer the question according to Paragraph 3 in Text 2.

7. 老师的看法是什么？

   ……………………

听力 LISTENING

你会听到四段录音。每一段录音播放之前,你将有两分钟的时间先阅读题目。每一段录音会播放两次。你有两分钟回答问题，不会写的汉字可以使用拼音*(Pinyin)*。
You will hear four recordings. Before each recording is played, you will have two minutes to read the questions first. Each recording will be played twice. You will have two minutes to answer each question. You may use pinyin in your answers.

在播放录音的过程中,你可以随时回答问题或记下讯息。在每一段录音播放之后，你有一分钟的时间检查你的答案。
While the recording is being played, you can answer the question or take notes at any time. After the recording is played, you will have one minute to check your answers.

第一篇，问题一至五 Recording 1, Questions 1-5

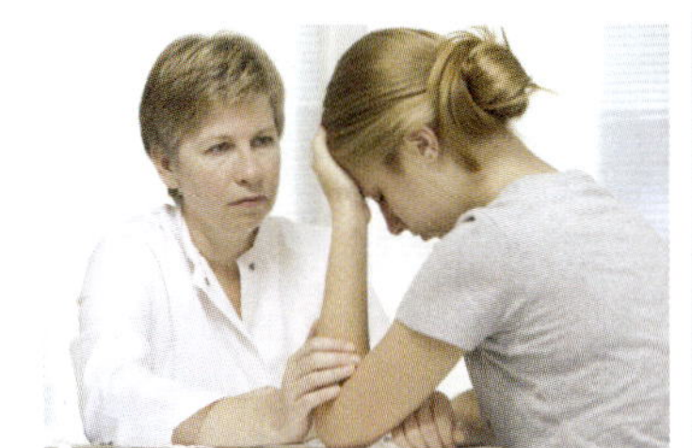

根据第一段录音的内容，回答下面的问题。
Answer the following questions according to the first recording.

1. 凯瑞现在在哪里?

   ....

2. 凯瑞学习怎么样?

   ....

3. 凯瑞模拟考试考到第几名?

   ....

4. 为了减轻压力，老师建议凯瑞做什么？列出两项。

   (i) ....

   (ii) ....

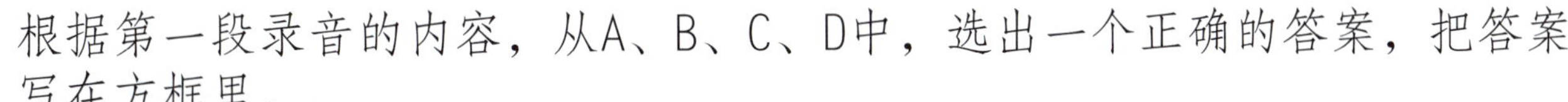

根据第一段录音的内容，从A、B、C、D中，选出一个正确的答案，把答案写在方框里。
Based on the first recording, choose the correct option and write it in the box below.

5. ☐ 凯瑞为什么找赵老师?

   A. 因为凯瑞很无聊，找赵老师聊天。
   B. 因为学习压力大，找赵老师解决问题。
   C. 因为头疼，找赵老师看病。
   D. 因为很累，找赵老师聊天。

第二篇，问题六至十一 Recording 2, Questions 6-11

根据第二段录音的内容，回答下面的问题。
Answer the following questions according to the second recording.

6. 儿童健康机构对多少名成年人做了调查？

....

7. 如果从小爱喝酒，长大后会在哪些方面受影响？列出两项。

(i) ....

(ii) ....

根据第二段录音的内容，从A、B、C、D中，选出一个正确的答案，把答案写在方框里。
Based on the second recording, choose the correct option and write it in the box below.

8. ☐ 爱喝酒的青少年发生意外的几率高达百分之多少？
   A. 40 B. 4 C. 50 D. 90

9. ☐ 下面的叙述哪一个是正确的？
   A. 学校不限制买酒
   B. 学校应该多方面对学生进行教育
   C. 学校不应该从多方面举办有关教育的讲座
   D. 学校不可以举办关于喝酒对身体有害的讲座

10. ☐ 爱喝酒的青少年被学校开除的机会比不喝酒的青少年高多少倍？
   A. 4倍 B. 40倍 C. 14倍 D. 50倍

11. ☐ 这是一段什么录音？
   A. 喝酒广告 B. 广播 C. 电话录音 D. 调查报告

第三篇，问题十二至十八 Recording 3, Questions 12-18

根据第三段录音的内容，从A、B、C、D中，选出一个正确的答案，把答案写在方框里。
Based on the third recording, choose the correct option and write it in the box below.

12. ☐ 普通中学会考一共要学几门课？
   A. 十门课 B. 十一门课 C. 十二门课 D. 十五门课

13. ☐ 这次一共采访了几位同学？
   A. 三位 B. 两位 C. 一位 D. 四位

14. ☐ 马田哪个科目没有考及格？
A. 全部科目　B. 化学　C. 数学　D. 英语

15. ☐ 彼得每天作业要做几个小时？
A. 7个小时　B. 5个小时　C. 12个小时　D. 8个小时

根据第三段录音的内容，回答下面的问题。
Answer the following questions according to the third recording.

16. 青青的压力主要来自谁？

(i) ……

(ii) ……

17. 不考国际文凭的同学，经常做什么？

(i) ……

(ii) ……

18. 这段采访主要让学生谈什么内容？

……

……

……

第四篇，问题十九至二十三　Recording 4, Questions 19-23

根据第四段录音的内容，从A、B、C、D中，选出一个正确的答案，把答案写在方框里。
Based on the fourth recording, choose the correct option and write it in the box below.

COUNSELLOR

19. ☐ 被采访的人有几年的教学经验？
A. 五十年　B. 十多年　C. 五年　D. 十年

20. ☐ 以下哪一项不是初中生会有的问题？
A.单亲家庭，缺乏关爱　B. 学习压力太大
C. 男女朋友交往带来烦恼　D. 经常不做作业

21. ☐ 被采访的人是做什么工作的？
A. 中文老师　B. 心理老师　C. 记者　D. 校长

根据第四段录音的内容，回答下面的问题。
Answer the following questions according to the fourth recording.

22. 被采访者在哪所学校工作？

……

23. 被采访者给初中生什么建议？

(i) ……

(ii) ……

(iii) ……

(iv) ……

口语 SPEAKING

(一) 角色扮演 Role Play

A

老师：你的好朋友
你：你自己

你和你的好朋友在谈话。
You and your friend are talking about stress.

1. 你现在作业多吗？
2. 你每天睡觉有多长时间？
3. 你觉得自己有压力吗？
4. 这些压力是谁给你的？
5. 当你有压力的时候，你会怎么做？

B

老师：你爸爸
你：你自己

你爸爸在问你一些问题。
Your father is asking you some questions.

1. 最近你在忙些什么？
2. 这个学期学校有哪些考试？
3. 你觉得哪个科目最难？
4. 你都准备好了吗？
5. 在学校有什么不开心的事情？

(二) 回答下面的问题。 General Conversation: Answer the following questions.

1. 你的朋友中有人抽烟吗？
2. 你抽过烟吗？
3. 如果你看见你的朋友抽烟/喝酒，你会怎么办？
4. 你觉得青少年喝酒好不好，为什么？
5. 你觉得青少年能早恋吗，为什么？
6. 你现在有哪些压力？
7. 你有朋辈压力吗？
8. 你对中学生之间的攀比怎么看？
9. 你的父母亲有给你什么压力吗？
10. 当你有压力的时候，你一般会做什么？
11. 你和父母有代沟吗？
12. 你和父母意见不一样的时候，你会怎么办？

(三) 请看图片，然后描述你看到了什么。 Describe the pictures below.

阅读理解 READING COMPREHENSION

（一）

第一段

据新加坡《联合早报》报道，随着社交网站的盛行，"网上欺凌"正成为越来越严重的社会问题。

第二段

根据该调查，新加坡青少年受网络欺凌的情况是全球第二严重。受欺凌的百分比高达58%，仅低于中国的70%。

第三段

新加坡外交部长尚穆根指出，"孩子们不论在心理或身体上，比起大人，都更难应付这些问题。如果有这么多孩子受影响，一旦他们长大成人，将对社会有深远的影响。"

根据第一段的内容选择正确答案。

1) 《联合早报》是什么？
   A. 报纸　B. 杂志　C. 博客　D. 网站

2) "社交网站盛行"中的"盛行"是什么意思？
   A. 盛开　B. 流行　C. 行李　D. 行走

3) 这篇报道在谈什么社会问题？
   A. 年轻人太喜欢上网　B. 年轻人不读报纸
   C. 社交网站太多　D. 网络欺凌现象

根据第二段的内容回答问题。

1) 中国和新加坡受欺凌的百分比相差多少？

....

根据第三段的内容回答问题。

1) "这些问题"指的是什么问题？

....

2) 当受网络欺凌的孩子们长大以后，会对什么有影响？

....

（二）

小楷今天在厕所抽烟被姐姐抓住了。姐姐找他谈话：

姐姐：年纪这么小，为什么要学抽烟？

小楷：同学抽，我不抽，就很没面子。而且抽烟的样子，让我觉得自己很有男子汉的气概。在美女面前抽烟，可以耍酷；在丑女面前抽烟，可以让她不烦我。

姐姐：那为什么躲在厕所里面抽烟？

小楷：因为蹲马桶的时候抽烟可以去味儿。

姐姐：你难道不知道抽烟对身体不好吗？

小楷：我知道抽烟伤肺，但是不抽烟会伤心。女朋友不喜欢我了，我能怎么办？

姐姐：那你哪来的钱，你的钱都是爸妈辛苦赚来的！

小楷：抽烟是在烧钱，但是抽烟让我很快乐，有钱难买快乐呀。其实，我抽烟也是不得已，刚开始是因为自己不会抽烟，然后是因为自己学会了抽烟，后来是因为自己不能不抽烟。

姐姐：你真是无药可救了，明天就送你去警察局冷静冷静。

小楷：警察局就不用去了，抽烟就可以让我冷静，不要浪费你的时间。

姐姐：你，你，你……

根据文章判断对错，并且给出理由。

1) ☐ 小楷在学校抽烟被姐姐抓住了。 理由：……………………

2) ☐ 小楷已经是成年人了。 ……………………

3) ☐ 小楷抽烟是为了要面子。 ……………………

4) ☐ 小楷认为抽烟对身体没有坏的影响。 ……………………

5) ☐ 小楷认为抽烟可以让自己冷静。 ……………………

讨论：你赞同小楷的观点吗？为什么？

写作 WRITING

1. 你刚从初中升到高中，碰到了不少朋辈压力。请给你的好朋友写一封**电子邮件**，**最少**写60个字，包括下面的内容：

   1) 初中和高中有哪些变化？
   2) 你怎么看同学间相互比较家庭背景？
   3) 你和同学们有哪些不同？
   4) 你觉得朋辈压力有什么优点？
   5) 你觉得朋辈压力有什么缺点？

普通邮件

主题：

2. 你的同学们都喜欢给电台的知心姐姐写信，说说自己的烦恼。你也给知心姐姐写了一封信。最少写120个字。

UNIT 10 第二课 LESSON 2

青少年的休闲和娱乐
Leisure Activities

课文一 TEXT 1

“今年你做极限运动了吗？”这是年轻人中很流行的话题。“极限运动”是一种难度较高的体育运动，有爬山、跳伞、冲浪等等。运动虽然很危险，但是很多人都很喜欢。

极限运动对于青少年来说有不少好处。它不但可以减轻青少年的学习压力，而且对身体很好。参加极限运动也可以让学生变得更聪明。另外，极限运动一般需要几百次，甚至几千次的练习，这极大地培养了青少年吃苦的精神。

生词 New Words　　**例句** Example Sentences

生词			例句
极限运动	jí xiàn yùn dòng	extreme sports	我爸爸怎么都不让我去做极限运动。
流行	liú xíng	popular	我喜欢听流行歌曲。
话题	huà tí	topic	我和好朋友总有聊不完的话题。
难度	nán dù	difficulty level	极限运动的难度很大，不是一学就会的。
跳伞	tiào sǎn	parachuting	今年暑假我想去学跳伞。
冲浪	chōng làng	surfing	天气热的时候冲浪很舒服。
危险	wēi xiǎn	dangerous	并不是所有的极限运动都是危险的。
好处	hǎo chù	advantage	多吃蔬菜对身体有好处。
不但	bú dàn	not only	他不但会说中文，还会说英语。
而且	ér qiě	also	这家餐馆的菜非常好吃，而且价格也很便宜。
聪明	cōng míng	smart	她是一个非常聪明的孩子。
一般	yì bān	usually	一般青少年都喜欢看电影。
练习	liàn xí	practise	如果钢琴想弹得好，一定要多练习。
极大地	jí dà de	to a great extent	手机极大地改变了我们的生活。
培养	péi yǎng	cultivate	做暑期工可以培养青少年的工作技能。
吃苦	chī kǔ	bear hardships	现在的孩子都不太能吃苦。
精神	jīng shén	spirit	我们应该学习他那种乐于助人的精神。

根据课文回答下面的问题。 Answer the questions according to Text 1.

1. 什么是极限运动？

   ....

2. 常见的极限运动有哪些？

   ....

3. 极限运动对于青少年有哪些好处？

   (i) ....

   (ii) ....

   (iii) ....

根据课文选词填空。 Fill in the blanks with the correct options provided.

虽然	甚至	不过	除了	不但	而且

1. 极限运动 ______ 很危险，但是大家都很喜欢.
2. 极限运动 ______ 可以减轻青少年的学习压力，而且对身体很好。
3. 极限运动需要多次练习，有的人需要练习几百次，有的人需要几千次，______ 上万次的练习才可以。

课文二 TEXT 2

第一段

妈妈越来越不理解小强了。别的孩子一到周末就出去参加一些户外活动，比如爬山、钓鱼、冲浪等，这些不但能锻炼身体，而且能减轻学习压力。

第二段

可是，小强却是一个宅男，一到周末就宅在家里，不是看电视，就是玩电子游戏。小强认为青少年娱乐应该以减压为主。他对户外活动不是太感兴趣，觉得有些活动，如一些惊险刺激的娱乐，可能会有生命危险。

第三段

但妈妈认为小强的娱乐方式也不太好。如果上网没有节制的话，容易有网瘾。而且一些网上的内容很不健康，比如会有暴力或黄色的内容，不适合让青少年观看。

(Continued on next page)

(Continued from p. 142)

第四段

妈妈还说，自从小强变成宅男以后，朋友变得越来越少了，人际关系也越来越差。因此，妈妈不得不开始要求小强减少上网的时间。

生词 New Words　　例句 Example Sentences

生词			例句
钓鱼	diào yú	fishing	钓鱼可以培养我们的耐心。
宅男	zhái nán	men who prefer to stay indoors and have few social contacts	现在的宅男宅女越来越多。
宅	zhái	stay indoors	周末的时候我喜欢宅在家里，哪里都不去。
电子游戏	diàn zǐ yóu xì	electronic games	他每天都玩电子游戏，很晚才睡觉。
娱乐	yú lè	entertainment	我们喜欢的娱乐方式往往和父母的很不同。
减压	jiǎn yā	relieve stress	生活太紧张了也不好，要多做运动来减压。
感兴趣	gǎn xìng qù	show interest in	他对户外活动非常感兴趣。
惊险	jīng xiǎn	dangerous	这个活动非常惊险，你要小心。
刺激	cì jī	exciting	很多年轻人都喜欢刺激的活动。
生命	shēng mìng	life	在我的生命中，家人是最重要的。
节制	jié zhì	restrain; control	我们吃东西时要有节制。
内容	nèi róng	content	这个小说的内容很有意思。
暴力	bào lì	violence	电子游戏里有很多暴力的内容。
黄色的	huáng sè de	pornographic	这个电影有黄色的内容，不适合小孩观看。
观看	guān kàn	watch; view	我明天要和朋友去观看足球比赛。
自从	zì cóng	since	自从在网上认识了新朋友，她每个晚上都和朋友聊到很晚。
差	chà	poor; not up to standard	他的人际关系很差，没有什么朋友。
减少	jiǎn shǎo	reduce	妈妈要我减少看电视的时间。

根据第一段的内容回答问题。 Answer the questions according to Paragraph 1 in Text 2.

1. 户外运动包括哪些？

(i) ....

(ii) ....

(iii) ....

2. 户外活动有什么好处？

i) ....

ii) ....

请根据第二段的内容选择正确答案。 Choose the correct answers according to Paragraph 2 in Text 2.

3. 宅男是什么意思？
   A. 住在家里的男孩子
   B. 家里有住宅的男人
   C. 一到周末就宅在家里，不出去玩的人
   D. 一直在家里睡觉的人

4. 为什么小强不喜欢惊险刺激的娱乐？以下哪个选项不是理由？
   A. 不喜欢刺激
   B. 害怕
   C. 怕有生命危险
   D. 不感兴趣

请根据第三段、第四段的内容选择正确答案。 Choose the correct answers according to Paragraphs 3 and 4 in Text 2.

5. 网络上有哪些不好的娱乐内容？
   A. 好听的音乐
   B. 好看的影片
   C. 好看的小说
   D. 暴力、色情、恐怖内容

6. 以下哪一个不是小强变成宅男后的变化？
   A. 朋友变少
   B. 成绩变好
   C. 人际关系变好
   D. 不爱讲话

7. 妈妈采取了什么措施？
   A. 每天让小强出去运动
   B. 带小强去看医生
   C. 限制小强上网的时间
   D. 让小强的朋友来家里玩

听力 LISTENING

你会听到四段录音。每一段录音播放之前，你将有两分钟的时间先阅读题目。每一段录音会播放两次。你有两分钟回答问题，不会写的汉字可以使用拼音*(Pinyin)*。
You will hear four recordings. Before each recording is played, you will have two minutes to read the questions first. Each recording will be played twice. You will have two minutes to answer each question. You may use pinyin in your answers.

在播放录音的过程中，你可以随时回答问题或记下讯息。在每一段录音播放之后，你有一分钟的时间检查你的答案。
While the recording is being played, you can answer the question or take notes at any time. After the recording is played, you will have one minute to check your answers.

第一篇，问题一至五 Recording 1, Questions 1-5

根据第一段录音的内容，回答下面的问题。
Answer the following questions according to the first recording.

1. 教育部举办世界滑板日的目的是什么？

    ....

2. 世界滑板日什么时候举行？写出具体日期和时间。

    ....

3. 教育部邀请谁来参加世界滑板日？

    (i) ....

    (ii) ....

4. 正式比赛几点开始？

    ....

5. 世界滑板日，一共举办了几年？

    ....

第二篇，问题六至十一 Recording 2, Questions 6-11

根据第二段录音的内容，从A、B、C、D中，选出一个正确的答案，把答案写在方框里。
Based on the second recording, choose the correct option and write it in the box below.

6. ☐ 为什么小明觉得去卡拉OK的经历很有趣？

    A. 因为唱了整个晚上
    B. 因为我们看起来像傻子
    C. 因为我们五个人一起唱歌
    D. 因为我们本来是去卡拉OK，可是却在那里打扑克

7. ☐ 下面哪一个叙述是正确的？

A. 美美唱了三首歌
B. 小明和四个朋友一起去唱卡拉OK
C. 丁丁的朋友在沙发上睡觉
D. 一共有五个人和记者谈唱卡拉OK的经历

8. ☐ 为什么大卫的朋友那天晚上都不想唱歌了？

A. 因为大卫一个人一直唱歌　　B. 因为大卫唱得太开心
C. 因为大家不喜欢唱歌　　D. 因为话筒被大卫弄得很恶心

9. ☐ 这是一段什么录音？

A. 广告　　B. 广播　　C. 电话录音　　D. 采访

根据第二段录音的内容，回答下面的问题。
Answer the following questions according to the second recording.

10. 美美说："我的脸都绿了。"这是什么意思？

....

11. 美美为什么不想唱了？

....

第三篇，问题十二至十八　Recording 3, Questions 12-18

根据第三段录音的内容，从A、B、C、D中，选出一个正确的答案，把答案写在方框里。
Based on the third recording, choose the correct option and write it in the box below.

12. ☐ 被访者今年多大了？

A. 一岁　　B. 十二岁　　C. 十岁　　D. 二岁

13. ☐ 被访者玩游戏玩多久了？

A. 三年　　B. 一年　　C. 两年　　D. 十年

14. ☐ 被访者是哪个游戏的高手？

A. 蛮王联盟　　B. 国王联盟　　C. 英雄联盟　　D. 游戏联盟

15. ☐ 这是一段什么录音？

A. 电台访问　　B. 电视访问　　C. 新闻联播　　D. 广告

根据第三段录音的内容，回答下面的问题。
Answer the following questions according to the third recording.

16. 被访者每天什么时候玩游戏？

....

17. 为什么被访者喜欢蛮王？

(i) ....

(ii) ....

18. 这个电台频道叫什么？

....

第四篇，问题十九至二十四 Recording 4, Questions 19-24

根据第四段录音的内容，从A、B、C、D中，选出一个正确的答案，把答案写在方框里。
Based on the fourth recording, choose the correct option and write it in the box below.

19. ☐ 这是一段什么录音？
A. 广告 B. 电台广播 C. 电话录音 D. 电视采访

20. ☐ 提问的人是谁？
A. 学生 B. 游客 C. 主持人 D. 湖南人

21. ☐ 这名学生晚上想去做什么？
A. 看京剧 B. 聊天 C. 喝茶 D. 边看京剧边喝茶

根据第四段录音的内容，回答下面的问题。
Answer the following questions according to the fourth recording.

22. 学生对茶馆有什么要求？

....

23. 会馆是在什么时候建成的？

....

24. 会馆后面有什么？

....

口语 SPEAKING

(一) 角色扮演 Role Play

A

老师：你的好朋友
你：你自己

你的好朋友在和你讨论长周末的安排。
Your best friend is talking about plans for the long weekend with you.

1. 长周末你喜欢呆在家里，还是出去走走？
2. 你喜欢在城市里的活动还是去大自然的活动？
3. 这个长周末你会去户外远足吗？
4. 你喜欢自己去还是和家人一起去？
5. 你有什么有趣的建议，我们可以一起去？

B

老师：记者
你：你自己

夜间F1赛车正在举行，记者在问你几个问题。
The F1 Night Race is currently taking place. The journalist is asking you some questions.

1. 你为什么来观看夜间F1赛车？
2. 夜间F1赛车和白天的赛车有什么不同？
3. 如果有机会，你想做赛车手吗？
4. 你最喜欢哪一位赛车手？
5. 举办夜间赛车，对周边生活的人有影响吗？

(二) 回答下面的问题。 General Conversation: Answer the following questions.

1. 你喜欢买时尚服装吗？
2. 你觉得青少年应该把钱花在名牌时装上吗？
3. 东方人和西方人的休闲活动有什么不同？
4. 周末你常常做什么活动？
5. 你喜欢玩网络游戏吗？为什么？
6. 你认为哪些休闲活动最受欢迎？
7. 很多学生周末也在学习，没有出去娱乐，你怎么看待这个问题？
8. 你喜欢惊险刺激的户外活动吗？
9. 你们国家的老年人怎么安排他们的娱乐生活？
10. 你认为休闲活动一定要花钱吗？
11. 你对政府鼓励人们周末多多运动有什么看法？
12. 传统的休闲娱乐和现代休闲娱乐有什么差别？

(三) 请看图片，然后描述你看到了什么。 Describe the pictures below.

阅读理解 READING COMPREHENSION

（一）

青少年时尚

第一段

现在的年轻人越来越注重时尚，极其重视自己的外表，被称为“外貌协会”。这些青少年以外表穿着来决定自己受不受欢迎，所以他们将大部分的钱都花在衣服上，生怕自己穿得不够时尚，会在同学中没面子。

第二段

除了衣服以外，年轻人也喜欢花钱买高科技产品。有一只最新的手机，比如苹果手机，是非常重要的。如果市面上出了苹果六，而自己还在用苹果四的话，他们就会觉得没面子。

第三段

当然，也有不少年轻人把钱花在和朋友们出去吃饭和旅游上。

1. 根据第一段的内容，选出三个正确的叙述。把答案写在方框里，任何次序都可以。

☐ ☐ ☐

A. 青少年喜欢穿时尚的衣服。
B. 青少年不会把钱花在衣服上。
C. 青少年对穿衣服没有自己的主见。
D. 青少年不太注重衣服是不是流行。
E. 现在的年轻人比以前更重视时尚。
F. 青少年觉得如果穿得不时尚就会没有面子。

根据第二段的内容，从右栏中选出最适合左栏的句子的结尾。把答案写在方框里。

2. 青少年也喜欢买________。 ☐
3. 有________是非常重要的。 ☐
4. 如果出了苹果六的手机，而自己还在用苹果四的话，那会________。 ☐

A. 很受欢迎
B. 出去旅游
C. 高科技产品
D. 出去吃饭、参加活动、看电影与音乐
E. 新式的手机
F. 贵的电脑
G.没面子

根据第三段的内容回答问题。

5. 现在年轻人把零花钱花在什么地方？

   (i) ....

   (ii) ....

（二）

零花钱知多少

上海社科院针就零花钱问题，对中国六个省市的十所中学的1537名高中生进行了问卷调查。

调查结果显示，中国高中生每月得到的零花钱远远[1]美日韩。他们每个月获得的零花钱占父母收入的比例为17%，[2]美日韩高中生的零花钱[3]占父母收入的2.4%。社科院所长杨雄说，这说明了中国大城市独生子女父母对子女的溺爱。[4]，调查显示，北京和上海两个城市高中生的衣服、手机等用品，主要由父母购买(占到了80%)；相比之下，美国高中生最为独立，他们通常以自己的劳动来赚零花钱。

然而，美国高中生的名牌意识比较强(高达47.7%)；上海高中生消费追求“品牌”意识明显高于其他地区，但也[5]13.9%。“孩子从小穿着有品位，从长远看是好事，但我更赞成他们只买对的，不买贵的。[6]要穿名牌，就要靠自己挣的钱买，而不是靠父母，穿名牌。”学生家长李先生告诉记者。

根据文章的内容选词填空。

如果	仅	但	高于	此外	只是

1) .... 4) ....

2) .... 5) ....

3) .... 6) ....

根据文章判断对错，并且给出理由。

1) ☐ 上海社科院对超过一千名高中生进行了调查。

理由：……………………………………

2) ☐ 美、日、韩等国家的父母给孩子们的零花钱占他们收入的比例比较小。

……………………………………

3) ☐ 中国学生大部分会用自己劳动赚来的钱买衣服和手机。

……………………………………

4) ☐ 上海学生的名牌意识比美国学生强。

……………………………………

5) ☐ 中国家长李先生认为学生们要靠自己的劳动挣钱买名牌。

……………………………………

写作 WRITING

1. 你想约好友在国庆节放假期间去徒步旅行。请写一封**电子邮件**给你的朋友，**最少**写60个字。内容应该包括以下五点：

   1) 你打算什么时候出发？

   2) 什么时候回来？

   3) 要准备哪些东西？

   4) 具体的行程安排

   5) 要注意的事项

普通邮件

主题：

2. 你在中国的笔友要在下个月来看你，并在你家住两个星期。请给他／她写一封**信**，谈谈你所居住的城市青少年的休闲和娱乐活动，以及和中国的区别。**最少**写120个字。

UNIT 10 第三课 LESSON 3

青少年和科技
Youth and Technology

课文一 TEXT 1

机器人老师

在中国，机器人老师越来越受学生喜爱。这是为什么呢？

丁丁说：“机器人长得很可爱，性格也好，除了会自己走路，她还会唱歌跳舞，和我们一起玩游戏。”

可可说：“对呀，我们的老师太严肃了，我们很害怕他批评我们。可是机器人老师就不会这样。”

娟娟说：“而且她的声音很好听，我们可以跟她一起读英文单词和课文。我们读几遍都不觉得无聊。”

淘气的乐乐说：“戏剧老师经常因为我爱讲话就批评我，机器人老师不会这样。”

老师说：“机器人老师可以说各种语言，可以很快地批改家庭作业，然后告诉我错误是什么！”

校长说：“最重要的是机器人不用请假，也不会要求涨工资！但是不管怎样，机器人老师只是学校教育中的调剂，不可能完全替代真人老师。”

生词 New Words

例句 Example Sentences

生词			例句
机器人	jī qì rén	robot	我希望有个机器人帮我做作业。
喜爱	xǐ ài	like; liking	这个电子游戏很受中学生喜爱。
严肃	yán sù	serious; solemn	我的老师很严肃。
害怕	hài pà	be afraid of	她晚上一个人走路回家，感到很害怕。
批评	pī píng	criticise	我的中文老师经常批评我。
声音	shēng yīn	voice	她的声音很优美。
好听	hǎo tīng	pleasant to hear	这首歌很好听，大家都很喜欢。
英文	yīng wén	English	明天有英文课吗？

(Continued on next page)

(Continued from p. 154)

单词	dān cí	word	这些单词我都不会，该怎么办？
课文	kè wén	text in a lesson	这个课文很短、很容易。
讲话	jiǎng huà	talk	老师不喜欢我们在上课时讲话。
批改	pī gǎi	mark	老师每天批改我们的作业。
家庭	jiā tíng	family	我的妈妈是家庭主妇，每天都很忙。
错误	cuò wù	mistake	我们要从错误中学习。
请假	qǐng jià	take leave	我生病了，妈妈明天要请假一天照顾我。
涨工资	zhǎng gōng zī	have a pay raise	爸爸今天回来很高兴，因为他涨工资了。
怎样	zěn yàng	how	青春应该怎样度过？
教育	jiào yù	education	中式教育和西式教育非常不同。
调剂	tiáo jì	regulate; adjust	娱乐可以调剂紧张的生活。
不可能	bù kě néng	not possible	你不可能同时出现在两个地方。
替代	tì dài	replace	家庭教育对于学生的成长，有着不可替代的作用。
真人	zhēn rén	a real person	那位演员的真人比在电影里还漂亮。

根据课文判断对错，并且给出理由。

True or false?
Explain why if the statement is false.

1. ☐ 在韩国，机器人老师受到学生的喜爱。 理由：..........
2. ☐ 机器人老师长得不好看，像企鹅。 ....
3. ☐ 机器人老师不能走路，要学生帮忙移动。 ....
4. ☐ 机器人老师可以教大家学英语。 ....
5. ☐ 机器人老师不会批评学生。 ....
6. ☐ 机器人老师是一种调剂。 ....
7. ☐ 机器人老师会讲多种语言。 ....
8. ☐ 机器人老师不会生气。 ....
9. ☐ 机器人老师不会生病。 ....
10. ☐ 校长准备让机器人老师代替真人老师。 ....

课文二 TEXT 2

第一段

现在我们每个人的手机里都会有很多的Apps，翻译成中文，就是“应用软件”。

第二段

平时我们最常见的应用软件是天气软件。如果装了这个软件，就好像有了自己的天气预报员，可以随时随地知道气温是多少，会不会下雨，需不需要带雨伞等等。

第三段

最近比较流行的一个App是健身步行软件。这个应用软件可以记录你一天的运动情况，例如走了多少步等等。最有意思的是，你可以把记录的数据上传到朋友圈里，这样你马上就可以知道今天你的朋友走了多少步，哪个朋友走路走得最多，以及自己排在第几位。和朋友之间的比赛，会让你第二天走得更多、走得更远。枯燥的散步也因此而变得有意思了。

第四段

我们学中文的时候，非常讨厌笔顺，现在好了，有了一个App叫“字宝宝笔顺笔画查询”。有了它，我们只需要把不会写的字告诉它，它马上就可以告诉我们这个字的笔顺和笔画。我们还可以跟着它练习，非常有用，非常好玩。

生词 New Words / 例句 Example Sentences

生词			例句
应用软件	yìng yòng ruǎn jiàn	app	现在手机应用软件很多，要小心选择。
天气预报	tiān qì yù bào	weather forecast	妈妈每天都看天气预报。
随地	suí dì	anywhere	不要随地乱丢东西。
气温	qì wēn	temperature	明天的气温多少？
雨伞	yǔ sǎn	umbrella	下雨了，可是我没有带雨伞，怎么办？

(Continued on next page)

(Continued from p. 156)

记录	jì lù	record	我喜欢用日记来记录自己的生活。
情况	qíng kuàng	situation	现在的情况不同了。
例如	lì rú	for example	他喜欢极限运动，例如爬山、跳伞、冲浪等。
数据	shù jù	data; information	这些数据对我们非常有用。
上传	shàng chuán	upload	我今天上传了好几个好玩的视频。
朋友圈	péng yǒu quān	circle of friends	我的朋友圈里有很多朋友。
以及	yǐ jí	and	他喜欢蓝色、绿色以及黑色。
排	pái	rank	我在兄弟姐妹中排第一。
枯燥	kū zào	boring	学习数学是一件很枯燥的事。
散步	sàn bù	take a stroll	我和家人喜欢在饭后出去散步。
因此	yīn cǐ	therefore; so	他上了月生了一场大病，因此瘦了不少。
讨厌	tǎo yàn	dislike	我讨厌别人在我面前抽烟。
笔顺	bǐ shùn	stroke order	你知道这个字的笔顺吗？
笔画	bǐ huà	stroke	这个字的笔画很多。
查询	chá xún	check; enquire	你可以上网查询明天的天气。
跟着	gēn zhe	follow	这个字笔画很多，你跟着老师慢慢写。

根据第一段的内容回答问题。 Answer the questions according to Paragraph 1 in Text 2.

1. 现在我们的手机里都有什么？

....

2. 你的手机里有什么应用软件？你最喜欢哪一个？

....

根据第二段的内容回答问题。 Answer the questions according to Paragraph 2 in Text 2.

3. 最常见的应用软件是什么？

....

4. “随时随地”是什么意思？

....

5. 有了“自己的天气预报员”有什么好处？

(i) ....

(ii) ....

根据第三段的内容判段对错，并且给出理由。

True or false? Explain why if the statement about Paragraph 3 is false.

6. ☐ 健身步行软件只可以记录你走路的情况。 理由：……

7. ☐ 你不用上传数据，你的朋友就可以知道你今天走了多少路。 ……

8. ☐ 因为可以和朋友比赛，所以你第二天会走更多的路。 ……

9. ☐ 因为有了应用软件，走路不再是一项枯燥的运动。 ……

根据第四段的内容，对下列选项进行排序。

List the following options in the correct order according to Paragraph 4 in Text 2.

10.

1	2	3	4	5
C				

A. 学习笔画、笔顺
B 打出你不知道的字
C. 安装“字宝宝笔顺笔画查询”应用软件
D. 用软件演示这个字的笔画、笔顺
E. 跟着手机练习

听力 LISTENING

你会听到四段录音。每一段录音播放之前,你将有两分钟的时间先阅读题目。每一段录音会播放两次。你有两分钟回答问题，不会写的汉字可以使用拼音*(Pinyin)*。
You will hear four recordings. Before each recording is played, you will have two minutes to read the questions first. Each recording will be played twice. You will have two minutes to answer each question. You may use pinyin in your answers.

在播放录音的过程中,你可以随时回答问题或记下讯息。在每一段录音播放之后，你有一分钟的时间检查你的答案。
While the recording is being played, you can answer the question or take notes at any time. After the recording is played, you will have one minute to check your answers.

第一篇，问题一至五 Recording 1, Questions 1-5

根据第一段录音的内容，回答下面的问题。
Answer the following questions according to the first recording.

1. 哥哥等一下要去做什么？

....

2. 弟弟建议用什么来预定出租车？

....

3. 司机几分钟后可以来接哥哥？

....

4. 弟弟叫的出租车，车牌号是多少？

....

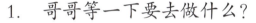

根据第一段录音的内容，从A、B、C、D中，选出一个正确的答案，把答案写在方框里。
Based on the first recording, choose the correct option and write it in the box below.

5. ☐ 哥哥到达城市广场后，要怎么付钱？
   A. 给钱
   B. 用信用卡
   C. 叫弟弟用微信支付
   D. 用零花钱

第二篇，问题六至九 Recording 2, Questions 6-9

根据第二段录音的内容，回答下面的问题。
Answer the following questions according to the second recording.

6. 这篇对话的主要内容讲什么？

....

7. 请列举被采访的人提到的谷歌眼镜的缺点。

(i) ....

(ii) ....

(iii) ....

根据第二段录音的内容，从A、B、C、D中，选出一个正确的答案，把答案写在方框里。
Based on the second recording, choose the correct option and write it in the box below.

8. ☐ 被采访的人认为戴上谷歌眼镜感觉怎么样？

A. 眼睛痛　　B. 头晕
C. 很好　　D. 很兴奋

9. ☐ 下面的叙述哪一个是正确的？

A. 被采访的人认为谷歌眼镜会消失。
B. 谷歌眼镜可以放进普通眼镜盒里。
C. 谷歌眼镜无法折叠，存放不方便。
D. 被采访的人认为谷歌眼镜会重新流行起来。

第三篇，问题十至十八　Recording 3, Questions 10-18

根据第三段录音的内容，从A、B、C、D中，选出一个正确的答案，把答案写在方框里。
Based on the third recording, choose the correct option and write it in the box below.

10. ☐ 这段录音主要讲什么？

A. 淘宝　　B. 支付宝
C. 微信　　D. 微信付款与支付宝

11. ☐ 在中国有多少人在手机上使用微信？

A. 一亿　　B. 几亿
C. 两亿　　D. 没有人

12. ☐ 微信支付不可以用来做什么？

A. 住酒店　　B. 付医疗费用
C. 酒吧喝酒　　D. 去超市买东西

13. 支付宝可以在哪里使用？

A. 中国　B. 国外

C. 中国以外的国家　D. 中国和中国以外的一些国家

14. 以下哪些和马云有关？

A. 阿里巴巴　B. 淘宝

C. 支付宝　D. 微信

15. 这是一段什么录音？

A. 电台录音　B. 电视录音

C. 新闻录音　D. 广告录音

根据第三段录音的内容，回答下面的问题。
Answer the following questions according to the third recording.

16. 在淘宝买东西，用什么付款？

....

17. 支付宝除了中国以外，还可以在哪些国家使用？

(i) ....

(ii) ....

(iii) ....

18. 微信付款是哪个公司发明的？

....

第四篇，问题十九至二十三 Recording 4, Questions 19-23

根据第四段录音的内容，从A、B、C、D中，选出一个正确的答案，把答案写在方框里。
Based on the fourth recording, choose the correct option and write it in the box below.

19. 这篇报道主要讲什么？

A. 现在人们有新的冷冻技术。

B. 有科学家相信，被冷冻的人总有一天可以复活。

C. 人体器官可在低温下保存。

D. 动物冷却后数小时后可以复活。

20. ☐ 为什么人体冷冻者相信被冷冻的人总有一天可以复活？
A. 因为已经有被冷冻的人活过来了
B. 因为报纸报道人可以复活
C. 因为科学技术发达了
D. 因为他们相信自己

21. ☐ 以下哪个句子是正确的？
A. 任何人冷冻后可以复活
B. 动物冷冻几年后可以复活
C. 部分人体器官在低温下可长期保存
D. 研究证明体温高更容易让人长寿

根据第四段录音的内容，回答下面的问题。
Answer the following questions according to the fourth recording.

22. 被冻死后复活的女孩来自哪个国家？

....

23. 在这篇报道里，哪些动物被作为试验来证明冷冻后可以复活？

(i) ....

(ii) ....

(iii) ....

(iv) ....

口语 SPEAKING

(一) 角色扮演 Role Play

A

老师：你的同学
你：你自己

你的同学在和你讨论一些用手机的问题。
Your classmate is talking about the use of mobile phones with you.

1. 你有智能手机吗？
2. 你在学校能用手机吗？
3. 你在学校一般用手机做什么？
4. 你在校外一般用手机做什么？
5. 你觉得中学生用手机有什么利弊？

B

老师：你的老师
你：你自己

你的老师在问你一些关于用电脑科技来辅助教学的问题。
Your teacher is asking you some questions about using ICT to support teaching and learning.

1. 你平时用电脑来帮助自己学习吗？
2. 你一般用电脑来做什么？
3. 你觉得中学生用电脑有什么利弊？
4. 你觉得中学生应该如何用电脑？
5. 你对老师有什么建议吗？

(二) 回答下面的问题。 General Conversation: Answer the following questions.

1. 你常常上网吗？
2. 你上网都做些什么？
3. 你们家谁用电脑最多？
4. 你用微博吗？为什么？
5. 你对社交网站有什么看法？
6. 你觉得为什么这么多青少年喜欢用社交网站？
7. 你会不会跟没见过的网友约会？为什么？
8. 你平时用手机做什么？
9. 你对一边走路一边看手机的人有什么看法？
10. 当你有问题的时候，你是查字典还是用谷歌搜索答案？
11. 你是低头族吗？
12. 你觉得智能手机给青少年的生活带来了哪些变化？
13. 你一般用哪些方式跟人沟通？你认为哪种方式比较有效？
14. 你觉得现代科技对人们的生活方式有哪些改变？
15. 你觉得现代科技对人们的旅游方式有哪些改变？

(三) 请看图片，然后描述你看到了什么。 Describe the pictures below.

阅读理解 READING COMPREHENSION

(一)

Chappie 是以一个人工机器人命名的电影，是2015年非常受欢迎的一部电影。

该影片并不是一般的科幻片，而是令人感动的亲情片。故事里讲到环境教育，以及父母对于孩子成长的重要性。例如，不论是机器人、小猫、小狗或者小孩，他们的家庭会影响他们的个性和习惯，影响他们长大以后变成怎么样的机器人、小猫、小狗或者小孩。Chappie认坏人做父亲以后，就变成了一个无法区分好坏的机器人。

但慢慢地，Chappie开始学会关心别人，开始懂得认识自己是谁，自己的行为对别人会有什么影响……这让人们开始考虑人工智能机器人和人类之间到底有什么区别？有什么相似之处？

带着这些问题，请关注这部电影吧。

请回答下列问题。

1) Chappie是一个什么类型的电影？

....

2) 这部影片的主人公是谁？

....

3) 影片主要讲什么内容？

....

4) Chappie一开始为什么没有办法知道什么是好的，什么是坏的？

....

5) Chappie后来有什么变化？

....

（二）

科技对生活的影响

第一段

科学技术对人类影响很大，它为我们的生活带来很多[1]。如果没有手机，我们如何与亲人[2]？如果没有网络，我们如何与远在国外的朋友[3]？如果没有mp3、mp4，我们又怎能随时随地 [4] 音乐？如果没有数码相机，我们如何[5]迷人的风景？

第二段

科技有好的一面，也有坏的一面。先从电脑说起吧。据调查显示，每天用电脑时间在8小时以下的网民仅占19.6%，而在12小时以上的占19.5%。我们大部分的时间都是在电脑前度过的。这样我们就没有时间陪家人、跟朋友们聊天，或者进行业余爱好活动。

第三段

再说网络。网络可以让我们找到更多有用的信息，但同时它也是一个信息垃圾场。有用与无用的、正确与错误的信息混在一起，对青少年的消极影响特别严重，因为青少年的心理还不够成熟。

总而言之，我们应该全面认识科技的利与弊，学会更好地利用科技。

根据第一段的内容选词填空。

A. 通话	B. 拍下	C. 便利	D. 保持联系	E. 好听	F. 欣赏

1) ....

2) ....

3) ....

4) ....

5) ....

根据第二段的内容选择正确答案，并回答问题。

1) 根据调查，有多少网民每天用电脑的时间超过了八小时？

A. 19.6% B. 19.5% C. 80.4% D. 80.5%

2) 长期看电脑有什么负面的影响？

(i) ....

(ii) ....

(iii) ....

根据第三段的内容回答问题。

1) 为什么说网络也是一个"信息垃圾场"？

....

2) 为什么网络对青少年的负面影响特别严重？

....

写作 WRITING

1. 你的同学们都有智能手机，但是你的父母坚决不给你买，你很烦恼。请写一封**电子邮件**给你的好朋友，**最少**写60个字。内容应该包括以下五点：

   1) 你为什么不开心？
   2) 你想有什么智能手机？
   3) 你觉得有智能手机有什么好处？
   4) 你的父母为什么不给你买智能手机？
   5) 你打算怎么做？

2. 昨天你参加了学校组织的关于网络利弊的讲座，请给你的好朋友写一封**信**，谈谈你的看法和想法。**最少**写120个字。

Appendices

APPENDIX 1 VOCABULARY INDEX (BOOK 2)

A

阿拉伯	Ā lā bó	Arab; Arabic	U8 L3 T1	91
安全	ān quán	safety	U7 L3 T2	58

B

巴刹	bā shā	market	U7 L2 T2	48
巴斯	Bā sī	Bath	U8 L1 T1	69
拔	bá	pull out	U6 L1 T1	2
半夜	bàn yè	midnight	U6 L3 T1	24
保守	bǎo shǒu	conservative	U6 L2 T2	15
抱	bào	carry, hug	U6 L1 T2	4
暴力	bào lì	violence	U10 L2 T2	143
背	bèi	back	U6 L1 T1	3
贝壳	bèi ké	seashell	U8 L3 T2	92
本来	běn lái	originally; at first	U6 L2 T1	14
逼	bī	force	U6 L3 T2	26
笔画	bǐ huà	stroke	U10 L3 T2	157
比较	bǐ jiào	comparatively	U6 L2 T2	15
笔顺	bǐ shùn	stroke order	U10 L3 T2	157
毕业	bì yè	graduate	U9 L1 T2	104
变样	biàn yàng	change in appearance	U6 L1 T2	4
标志性	biāo zhì xìng	symbolic	U8 L3 T2	92
别	bié	don't	U6 L2 T2	15
饼干	bǐng gān	biscuit; cracker	U6 L1 T1	2
病人	bìng rén	patient	U9 L2 T1	115
博士	bó shì	PhD	U9 L1 T1	102
博物馆	bó wù guǎn	museum	U8 L2 T1	80
脖子	bó zi	neck	U6 L1 T1	3
不但	bú dàn	not only	U10 L2 T1	141
不过	bú guò	but; however	U8 L2 T2	81
不管	bù guǎn	no matter	U8 L3 T1	90
不好意思	bù hǎo yì si	embarrassing; I'm sorry	U6 L1 T2	4
不仅	bù jǐn	not the only one	U9 L1 T2	104
不可能	bù kě néng	not possible	U10 L3 T1	155
不如	bù rú	not as good as	U9 L1 T2	104
步行街	bù xíng jiē	pedestrian zone	U8 L2 T1	79
不一定	bù yí dìng	not necessarily	U10 L1 T2	132

C

参观	cān guān	visit	U8 L1 T2	70
测验	cè yàn	test; exam	U6 L2 T1	13
查询	chá xún	check; enquire	U10 L3 T2	157
差	chà	poor; not up to standard	U10 L2 T2	143
长城	Cháng Chéng	Great Wall	U8 L1 T2	70
长江	Cháng Jiāng	Yangtze River	U8 L1 T2	70
长袍	cháng páo	robe	U8 L3 T1	90
唱片	chàng piàn	song album	U10 L1 T2	132
超过	chāo guò	exceed	U6 L3 T1	25
成都	Chéng Dū	Chengdu	U9 L1 T2	105
成排的	chéng pái de	in rows	U7 L2 T1	46
乘坐	chéng zuò	ride; travel by	U8 L3 T2	92
吃惊	chī jīng	surprised	U8 L3 T1	90
吃苦	chī kǔ	bear hardships	U10 L2 T1	141
吃药	chī yào	take medicine	U6 L2 T2	15
冲浪	chōng làng	surfing	U10 L2 T1	141
抽烟	chōu yān	smoking	U6 L3 T1	25
除非	chú fēi	unless	U7 L2 T2	48
穿梭巴士	chuān suō bā shì	shuttle bus	U8 L3 T2	92
春天	chūn tiān	spring	U7 L2 T1	46
刺激	cì jī	exciting	U10 L2 T2	143
聪明	cōng míng	smart	U10 L2 T1	141
从来	cóng lái	all along	U7 L2 T1	46
从小	cóng xiǎo	since young	U8 L3 T1	90
存	cún	save (money)	U7 L3 T1	56
错过	cuò guò	miss; let slip	U8 L3 T2	92
错误	cuò wù	mistake	U10 L3 T1	155

D

打喷嚏	dǎ pēn tì	sneeze	U6 L2 T2	15
打针	dǎ zhēn	have an injection	U6 L2 T2	15
大部分	dà bù fèn	majority; most	U7 L2 T1	46
大吃一惊	dà chī yì jīng	shocked; surprised	U6 L3 T1	24
大都市	dà dū shì	big city	U8 L1 T2	70
大减价	dà jiǎn jià	sale	U7 L2 T2	48
大厅	dà tīng	hall	U7 L1 T1	36
大腿	dà tuǐ	thigh	U6 L1 T1	3
戴	dài	put on or wear (accessories)	U8 L3 T1	90
代沟	dài gōu	generation gap	U9 L1 T2	104
单词	dān cí	word	U10 L3 T1	155
丹麦	Dān mài	Denmark	U8 L3 T2	92
当地	dāng dì	local	U7 L3 T2	58
到处	dào chù	everywhere	U8 L2 T2	81
到达	dào dá	reach; arrive	U8 L3 T2	92
到底	dào dǐ	(used in a question for emphasis)	U6 L2 T1	14
迪拜	Dí bài	Dubai	U8 L3 T1	91
地标	dì biāo	landmark	U8 L2 T1	79
地点	dì diǎn	location	U7 L3 T2	58
地方	dì fang	place	U8 L3 T1	90
地区	dì qū	region	U8 L1 T2	70
地图	dì tú	map	U7 L1 T2	38
地位	dì wèi	status	U8 L3 T1	90
第一次	dì yī cì	first time	U9 L2 T1	115
电子游戏	diàn zǐ yóu xì	electronic games	U10 L2 T2	143
掉下来	diào xià lái	fall off	U6 L1 T1	2
钓鱼	diào yú	fishing	U10 L2 T2	143
顶楼	dǐng lóu	top floor	U8 L2 T1	79
订机票	dìng jī piào	book air tickets	U7 L1 T2	38
东边	dōng bian	east	U8 L2 T1	79
东方明珠塔	Dōng fāng Míng zhū Tǎ	Oriental Pearl TV Tower	U8 L2 T1	80
冬天	dōng tiān	winter	U8 L1 T2	70
懂	dǒng	understand	U6 L2 T2	15
动不动	dòng bú dòng	easily	U6 L2 T2	15
动力	dòng lì	motivation	U6 L3 T2	26

奖励	jiǎng lì	reward	U7 L3 T1	56
交际圈	jiāo jì quān	social circle	U9 L2 T2	117
娇气	jiāo qì	delicate	U9 L2 T2	117
脚	jiǎo	leg	U6 L1 T1	3
教育	jiào yù	education	U10 L3 T1	155
接	jiē	pick someone up	U6 L1 T2	4
节制	jié zhì	restrain; control	U10 L2 T2	143
节奏	jié zòu	rhythm	U6 L3 T2	26
戒酒	jiè jiǔ	quit drinking	U6 L3 T2	26
戒烟	jiè yān	quit smoking	U6 L3 T2	26
紧张	jǐn zhāng	nervous	U6 L3 T2	26
近视	jìn shì	myopia; short-sightedness	U6 L3 T1	25
景点	jǐng diǎn	tourist attraction	U8 L3 T2	92
精神	jīng shén	spirit	U10 L2 T1	141
惊险	jīng xiǎn	dangerous	U10 L2 T2	143
经验	jīng yàn	experience	U9 L2 T2	117
镜子	jìng zi	mirror	U6 L1 T1	2
酒店	jiǔ diàn	hotel	U7 L1 T2	38
酒窝	jiǔ wō	dimple	U6 L1 T2	4
居然	jū rán	unexpectedly; to one's surprise	U6 L1 T1	2
聚会	jù huì	get-together; party	U9 L2 T2	117
捐款	juān kuǎn	donate	U7 L3 T1	57
绝大多数	jué dà duō shù	vast majority	U7 L3 T1	56
决定	jué dìng	decide	U7 L1 T2	38
绝对	jué duì	absolutely	U9 L2 T2	117

K

开放	kāi fàng	open (to the public)	U8 L3 T2	92
开阔	kāi kuò	widen; broaden	U9 L1 T2	104
开玩笑	kāi wán xiào	joke	U9 L1 T1	102
看望	kàn wàng	visit (someone)	U9 L2 T1	115
看医生	kàn yī shēng	see a doctor	U6 L2 T2	15
科技	kē jì	technology	U8 L2 T1	80
客服	kè fú	customer service	U9 L2 T2	117
课文	kè wén	text in a lesson	U10 L3 T1	155
空中的	kōng zhōng de	in the air	U8 L3 T2	92
控制	kòng zhì	control	U6 L3 T2	26
枯燥	kū zào	boring	U10 L3 T2	157
会计	kuài jì	accountancy	U9 L1 T1	103
快捷	kuài jié	fast	U7 L3 T2	58
困难	kùn nan	difficulty	U9 L2 T1	115
扩大	kuò dà	expand	U9 L2 T2	117

L

拉肚子	lā dù zi	diarrhoea	U6 L2 T1	14
垃圾	lā jī	garbage; rubbish	U9 L1 T2	104
浪费	làng fèi	waste	U9 L2 T2	117
老人	lǎo rén	old folks	U9 L2 T1	115
冷水澡	lěng shuǐ zǎo	cold shower	U6 L2 T2	15
冷饮	lěng yǐn	cold drinks	U6 L2 T2	15
理解	lǐ jiě	understand	U8 L2 T2	81
利弊	lì bì	pros and cons	U7 L3 T2	58
厉害	lì hai	serious; severe	U6 L2 T1	14
例如	lì rú	for example	U10 L3 T2	157
连衣裙	lián yī qún	dress	U7 L3 T1	56
脸红	liǎn hóng	blush	U6 L1 T2	4
练习	liàn xí	practise	U10 L2 T1	141
凉性的	liáng xìng de	"cooling" (food)	U6 L2 T2	15
零食	líng shí	snack; titbits	U7 L3 T1	57
零用钱	líng yòng qián	pocket money	U7 L3 T1	56
另外	lìng wài	in addition; besides	U7 L2 T1	46
流鼻涕	liú bí tì	have a runny nose	U6 L2 T2	15
留念	liú niàn	keep as a memento	U8 L2 T1	79
流行	liú xíng	popular	U10 L2 T1	141
路边	lù biān	roadside	U8 L1 T1	68
路口	lù kǒu	intersection; crossing	U8 L2 T2	81
旅馆	lǚ guǎn	inn	U7 L1 T2	38
旅行	lǚ xíng	travel; tour	U7 L1 T2	38
落成	luò chéng	(building, bridge, etc.) be completed	U8 L3 T2	92

M

买票	mǎi piào	buy tickets	U10 L1 T2	132
满意	mǎn yì	satisfied	U7 L3 T2	58
眉毛	méi mao	eyebrow	U6 L1 T1	3
没面子	méi miàn zi	lose face	U10 L1 T2	132
没意思	méi yì si	meaningless	U6 L3 T1	25
美不胜收	měi bú shèng shōu	more beauty than one can take in	U8 L2 T1	80
魅力	mèi lì	charm	U8 L2 T1	79
门票	mén piào	admission ticket	U8 L3 T2	92
门牙	mén yá	front tooth	U6 L1 T1	2
迷路	mí lù	lose one's way	U8 L2 T2	81
米饭	mǐ fàn	rice	U8 L1 T2	70
面包车	miàn bāo chē	van	U7 L1 T1	36
面纱	miàn shā	veil	U8 L3 T1	90
面食	miàn shí	food made of flour	U8 L1 T2	70
命运	mìng yùn	destiny; lot	U9 L1 T2	104
摩托车	mó tuō chē	motorcycle	U7 L2 T1	46
莫名奇妙	mò míng qí miào	without rhyme or reason	U6 L2 T1	13

N

南北	nán běi	south and north	U8 L1 T2	70
难度	nán dù	difficulty level	U10 L2 T1	141
难怪	nán guài	no wonder	U8 L1 T1	69
南京路	Nán jīng Lù	Nanjing Road (famous shopping street in Shanghai)	U8 L2 T1	80
内容	nèi róng	content	U10 L2 T2	143
宁愿	nìng yuàn	would rather	U9 L1 T2	104
努力	nǔ lì	make great efforts	U10 L1 T1	130
女孩	nǚ hái	girl	U6 L1 T2	4

O

欧洲	Ōu Zhōu	Europe	U7 L1 T2	38

P

爬山	pá shān	mountain climbing	U8 L1 T1	68
拍照	pāi zhào	take photos	U8 L2 T1	79
排	pái	rank	U10 L3 T2	157
判断	pàn duàn	judge; decide	U8 L2 T2	81
培养	péi yǎng	cultivate	U10 L2 T1	141
朋友圈	péng yǒu quān	circle of friends	U10 L3 T2	157
批改	pī gǎi	mark	U10 L3 T1	155
批评	pī píng	criticise	U10 L3 T1	154

皮肤	pí fū	skin	U6 L1 T2	4
屁股	pì gǔ	buttocks	U6 L1 T1	3
偏爱	piān ài	have a special liking	U8 L1 T2	70
偏重	piān zhòng	overweight	U10 L1 T1	130
骗	piàn	deceive; con	U9 L2 T2	117
普遍	pǔ biàn	generally	U9 L1 T1	102
浦东	Pǔ Dōng	Pudong (business district in Shanghai)	U8 L2 T1	80
普通话	pǔ tōng huà	Putonghua; Mandarin; standard Chinese	U8 L2 T2	81
Q				
七上八下	qī shàng bā xià	perturbed; uneasy	U6 L1 T1	2
骑单车	qí dān chē	ride a bicycle	U6 L2 T2	15
其实	qí shí	actually; in fact	U7 L3 T1	57
气候	qì hòu	climate	U8 L1 T2	70
气温	qì wēn	temperature	U10 L3 T2	156
签证	qiān zhèng	visa	U7 L2 T1	46
清楚	qīng chǔ	clear	U8 L2 T2	81
情况	qíng kuàng	situation	U10 L3 T2	157
情人港	Qíng rén Gǎng	Darling Harbour	U8 L3 T2	92
请病假	qǐng bìng jià	take sick leave	U6 L2 T1	13
请假	qǐng jià	take leave	U10 L3 T1	155
取	qǔ	take; get; fetch	U7 L2 T1	46
缺点	quē diǎn	shortcoming	U7 L3 T2	58
却	què	but; however	U8 L3 T1	90
R				
热情	rè qíng	enthusiastic	U9 L2 T1	115
忍	rěn	endure	U10 L1 T1	130
人文	rén wén	humanities	U9 L1 T1	103
任何	rèn hé	any	U8 L3 T1	90
容易	róng yì	easy; simple	U6 L3 T1	25
入关	rù guān	entering a country	U7 L2 T1	46
软软的	ruǎn ruǎn de	soft	U6 L1 T1	2
弱	ruò	weak	U6 L2 T1	14
S				
散步	sàn bù	take a stroll	U10 L3 T2	157
嗓子疼	sǎng zi téng	sore throat	U6 L2 T1	14
山顶	shān dǐng	mountaintop	U8 L1 T1	68
商店	shāng diàn	shop	U8 L2 T1	79
商品	shāng pǐn	products; merchandise	U7 L3 T2	58
商业区	shāng yè qū	business district	U8 L1 T1	68
上传	shàng chuán	upload	U10 L3 T2	157
上海	Shàng Hǎi	Shanghai	U8 L1 T2	70
上网	shàng wǎng	go online	U6 L3 T1	24
上涨	shàng zhǎng	increase (in price)	U7 L1 T2	38
少数民族	shǎo shù mín zú	ethnic minority	U8 L1 T2	70
勺子	sháo zi	spoon	U6 L1 T1	2
社会	shè huì	society	U9 L1 T2	104
社会经验	shè huì jīng yàn	social experience	U9 L2 T2	117
设计师	shè jì shī	designer	U8 L3 T2	92
身材	shēn cái	(body) figure	U10 L1 T1	130
身高	shēn gāo	height	U6 L1 T2	4
神秘	shén mì	mysterious	U8 L3 T1	90
甚至	shèn zhì	even to the extent that	U6 L3 T1	25

生活	shēng huó	life	U6 L3 T1	24
生命	shēng mìng	life	U10 L2 T2	143
生意	shēng yì	business	U9 L1 T2	104
声音	shēng yīn	voice	U10 L3 T1	154
狮城	Shī Chéng	Lion City (Singapore)	U7 L2 T2	48
失学	shī xué	deprived of education	U7 L3 T1	57
时差	shí chā	time difference	U7 L1 T2	38
实验	shí yàn	experiment	U6 L2 T1	14
实用性	shí yòng xìng	practicability	U9 L1 T1	102
实在	shí zài	really; indeed	U7 L2 T2	48
试穿	shì chuān	try on (a garment)	U7 L3 T2	58
适合	shì hé	suitable	U7 L2 T2	48
世界	shì jiè	world	U7 L2 T2	48
市区	shì qū	city area	U8 L3 T2	92
市中心	shì zhōng xīn	city centre	U8 L1 T1	68
手臂	shǒu bì	arm	U6 L1 T1	3
首都	shǒu dū	capital	U8 L1 T2	70
首先	shǒu xiān	firstly	U7 L1 T2	38
手指	shǒu zhǐ	finger	U6 L1 T1	3
瘦瘦小小	shòu shòu xiǎo xiǎo	thin and small	U6 L1 T2	4
舒服	shū fu	comfortable	U6 L3 T2	26
暑假	shǔ jià	summer holidays	U7 L1 T2	38
暑期工	shǔ qī gōng	summer job	U9 L2 T2	117
数据	shù jù	data; information	U10 L3 T2	157
水煮蛋	shuǐ zhǔ dàn	boiled egg	U10 L1 T1	130
睡懒觉	shuì lǎn jiào	have a good sleep	U9 L2 T2	117
顺利	shùn lì	smooth	U7 L2 T1	46
说话	shuō huà	talk	U9 L2 T1	115
硕士	shuò shì	master (degree)	U9 L1 T1	102
司机	sī jī	driver	U7 L1 T1	36
思想	sī xiǎng	thinking	U6 L2 T2	15
随地	suí dì	anywhere	U10 L3 T2	156
T				
台风	tái fēng	typhoon	U8 L1 T2	70
台湾	Tái wān	Taiwan	U9 L1 T1	103
叹气	tàn qì	sigh	U6 L3 T2	26
讨好	tǎo hǎo	try to please	U10 L1 T1	130
讨价还价	tǎo jià huán jià	bargain	U7 L2 T2	48
讨论	tǎo lùn	discussion	U9 L1 T2	104
讨厌	tǎo yàn	dislike	U10 L3 T2	157
腾讯	Téng Xùn	Tencent	U9 L1 T2	105
替代	tì dài	replace	U10 L3 T1	155
天气预报	tiān qì yù bào	weather forecast	U10 L3 T2	156
天堂	tiān táng	paradise	U7 L2 T2	48
田园风光	tián yuán fēng guāng	rural scenery	U8 L1 T1	68
挑剔	tiāo tī	picky	U9 L2 T2	117
调剂	tiáo jì	regulate; adjust	U10 L3 T1	155
跳伞	tiào sǎn	parachuting	U10 L2 T1	141
听不懂	tīng bù dǒng	cannot understand (by listening)	U8 L2 T2	81
听写	tīng xiě	spelling; dictation	U6 L2 T1	13
同桌	tóng zhuō	partner sharing the same desk	U6 L1 T1	2
统计	tǒng jì	statistics	U9 L1 T1	102

痛	tòng	painful	U6 L1 T1	2
头疼	tóu téng	headache	U6 L2 T1	13
头晕	tóu yūn	giddy; dizzy	U6 L2 T1	13
拖地	tuō dì	mop the floor	U7 L3 T1	56
W				
外观	wài guān	external appearance	U8 L3 T1	90
外面	wài miàn	outside	U8 L3 T1	90
外滩	Wài Tān	the Bund	U8 L2 T1	80
完全	wán quán	totally; completely	U6 L1 T2	4
碗	wǎn	bowl	U7 L3 T1	56
网购	wǎng gòu	online shopping	U7 L3 T2	58
往前走	wǎng qián zǒu	go straight	U8 L2 T2	81
网瘾	wǎng yǐn	internet addiction	U6 L3 T2	26
网友	wǎng yǒu	netizens	U9 L1 T2	104
往右拐	wǎng yòu guǎi	turn right	U8 L2 T2	81
忘记	wàng jì	forget	U7 L1 T2	38
危险	wēi xiǎn	dangerous	U10 L2 T1	141
微笑	wēi xiào	smile	U9 L2 T1	115
维多利亚女王大厦	Wéi duō lì yà nǚ wáng Dà shà	Queen Victoria Building	U8 L3 T2	92
温和	wēn hé	mild; moderate	U6 L2 T2	15
问路	wèn lù	ask for directions	U8 L2 T2	81
X				
西方	xī fāng	the West; western	U9 L1 T1	103
悉尼	Xī ní	Sydney	U8 L3 T2	92
悉尼歌剧院	Xī ní Gē jù yuàn	Sydney Opera House	U8 L3 T2	92
希望	xī wàng	hope	U9 L2 T1	115
西医	xī yī	a doctor trained in Western medicine	U6 L2 T2	15
吸引力	xī yǐn lì	attraction	U7 L2 T2	48
喜爱	xǐ ài	like; liking	U10 L3 T1	154
下巴	xià ba	chin	U6 L1 T1	3
下车	xià chē	alight	U8 L3 T2	92
夏天	xià tiān	summer	U7 L2 T2	48
下雨	xià yǔ	to rain	U8 L1 T2	70
现金	xiàn jīn	cash	U7 L3 T2	58
现象	xiàn xiàng	phenomenon	U10 L1 T2	132
限制	xiàn zhì	restriction	U7 L3 T2	58
相对的	xiāng duì de	relatively	U8 L2 T2	81
香港	Xiāng Gǎng	Hong Kong	U8 L1 T2	70
想法	xiǎng fǎ	opinion; what one has in mind	U9 L2 T2	117
想像	xiǎng xiàng	imagine	U8 L3 T1	90
项目	xiàng mù	project	U8 L3 T2	92
小伙子	xiǎo huǒ zi	lad	U6 L1 T2	4
小时候	xiǎo shí hou	in one's childhood	U6 L1 T2	4
小腿	xiǎo tuǐ	shank	U6 L1 T1	3
小心	xiǎo xīn	careful	U6 L1 T1	2
笑话	xiào hua	joke	U9 L1 T1	102
歇	xiē	rest	U6 L3 T2	26
心爱的	xīn ài de	beloved	U10 L1 T1	130
心情	xīn qíng	mood	U6 L3 T1	25
新闻	xīn wén	news	U9 L1 T2	104
辛辛苦苦	xīn xīn kǔ kǔ	laboriously	U9 L2 T2	117
信用卡	xìn yòng kǎ	credit card	U7 L1 T2	38

行李	xíng lǐ	luggage	U7 L1 T1	36
胸	xiōng	chest	U6 L1 T1	3
熊猫	xióng māo	panda	U7 L2 T2	48
虚弱	xū ruò	physically weak	U6 L2 T2	15
选择	xuǎn zé	choose	U7 L1 T2	38
学费	xué fèi	tuition fee	U9 L1 T2	104
学生	xué sheng	student	U7 L3 T1	56
血	xuè / xiě	blood	U6 L1 T1	2
Y				
压力	yā lì	pressure	U6 L3 T1	24
牙齿	yá chǐ	tooth	U6 L1 T1	2, 3
亚洲	Yà Zhōu	Asia	U9 L1 T1	103
言论	yán lùn	opinion; speech	U9 L1 T2	104
严肃	yán sù	serious; solemn	U10 L3 T1	154
演唱会	yǎn chàng huì	concert	U10 L1 T2	132
演出	yǎn chū	drama performance	U6 L2 T1	14
演讲	yǎn jiǎng	speech	U6 L2 T1	14
眼界	yǎn jiè	horizon; perspective	U9 L1 T2	104
养老院	yǎng lǎo yuàn	nursing home	U9 L2 T1	115
要求	yāo qiú	expectation; request	U6 L3 T2	26
摇摇晃晃	yáo yáo huàng huàng	wobbly	U6 L1 T1	2
夜景	yè jǐng	night view	U8 L2 T1	79
衣服	yī fu	clothes	U7 L3 T1	56
医科	yī kē	medicine	U9 L1 T1	103
医院	yī yuàn	hospital	U9 L2 T1	115
遗产	yí chǎn	heritage	U8 L3 T2	92
颐和园	Yí hé Yuán	Summer Palace	U8 L1 T2	70
一会儿	yí huìr	brief moment	U9 L2 T1	115
以及	yǐ jí	and	U10 L3 T2	157
一般	yì bān	usually	U10 L2 T1	141
义工	yì gōng	volunteering	U9 L2 T1	115
意见	yì jiàn	opinion; view	U9 L2 T2	117
一年到头	yì nián dào tóu	all year round	U7 L2 T2	48
一直走	yì zhí zǒu	keep walking	U8 L2 T2	81
因此	yīn cǐ	therefore; so	U10 L3 T2	157
引发	yǐn fā	initiate; spark off	U9 L1 T2	104
引人之处	yǐn rén zhī chù	attraction	U8 L3 T2	92
英文	yīng wén	English	U10 L3 T1	154
应有尽有	yīng yǒu jìn yǒu	have everything that one could wish for	U8 L2 T1	79
营业员	yíng yè yuán	salesperson	U7 L1 T1	36
应用软件	yìng yòng ruǎn jiàn	app	U10 L3 T2	156
优点	yōu diǎn	strong point; merit	U7 L3 T2	58
游览	yóu lǎn	tour	U8 L3 T2	92
游山玩水	yóu shān wán shuǐ	visit various scenic spots	U8 L1 T2	70
有利于	yǒu lì yú	be beneficial to	U6 L3 T2	26
有意义	yǒu yì yì	meaningful	U7 L3 T1	57
又吵又闹	yòu chǎo yòu nào	make a din	U10 L1 T2	132
娱乐	yú lè	entertainment	U10 L2 T2	143
于是	yú shì	so; therefore	U6 L3 T2	26
雨伞	yǔ sǎn	umbrella	U10 L3 T2	156
原来	yuán lái	as it turns out; actually	U7 L1 T2	38

愿意	yuàn yì	willing	U9 L2 T2	117
云南	Yún Nán	Yunnan	U8 L1 T2	70
Z				
砸	zá	pound	U9 L1 T1	102
糟糕	zāo gāo	bad; terrible	U6 L3 T1	25
遭罪	zāo zuì	endure tough conditions	U6 L3 T2	26
则	zé	(used to indicate contrast)	U9 L1 T1	103
怎样	zěn yàng	how	U10 L3 T1	155
增长	zēng zhǎng	increase; grow	U8 L2 T1	80
宅	zhái	stay indoors	U10 L2 T2	143
宅男	zhái nán	men who prefer to stay indoors and have few social contacts	U10 L2 T2	143
长大	zhǎng dà	grow up	U6 L1 T2	4
涨工资	zhǎng gōng zī	have a pay raise	U10 L3 T1	155
掌上明珠	zhǎng shàng míng zhū	beloved daughter	U9 L2 T2	117
着凉	zháo liáng	catch a cold	U6 L2 T2	15
照顾	zhào gù	take care of	U9 L2 T1	115
照片	zhào piàn	photo	U7 L3 T2	58
真人	zhēn rén	a real person	U10 L3 T1	155
整晚	zhěng wǎn	the whole night	U6 L2 T1	14
正式	zhèng shì	official	U8 L3 T2	92
支付	zhī fù	pay	U9 L1 T2	104
知识	zhī shi	knowledge	U8 L2 T1	80
之一	zhī yī	one of	U8 L1 T1	68
值得	zhí dé	worth	U7 L2 T2	48
只要	zhǐ yào	so long as	U9 L2 T2	117
只有	zhǐ yǒu	only	U10 L1 T2	132
质量	zhì liàng	quality	U7 L3 T2	58
中等	zhōng děng	medium	U8 L2 T1	79
中医	zhōng yī	traditional Chinese medicine (TCM)	U6 L2 T2	15
终于	zhōng yú	finally	U6 L2 T1	14
主见	zhǔ jiàn	one's own opinion	U10 L1 T2	132
主角	zhǔ jué	lead character; protagonist	U6 L2 T1	14
主要的	zhǔ yào de	main	U8 L1 T2	70
注重	zhù zhòng	pay attention to	U6 L3 T2	26
砖头	zhuān tóu	brick	U9 L1 T1	102
专业	zhuān yè	major; discipline	U9 L1 T1	102
转	zhuǎn	turn	U8 L2 T2	81
赚钱	zhuàn qián	make money	U6 L3 T2	26
转圈	zhuàn quān	go around in circles	U6 L1 T2	4
壮观	zhuàng guān	magnificent	U8 L3 T1	90
追星	zhuī xīng	pursue a celebrity	U10 L1 T2	132
资料	zī liào	information	U7 L1 T2	38
自从	zì cóng	since	U10 L2 T2	143
自然	zì rán	nature; natural	U8 L2 T1	80
自信	zì xìn	confidence	U8 L2 T2	81
左	zuǒ	left	U8 L2 T2	81
做功课	zuò gōng kè	do homework	U6 L3 T1	24

APPENDIX 2 LISTENING EXERCISES: TAPESCRIPT AND ANSWER KEY

Unit 6 Health and Fitness

Lesson 1 我的身体

练习一

1. 姐姐的眉毛很漂亮，又细又长。 (C)
2. 爸爸今天没有刮胡子就去上班了。 (D)
3. 弟弟今天掉牙了。他的一个牙齿掉了下来。 (C)
4. 我的朋友开始长高了，她现在已经一米九几了。 (A)
5. 昨天我打了一个小时的排球，今天背很疼。 (D)

练习二

6. 你昨天踢橄榄球的时候，哪里受伤了？
   昨天我摔倒了，腿受伤了。 (D)

7. 我和你谁重？
   当然我了，我都快六十九公斤了。 (B)

8. 你怎么了？
   我的肩膀有点疼。 (C)

9. 下个星期的比赛你能参加吗？
   等我的头疼好了，我就参加。 (A)

10. 为什么今天妈妈送你上学？
    因为我的脚受伤了。 (C)

练习三

学校护士的课

我们的身体一直都在变化，比如牙齿。刚出生的孩子没有牙齿，一般到七、八个月时开始长牙，那时可以吃一些东西，比如米饭、鸡蛋等。到两、三岁时牙齿就长齐了。可是没过几年，六、七岁时就开始换牙了。换牙的时候，孩子会觉得很不舒服，喜欢吃的食物很多都不能吃，因为牙齿松动了，一碰就痛。到了十几岁，牙齿都换好了，就会开始担心自己的牙齿会不会变黄，整不整齐，最担心的是吃糖吃多了，会不会有蛀牙。所以我们每次吃完饭以后都要刷牙。到了六十几岁，牙齿又开始掉了。如果年轻时没有好好保护牙齿，到了八十多岁，很多人的牙齿都掉光了。

Lesson 2 生病

练习一

1. 昨天弟弟打球的时候手摔断了，妈妈带他去看医生了。 (B)
2. 姐姐今天早上发烧，体温三十八度九。 (B)
3. 我的肚子从昨天开始疼，今天还疼，我得去看医生了。 (A)
4. 我嗓子疼，妈妈带我去看中医了。 (D)
5. 我鼻子很痛，流血了。 (C)

练习二

6. 你哪里不舒服？
   我全身疼，特别是背。 (B)

7. 你后背从什么时候开始疼的？
   昨天我有橄榄球比赛，比赛完了就觉得不舒服。 (C)

8. 你昨天比赛的时候有没有摔倒？
   我摔倒了六次。 (C)

9. 我看看，你腿疼吗？
   我的腿不疼，但是手指头很疼。 (D)

10. 医生，我明天可以参加橄榄球训练吗？
    不可以，你需要休息三个星期。 (B)

练习三

生病

今天早上起来的时候，我就觉得不舒服。我头疼，觉得有点恶心。我跟妈妈说了，但她不太相信我，觉得我是怕今天的数学考试，不想去上学才说生病的。我没有吃早饭，就坐校车到了学校。上第一节课的时候，我开始觉得很冷，头出了很多汗。到了第二节课，我觉得很热，想喝冰水。课间休息的时候，我突然肚子觉得不舒服，我马上去厕所，我拉肚子了，我去了三次厕所。第三节课是数学考试，我更觉得不舒服了。我头疼得厉害，同学马克摸了一下我的头说：“你的头很烫，应该是发烧了！”我说“没关系！我可以的！”突然，我就从座位上跌了下去。等我醒来的时候，我已经在医院了，妈妈在我的旁边，一边拉着我的手，一边说：“孩子，真对不起！”

Lesson 3 健康的生活方式

练习一

1. 因为要复习考试，我哥哥昨天很晚才睡觉。 (B)
2. 不要抽烟，抽烟对身体不好。 (B)
3. 姐姐说从明天开始要锻炼身体了。 (C)
4. 早餐要吃好，因为早餐是最重要的一餐。 (C)
5. 不要玩手机了，你的眼睛会越来越糟糕的。 (B)

练习二

6. 爷爷，你要健康长寿！
   “别让我戒烟戒酒，我就长寿了！” (A)

7. 奶奶，祝你身体健康！
   “我每天去健身房健身，我老了，还要遭那份儿罪！” (C)

8. 丽莎，你该起床了！
   “我太困了，让我再睡一分钟。” (C)

9. 小红，别吃那么多快餐！
"肯德基和麦当劳是我的最爱！" (B)

10. 小刚，你上网上了八个小时了！
"没有网我就不活了，和朋友们上网玩游戏是我最开心的事！" (A)

练习三

不一样的儿童节

儿童节到了，马克的妹妹抱了一大堆零食回家。这些零食里有薯片、糖果、可乐、冰淇淋、饼干等。妹妹悄悄地把零食藏在冰箱的一个角落里，因为她怕马克知道以后，会把她的零食一下子都吃光。等她从游泳池回来，看到马克和他的朋友们正在高兴地吃着她的零食。妹妹很生气，可是因为马克朋友在，妹妹只好说："哥哥，妈妈说不可以吃零食！吃零食对身体不好！"马克说："哪里不好？"

妹妹说："可乐和冰淇淋都是高糖高热量，吃多了容易肥胖。薯片的热量也很高，而且是油炸食物，对身体不好。如果口渴，应该喝水。如果肚子饿，应该多吃水果！"

马克笑了笑说："今年的儿童节真是不一样哦！你已经长大懂事了。"

Unit 7 Holidays

Lesson 1 旅行的准备

练习一

1. 我们坐三点的飞机，需要订出租车去机场。 (A)
2. 这个暑假我们要去欧洲旅行，我已经订好了酒店。 (C)
3. 上个寒假我们旅行，到了机场发现弟弟没有带护照。 (C)
4. 我的行李丢了，怎么办？ (B)
5. 这次的飞机票很贵，因为很多人都想去那里旅游。 (A)

练习二

6. 妈妈，这次去旅行你换了多少美元？
三千美元，应该够了。 (B)

7. 弟弟，你的护照带了吗？
我的护照不见了，怎么办？ (D)

8. 丽莎，飞机就要起飞了，你在做什么？
我在找我的钱包。 (B)

9. 爸爸，我们下了飞机以后怎么走？
不要着急，我带了地图。 (A)

10. 我们的机票有什么问题吗？
对不起，日期错了。不是今天，你们的机票是明天晚上的。 (B)

练习三

"同学们，我们毕业旅行的地点定下来了，准备去泰国清迈。下面我们要说一说谁负责什么工作。

大卫，你妈妈在航空公司工作，所以你就负责订机票吧！记住，越便宜越好。

小刚，你每个假期都去旅行，也去过清迈好几次了。你就负责订酒店吧，我们需要十个双人房间。

小美，你姐姐是导游，你帮我们安排行程，把每天去哪里玩安排好。

马克，你的数学最好，你去换一些泰铢，就是泰国的钱。我们把钱都交给你负责。

凯瑞，你比较有力气，我们女孩子的行李很重，你帮我们拿行李。"

Lesson 2 度假

练习一

1. 这个暑假我们打算去英国度假，我们的机票已经买好了。 (A)
2. 我们学校复活节假期很长，有两个半星期。 (C)
3. 我们去越南度假的时候，天天在海边晒太阳，我的皮肤都黑了。 (B)
4. 新加坡有很多好玩的地方。妈妈，我们什么时候去新加坡度假啊？ (C)
5. 澳大利亚离我们很远，但是是一个度假的好地方。 (A)

练习二

6. 爸爸，英国人一般爱吃什么？
炸鱼和薯条。 (B)

7. 弟弟，这次去度假，你准备做什么？
我想好好睡觉。 (C)

8. 丽莎，你在做什么？
我在给朋友发我这次度假的照片。 (B)

9. 妈妈，你怎么带了这么多衣服来度假？
因为我喜欢照相，所以需要多换一些衣服。 (D)

10. 我们这次度假打算住在哪里？
我们会住在一个小木屋里。 (C)

练习三

看熊猫去

今年暑假，凯铃的妈妈要带凯铃专门去中国看熊猫。凯铃觉得很奇怪，因为她们去别的国家旅行，经常都去动物园看熊猫。为什么这次一定要去熊猫的故乡四川看呢？

妈妈说："在国外的熊猫生活条件好，整天吃了睡、睡了吃，变得很懒，不爱动，一点也不可爱。"凯铃心想，难道在中国的熊猫会很不一样吗？

带着疑问，凯铃和妈妈来到四川熊猫保护区。哇，这里的熊猫果真很可爱，一会儿爬树，一会儿抓痒痒，还互相抢东西吃，可爱极了！它们真的比在国外看到的熊猫更活泼好动！凯玲心里想，妈妈怎么总是对的？

Lesson 3 购物

练习一

1. 我这个月的零用钱不多，只有三百块。 (A)
2. 我现在都不去逛商店了，因为我可以网上购物，非常方便。 (D)
3. 这件衣服大小合适，但是颜色我不喜欢。(A)
4. 这种苹果很贵，八十块一公斤。 (D)
5. 我们昨天去逛街了，我只买了一本中文小说。 (C)

练习二

6. 这种毛笔多少钱一支？
   七块钱一支。 (C)

7. 太贵了，能不能便宜点？
   可以啊，如果你买十支，可以打八折。 (A)

8. 我只需要四支，可以多少钱一支？
   六块钱一支。 (A)

9. 我可以用信用卡付款吗？
   不可以，我们只收现金。 (A)

10. 你们卖墨水吗？我想买一瓶。
    有，我们的墨水又好又便宜。 (C)

练习三

丽娜奶奶生病了，妈妈要带丽娜去看奶奶。妈妈对丽娜说："你去商场买点水果，我们一起去看奶奶。这是50块，快去快回。"

丽娜拿着钱去了商场。她选了一堆水果拿到收银台，然后把50块递给服务员。但是服务员说，"小朋友，你的钱不够。"丽娜只能很不情愿地退掉所有的水果，回家找妈妈要钱去了。

以下是丽娜原来想买的水果：

半斤梨子，10块；
一串香蕉，5块；
一斤橙子，8块；
半个西瓜，15块；
两斤苹果，14块。

Unit 8 Hometown

Lesson 1 天气和地理

练习一

1. 我家旁边有一条小河，我们每天晚上去河边散步。 (B)
2. 今天天气不好，刮大风、下大雨。 (B)
3. 今天我穿了汗衫，因为天气太热了，气温都超过了三十度。 (D)
4. 我们去湖边野餐吧！湖那里很凉快。 (B)
5. 伦敦的冬天很长，经常下雪，有的时候下雨。 (D)

练习二

6. 明天天气怎么样？
   多云转晴，气温二十度左右。 (D)

7. 这个公园有好玩的地方吗？
   你可以去湖边，那里有很多可爱的天鹅。 (B)

8. 湖离这里远吗？
   有点远，你需要先走过一条小河，过了桥再往右边拐。 (A)

9. 这个公园哪个季节最美？
   每个季节都不一样，我觉得春天最美，因为有很多漂亮的花。 (A)

10. 哦，我们那里冬天最美！
    因为在北方我们有美丽的雪花。 (B)

练习三

上个周末，天气非常好，晴天，不冷也不热，爸爸建议大家出去爬山。吃完早饭，我们就来到了城市南边的"紫金山"。这座山不高，只有四百多米。因为天气非常好，所以来登山的人很多。我们开始爬山后，还没五分钟，天气就忽然变了，乌云密布。妈妈说："快下雨了，我们回去吧！"我和爸爸都不同意，觉得一点雨不算什么，坚持继续爬。虽然雨越下越大，但是我们一直没有停。等我们到了山顶后，太阳又出来了，天蓝蓝的，万里无云。往山下看去，城市美极了。我们真的很开心，一点儿也不觉得累了。

Lesson 2 城市的不同地方

练习一

1. 我非常喜欢去博物馆，有的时候，我可以在博物馆呆一天。 (A)
2. 美术馆这个星期有画展，我要去看看。 (B)
3. 我家旁边有一个咖啡馆，里面的咖啡很好喝。 (B)
4. 那个高楼是百货商店，里面卖很多东西。(C)
5. 昨天我的狗丢了，所以我去了警察局。 (D)

练习二

6. 小吃店的营业时间是什么时候？
   早上四点到晚上十一点。 (D)

7. 娱乐中心有什么好玩的？
   有很多游戏机。 (A)

8. 这个高楼是什么？
   是一个银行。 (A)

9. 游乐场离这里远吗？
   挺远的，走路要花十五分钟。 (A)

10. 这附近有诊所吗？
    有两个诊所，其中一个是牙医诊所。 (C)

练习三

大家好，欢迎你们来到世界上最美的邮局，胡志明市邮局。

这个邮局位于胡志明市中心第1区，是法国

在1886年至1891年期间兴建，1892年正式启用的，也是法国殖民时期的第一座邮局。它既是一个著名景点，又保留着邮局的职能，是每一位游客几乎都会到访的地标性建筑。

走进邮局，大家可以看到空旷的大厅富丽堂皇。大厅内最显眼处挂着胡志明的大型肖像，两旁的墙壁上则是越南的旧地图，很适合拍照留念。如果想在邮局内的长椅上拍复古风格的照片，建议在上午十点之前来，因为十点过后，这里常常是人山人海！

Lesson 3 城市的著名景点

练习一

1. 我非常喜欢日本，我最喜欢去东京的迪斯尼乐园。 (B)
2. 现在很多人喜欢去韩国做美容。 (D)
3. 如果要了解中国的文化，一定要去中国的首都北京。 (A)
4. 迪拜是一个建在沙漠上的国家。 (A)
5. 悉尼是个海边度假旅游城市。 (B)

练习二

6. 印尼的巴厘岛是海边旅游胜地，有“天堂之岛”的美称。 (A)
7. 马来西亚的双峰塔高达466米。 (B)
8. 加拿大的首都渥太华冬季气候寒冷，最低气温为零下39度。 (C)
9. 中国厦门的鼓浪屿因为每家每户都有一架钢琴，也被叫做“钢琴之岛”。 (A)
10. 中国云南以普洱茶出名。 (D)

练习三

西湖

人们常说“上有天堂，下有苏杭”。之所以称杭州为人间天堂，就是因为那美丽的西湖。西湖早在1982年就被列为第一批国家重点风景名胜区之一。目前它是5A级风景名胜之一。

西湖湖水经过二十几次的清理，已经变得非常干净，站在湖边可以看到远处的蓝天和青山，近处的绿树和草地，还有湖里的小鱼，和湖面上粉红色的荷花。这样的美景，吸引了很多游客到西湖来旅游。

在西湖划船则是另一番韵味。当小船在湖中慢慢地前行，人们感受微风吹过，不禁会感叹大自然真是位神奇的画家，只见一抹蓝，一抹绿，一抹红…… 实在是美不胜收。

Unit 9 Future Plans

Lesson 1 上大学

第一篇

小琴来到升学顾问的办公室，她需要和顾问谈一谈去哪里上大学，读什么专业。

“你好，你打算去哪里读大学？”

“我想去美国读大学，可是父母说那里学费太贵，他们负担不起！”

“那你父母希望你去哪里读大学？”

“他们觉得英国比较好，好的大学多，学费也相对便宜些。最主要的是，在英国，我有亲戚。”

“是的，美国大学学制四年，学费比英国贵一些。不过在美国你可以住学生宿舍。”

“我觉得最困难的是如果要申请美国大学，我需要考SAT！我很怕考试。”

“考试有什么好怕的。好好复习就行了！”

“谢谢老师，我回去跟父母谈一下再做决定吧。”

“不客气，祝你好运！”

第二篇

“你好，欢迎来到新生报到处。请问，需要帮忙吗？”

“您好，请问我的宿舍楼在哪里？”

“让我查一下……你住在校园西北边的水仙楼，三零一室。”

“谢谢。难找吗？”

“不难，沿湖边走到底，看到的红楼就是了。给，这是校园地图。”

“谢谢。请问宿舍里有多少人？”

“四个人一间宿舍，共用一个卫生间。你睡上铺。”

“太好了。我现在可以过去吗？”

“等一下，你要先去领住宿用品，等住下以后最好先把学生证给办了。”

“好。请问需要领取哪些住宿用品？”

“每位学生都要领一套床上用品和洗漱用品。”

“好，我现在就去。谢谢你。”

第三篇

“同学们好，欢迎大家来到北京大学。今天，我来给你们介绍一下如何使用校园卡。

北京大学校园卡的功能众多，一卡多用。校园卡内有个人信息及相关消费资料。使用时只要把卡放在读卡区，机器就会显示出卡内信息，比如余额、学生学号和所在分校校区等信息。

目前，北京大学校园卡可以用来借书，以及到餐厅、超市买东西。此外，学校还可以用校园卡来点名。

校园卡可在大学所有的地方使用。为了校园卡的安全使用，每次消费不得超过30元。

根据学生处的规定，校园卡不得借给他人使用。一旦丢失，应及时去学生处报失并补办新的学生卡。”

第四篇

“各位听众、各位观众，一年一度的牛津大学和剑桥大学的划船对抗赛在周六4月7日成功举办。

牛津剑桥对抗赛自1829年以来延续至今，是历史最悠久的校际比赛。除了两次世界大战期间以外，每年举办一次。本届是第158届划船比赛。

在这次比赛中，当划船划到一半时，一名

在泰晤士河游泳的游泳者离船很近，比赛被迫中断了近半个小时。主办方要求牛津剑桥两支队伍返回Chiswick桥，重新开始比赛。

本次比赛最后剑桥获胜。目前剑桥一共获胜81次，牛津则为76次。”

Lesson 2 做义工和暑期工

第一篇

经　理：你好，请坐！请先介绍一下你自己吧。
杰西卡：我叫杰西卡，今年十七岁，上十二年级。我喜欢运动，也喜欢交朋友，还有和人聊天。
经　理：谢谢。你为什么想来我们的咖啡馆工作？
杰西卡：因为我需要赚点钱，为明年的毕业旅行做准备。
经　理：毕业旅行，很有意思啊。你以前做过兼职吗？
杰西卡：有，我曾在麦当劳工作过一个月。负责收拾桌子、打扫卫生、做汉堡包和炸薯条。
经　理：你有没有服务过客人？
杰西卡：人多的时候，我也需要服务客人。
经　理：你觉得服务客人时最重要的是什么？
杰西卡：我觉得沟通最重要。要听懂他们需要什么，然后再给出建议，而且还要面带微笑。
经　理：非常好，你被录取了。

第二篇

现在越来越多的中学生利用假期时间去兼职打工。我方认为，中学生应该去兼职打工，原因如下：

第一，兼职打工可以减轻家庭的负担，这对那些比较困难的家庭来说，会有很大的帮助。

第二，中学生通过打工，可以增长知识。例如，许多中学生在给低年级学生补习的同时，既能复习旧知识，又能增加一些新知识。

第三，兼职打工还可以让学生知道父母赚钱多么不容易，从而改掉乱花钱的坏毛病。

我方不同意正方同学的观点。

首先，中学生兼职打工会让学习的时间减少，从而影响学习。

其次，打工容易让学生养成赚钱比学习更重要的观念。

最后，中学生外出打工，容易交到坏朋友，并受到不良影响。所以我方认为中学生兼职打工，弊大于利。

第三篇

孩子：妈妈你看，那边有很多穿红马甲的人，她们是什么人？
妈妈：哦，她们是深圳义工，也就是志愿者。
孩子：她们做些什么事？
妈妈：她们帮交通警察做事。比如，如果有路人迷路了，她们会告诉他们怎么走。有的时候，还会帮助老年人过马路，拿重的东西。
孩子：真好！妈妈，我也想做义工。
妈妈：现在还不可以，你太小了！
孩子：那我多大才可以做义工？
妈妈：14周岁以上才行。
孩子：啊？我还要等5年！
妈妈：不过，2010年有新规定，10周岁就可以了。
孩子：太好了，我今年过了生日就可以申请了！
妈妈：好啊，等你过了生日，妈妈帮你在网上申请。
孩子：谢谢妈妈。你怎么知道这么多？
妈妈：妈妈也是义工啊。

第四篇

记者：谢谢你接受我的采访。请问，你的是从什么时候开始做义工的？
我　：从大学时就开始了，那时我加入了“爱心社”。
记者：在“爱心社”你们都做些什么？
我　：我们做很多的事，比如清理垃圾、照顾老人、帮忙看孩子等等。
记者：你认为做义工最难的是什么？
我　：做一天义工容易，做一年难。最难的是怎么坚持做下去。但做义工已经成了我的习惯，习惯了就容易坚持。
记者：你做了几年义工？
我　：我大学读了四年，现在我已经大学毕业，工作了五年。
记者：你对做义工有怎么看法？
我　：做义工让人很放松，也很快乐。

Unit 10 Life as a Teenager

Lesson 1 青少年的问题和压力

第一篇

凯　瑞：老师好，我能跟您聊一聊吗？
老　师：当然可以。你怎么了？
凯　瑞：我最近学习压力很大，头很疼。
老　师：为什么会有那么大的压力呢？
凯　瑞：我学习一直很好，可是上个星期我在模拟考试中考得很差，才第四名。
老　师：第四名？那很棒啊！
凯　瑞：可是我以前都是前三名的。而且，我也没拿到每周之星的奖状，所以我很不开心。
老　师：你需要让自己减轻压力。试一试每天下午去跑步或者游泳，好吗？
凯　瑞：好。谢谢老师！

第二篇

“大家好，我是儿童健康机构 (Institute of Child Health) 的代言人，我们对11,000名成年人作了调查，发现如果从小就爱喝酒，长大后在很多方面会受影响，比如健康，或者日常生活等。

爱喝酒的青少年被学校开除的几率比不喝酒的青少年要高4倍。患病的几率高达40%，发生意外的几率更高达50%。

我们希望学校不要只是限制青少年买酒，还应该从多方面进行教育，例如举办一些有关喝酒对身体有害的讲座。”

第三篇

今天我们采访三位同学，听他们谈谈有关压力问题。

马田：我今年要参加普通中学会考，一共学十一门课。我的父母对我很严格，他们希望我全部考A。可是我很担心我的化学，因为最近一次化学考试我没有及格。一想到化学，我晚上就睡不着觉。

青青：我的压力来自同学和朋友。我的朋友不用参加国际文凭考试，所以他们有很多时间，常常去逛街、看电影。可是每次他们叫我一起出去，我都得学习和复习，怎么办呢？

彼得：我的压力是作业太多。每个老师都觉得自己的科目最重要，布置了很多作业。每天我要从晚上五点做到十二点，实在是累得不行了。

第四篇

记者：您好，请问您做什么工作？

老师：我是学校的心理老师。

记者：您做老师多长时间了？

老师：十多年了。

记者：那您是很有经验的老师了。请问，初中生一般有什么问题？

老师：他们有的是来自问题家庭，缺少父母的关爱；有的是学习压力太大；也有的是因为男女朋友的交往而带来烦恼。

记者：您有什么建议吗？

老师：我会建议孩子们多找朋友们聊一聊，还有就是多做运动和听音乐，到户外走走。

记者：谢谢您，我们下次再谈。

Lesson 2 青少年的休闲和娱乐

第一篇

为了让青少年多参加运动，教育部特地将“世界滑板日”列入重点项目，决定延长假期来庆祝这个节日。教育部邀请喜爱滑板的朋友和家人一起来参加“世界滑板日”的庆祝活动，共同体验滑板运动的乐趣。

活动说明：

一、活动时间：2015年6月21日(星期日)上午10时30分

二、活动地点：台北花园

三、活动流程：

10:30–11:00 集合

11:00–12:00 游行

12:00–12:30 高手表演

12:30–13:00 领比赛手册

13:00–14:00 正式比赛

四、特色：

(一) 连续四年来报名人数最多的一次，今年报名人数达到1500名。

(二) 国内最大的滑板活动。

第二篇

卡拉OK在年轻人中非常流行。今天，我们就来采访几个中学生，听听他们在卡拉OK厅的经历。

小明：我们五人一起去KTV，我们本来准备整夜唱歌。可是谁知道，我们竟然在里面打了一晚上的扑克，想想那个服务员看我们的表情，好像看到傻子一样，有趣极了。

大卫：我们的一个朋友唱得太开心了，居然把很多口水喷到了话筒上，好恶心！后来，就只有他一个人在唱。

美美：我和朋友约好星期天一起去唱卡拉OK，都订好房间了，可是没想到那天朋友来唱了两首歌就说，她不唱了。当时，我的脸都绿了，她走了，我一个人还唱什么？

丁丁：我们唱得太晚，好几个小伙伴们都在沙发上睡着了。

第三篇

欢迎收听9558频道，今天我们请来了几位《英雄联盟》的游戏高手，听听他们是怎么说的。

记者：你好，你今年多大了？

我　：我今年十二岁。

记者：你玩游戏玩了几年了？

我　：我才玩了一年。

记者：哇，一年就已经成为高手了，真厉害。你是怎么成为游戏高手的？

我　：我每天一做完作业就玩游戏，而且每次玩游戏以前，我都要想一想，有什么地方做得好，什么地方做得不好。

记者：你最喜欢《英雄联盟》里的哪个英雄？

我　：我最喜欢蛮王。

记者：为什么呢？

我　：他能吃能打，而且我觉得他的大刀很有用。

第四篇

去北京哪个茶馆听京剧？

主持人：这位听众，您好！您需要什么帮助吗？

学　生：我想找个茶馆听听京剧、喝喝茶，您能推荐一个适合中学生消费，比较便宜的茶馆吗？谢谢。

主持人：你可以去湖广会馆。这个会馆建于1807年，是一个喝茶和听京剧的好地方。你可以喝茶、吃点心，还可以看京剧。如果你愿意的话，还可以到茶馆后面的戏剧博物馆看看，很有趣。另外，这里的消费水平也不高，游客和当地人都非常喜欢。

第一篇

滴滴打车

哥哥：我等一下要去参加同学会，你帮我打电话预定一辆出租车吧！
弟弟：不用，现在我们都用滴滴打车了。
哥哥：滴滴打车？怎么用？
弟弟：非常简单，也很便宜，你只要告诉我你想去的地方就可以了。
哥哥：我要去"城市广场"。
弟弟：好。输入到手机了，等一下… 司机说他就在附近，过五分钟就到！
哥哥：太棒了，让我先去找点零钱。
弟弟：不用，用微信支付就可以。
哥哥：啊？
弟弟：等你到了之后，发短信给我，我帮你用微信支付。
哥哥：谢谢。真没有想到，现在叫出租车这么方便了。
弟弟：哈哈，回来后我教你。记住，车牌号是EA20331。

第二篇

采访：谷歌眼镜到哪里去了？

记　者：前段时间谷歌眼镜非常流行，可是最近很少看到有人在用，这是为什么？
工程师：我觉得原因很多，比如很多人戴上眼镜后会觉得头晕、头痛。
记　者：可以理解。还有其他原因吗？
工程师：谷歌眼镜不能折叠，没有办法放到普通的眼镜盒里。此外，最大的不方便是在使用的时候，必须跟智能手机一起使用才可以。
记　者：明白了。您觉得谷歌眼镜今后会不会因此而消失了？
工程师：那也不一定。这要看今后谷歌眼镜怎么改进了。如果能够解决上面所说的问题，也许会重新流行起来的。
记　者：谢谢你。
工程师：不客气，再见！

第三篇

微信支付和支付宝

各位观众，这里是开元播报，我是小强。今天，我们来谈谈微信支付问题。大家都知道，在淘宝买东西可以用支付宝付款，这是阿里巴巴的总裁马云先生发明的。可是QQ公司推出了一个新的软件，叫微信支付。在中国，有几亿用户在手机上使用微信。这些用手机微信的网友可以用微信付款。

人们可以用微信支付来住酒店、付医疗费，甚至去商场和大型超市买东西，比如"家乐福"等等，可是微信目前只能在中国付款。支付宝却不同，它不但可以在中国使用，也可以在其他国家使用，比如新加坡、英国、美国等。

高科技正在各个方面影响着人们的生活方式，让大家的生活变得更加快捷和方便。

第四篇

冷冻人可以复活吗？

现在还没有任何人能在冷冻后复生。但是，人体冷冻者却相信，随着现代科学技术的提高，总有一天，被冷冻的人可以复活。

他们举出了以下的例子：

1) 有一个加拿大女婴在被冻死八小时后，生还。
2) 一只猴子被冷冻五小时后成功活了下来。
3) 用玻璃水可以解决身体冷冻后出现的问题。
4) 有研究证明，体温较低更易使人长寿，最少延长10年。
5) 有实验成功证明，用低温冷却小狗、小猪和老鼠后，三个小时后它们可以活过来。
6) 部分人体器官可在低温下长期保存。

APPENDIX 3

VOCABULARY LIST: IB MANDARIN: AB INITIO

主题：个人与社会 (Theme: Individual and society)

日常起居 *(daily routines)*

• 在家中 *(at home)*

起床	qǐchuáng
洗澡	xǐzǎo
刷牙	shuā yá
洗脸	xǐ liǎn
吃饭	chīfàn
喝茶	hē chá
上厕所	shàng cèsuǒ
睡觉	shuìjiào
有时候	yǒushíhou
经常/常常	jīngcháng / chángcháng
几点	jīdiǎn
点	diǎn
分	fēn
刻	kè
小时	xiǎoshi
玩	wán
洗碗	xǐ wǎn
洗衣	xǐ yī
照顾	zhàogu
帮	bāng
上午	shàngwǔ
中午	zhōngwǔ
下午	xiàwǔ
晚上	wǎnshang

• 在学校 *(at school)*

同学	tóngxué
上学	shàngxué
放学	fàngxué
上课	shàngkè
下课	xiàkè
迟到	chídào
准时	zhǔnshí
请假	qǐngjià
运动	yùndòng
锻炼	duànliàn
休息	xiūxi

• 在工作单位 *(in the workplace)*

工作单位	gōngzuò dānwèi
同事	tóngshì
上班	shàngbān
下班	xiàbān

• 社交；问候；餐桌礼仪 *(social interaction: greetings, table manners)*

你好	nǐhǎo
再见	zàijiàn
对不起	duìbuqǐ
没关系	méiguānxi
谢谢	xièxie
不客气/不谢	búkèqi/ búxiè
请问	qǐngwèn
贵姓	guìxìng
叫	jiào
什么	shénme
名字	míngzi
多大	duōdà
最近	zuìjìn
您身体好吗	nín shēntǐ hǎo ma
你好吗	nǐ hǎo ma
怎么样	zěnmeyàng
忙吗	máng ma
很好	hěn hǎo
不错	bú cuò
一般	yìbān
还可以	hái kěyǐ
欢迎	huānyíng
打扰您	dǎrǎo nín
介绍	jièshào
祝贺	zhùhè
恭喜	gōngxǐ
请客	qǐngkè
做客	zuòkè
客人	kèren
来	lái
去	qù
看朋友	kàn péngyou
信	xìn
条子	tiáozi
出去	chūqù
有空	yǒu kòng
有事	yǒu shì
晚会	wǎnhuì
聚会	jùhuì
见面	jiànmiàn
送行	sòngxíng
接	jiē
请慢用	qǐng màn yòng
请坐	qǐng zuò

• 星期 *(week)*

年	nián
月	yuè
日/号	rì /hào
每天	měitiān
今天	jīntiān
昨天	zuótiān
明天	míngtiān
后天	hòutiān
前天	qiántiān
星期一	xīngqīyī
星期二	xīngqīèr
星期三	xīngqīsān
星期四	xīngqīsì
星期五	xīngqīwǔ

• 周末 *(weekend)*

星期六	xīngqīliù
星期日/天	xīngqīrì / tiān
周末	zhōumò

教育 *(education)*

• 衣着 *(clothes)*

校服	xiàofú
制服	zhìfù
大衣	dàyī
毛衣	máoyī
雨衣	yǔyī
长裤	chángkù
短裤	duǎnkù
裙子	qúnzi
鞋子	xiézi
皮鞋	píxié
运动鞋	yùndòng xié
运动服	yùndòng fú
外套	wàitào
衬衫	chènshān
T恤衫	T xùshān
领带	lǐngdài
袜子	wàzi
手套	shǒutào
围巾	wéijīn
帽子	màozi

• 教育体制 *(educational systems)*

幼儿园	yòuéryuán
小学	xiǎoxué
中学	zhōngxué
初中	chūzhōng
高中	gāozhōng
大学	dàxué
学院	xuéyuàn

私立	sīlì
公立	gōnglì
年级	niánjí
班	bān
小组	xiǎozǔ

• 器材 *(equipment)*

课本	kèběn
笔	bǐ
毛笔	máobǐ
铅笔	qiānbǐ
铅笔盒	qiānbǐ hé
纸	zhǐ
本子	běnzi
尺子	chǐzi
橡皮	xiàngpí
作业本	zuòyè běn
录音机	lùyīnjī
字典/词典	zìdiǎn / cídiǎn
复印机	fùyìn jī
地图	dìtú
电脑/计算机	diànnǎo / jìsuànjī
开(关)机	kāi (guān) jī
打印	dǎyìn
上网	shàngwǎng
下载	xiàzài
互联网	hùliánwǎng
网页	wǎngyè
网址	wǎngzhǐ
文件	wénjiàn
存	cún
电子邮件	diànzǐyóujiàn
垃圾邮件	lājī yóujiàn
病毒	bìngdú
回复	huífù
传真	chuánzhēn

• 考试 *(examinations)*

考试	kǎoshì
及格	jígé
复习	fùxí
练习	liànxí
进步	jìnbù
取得	qǔdé
成绩	chéngjī
压力	yālì
懂	dǒng
知道	zhīdao
注意	zhùyì
完成	wánchéng

• 课外活动：创造，行动，服务 *(extra curricular activities: creativity, action, service)*

社区服务	shèqū fúwù
实习	shíxí
服务	fúwù
作业/功课	zuòyè / gōngkè
课外活动	kèwài huódòng
参加	cānjiā
运动会	yùndònghuì
夏令营	xiàlìngyíng
旅游	lǚyóu
参观	cānguān

• 设施 *(facilities)*

校园	xiàoyuán
教室	jiàoshì
桌子	zhuōzi
椅子	yǐzi
黑/白板	hēi / bái bǎn
实验室	shíyànshì
图书馆	túshūguǎn
教学楼	jiàoxué lóu
食堂	shítáng
礼堂	lǐtáng
操场/运动场	cāochǎng / yùndòngchǎng
体育馆	tǐyù guǎn
游泳池	yóuyǒng chí
篮球场	lánqiú chǎng
足球场	zúqiú chǎng
布告栏	bùgào lán
宿舍	sùshè

• 校历 *(school calendar)*

放假	fàngjià
寒假	hánjià
暑假	shǔjià
假期	jiàqī
开学	kāixué
学期	xuéqī
期中	qīzhōng
期末	qīmò

• 学生 *(students)*

小学生	xiǎo xuéshēng
中学生	zhōng xuéshēng
大学生	dà xuésheng
男(女)学生	nán (nǚ) xuésheng
家长	jiāzhǎng

• 学科：认识论、专题论文 *(subjects: theory of knowledge, extended essay)*

学科	xué kē
语言	yǔyán
数学	shùxué
外语	wàiyǔ
中文	Zhōngwén
汉语普通话	Hànyǔ pǔtōnghuà
物理	Wùlǐ
化学	Huàxué
生物	Shēngwù
科学	Kēxué
音乐	Yīnyuè
美术	Měishù
历史	Lìshǐ
地理	Dìlǐ
政治	Zhèngzhì
经济	Jīngjì
信息技术	Xìnxí jìshù
法律	Fǎlǜ
工程	Gōngchéng
心理学	Xīnlǐxué
医学	Yīxué
有用	yǒuyòng
有意思	yǒuyìsi
有趣	yǒuqù
无聊	wúliáo
容易	róngyì
难	nán
认为	rènwéi
同意	tóngyì
反对	fǎnduì
第一，第二	dìyī , dièr
其次	qícì
最后	zuìhòu
一方面	yī fāngmiàn
另一方面	lìng yī fāngmiàn
总之	zǒngzhī

• 老师 *(teachers)*

校长	xiàozhǎng
老师	lǎoshī
班主任	bānzhǔrèn

• 课程表 *(timetable)*

课程表	kèchéng biǎo
点名	diǎnmíng
上课	shàngkè
下课	xiàkè
休息	xiūxi
午休	wǔ xiū
上学	shàngxué
放学	fàngxué
课堂活动	kètáng huódòng
小组活动	xiǎozǔ huódòng
开会	kāihuì
问	wèn
回答	huídá
讨论	tǎolùn

解释	jiěshì
听	tīng
说	shuō
读	dú
写	xiě
字	zì
句子	jùzi

- 制服 (*uniform*) *See 'clothes' in 'education'*

- 大学：课程，生涯规划 (*university: course, career*)

打算	dǎsuàn
希望	xīwàng
文科	wénkē
理科	lǐkē
工科	gōngkē
医科	yīkē
系	xì
学位	xuéwèi
学士	xuéshì
硕士	shuòshì
博士	bóshì
研究	yánjiū
毕业	bìyè

饮食 (*food and drinks*)

- 烹饪指导 (*cooking instructions*)

做	zuò
切	qiē
炒	chǎo
烤	kǎo
炸	zhá
煮	zhǔ
煮开	zhǔkāi
煎	jiān
先	xiān
然后	ránhòu
放进	fàngjìn
等	děng
大火	dàhuǒ
小火	xiǎohuǒ
分钟	fēnzhōng

- 烹饪传统：配料，特色菜，特殊活动 (*culinary traditions: ingredients, special dishes, special events*)

油	yóu
盐	yán
糖	táng
醋	cù
酱油	jiàngyóu
葱	cōng
姜	jiāng
蒜	suàn
胡椒粉	hújiāo fěn
辣椒	làjiāo
西红柿酱/番茄酱	xīhóngshì jiàng / fānqié jiàng
咸	xián
淡	dàn
甜	tián
酸	suān
辣	là
苦	kǔ
红烧	hóng shāo
糖醋	tángcù

- 食品杂货 (*groceries*)

米	mǐ
面条	miàntiáo
肉	ròu
猪肉	zhūròu
牛肉	niúròu
羊肉	yángròu
鸡肉	jīròu
鸭肉	yāròu
鱼	yú
虾	xiā
海鲜	hǎixiān
蔬菜/青菜	shūcài / qīngcài
凉菜	liángcài
豆腐	dòufu
白菜	báicài
点心	diǎnxīn
饮料	yǐnliào
矿泉水	kuàngquán shuǐ
果汁	guǒzhī
牛奶	niúnǎi
可乐	kělè
汽水	qìshuǐ
茶	chá
咖啡	kāfēi
水果	shuǐguǒ
苹果	píngguǒ
香蕉	xiāngjiāo
橙子/桔子	chéngzi / júzi
梨	lí
草莓	cǎoméi
零食	língshí
蛋糕	dàngāo
饼干	bǐng gān
糖果	tángguǒ
巧克力	qiǎokèlì
花生	huāshēng
冰淇淋	bīngqílín

- 保健与日常饮食：素食 (*health and diet: vegetarianism*)

素食	sùshí
素食餐厅	sùshí cāntīng
吃素的	chīsù de
节食	jiéshí

- 厨房电器与用具 (*kitchen appliances and utensils*)

厨房	chúfáng
冰箱	bīngxiāng
洗碗机	xǐwǎn jī
微波炉	wēibō lú
吸尘器	xīchén qì
炉子	lúzi
锅子	guōzi
炒菜锅	chǎocài guō
碟子/盘子	diézi / pánzi
碗	wǎn
筷子	kuàizi
刀子	dāozi
叉子	chāzi
勺子/调羹	sháozi / tiáogēng

- 市场 (*market*)

市场	shìchǎng
超级市场	chāojí shìchǎng
菜市场	cài shìchǎng
夜市	yèshì
小吃街	xiǎochī jiē
摊贩	tānfàn

- 餐饮 (*meals*)

汤	tāng
(米)饭	(mǐ)fàn
面条	miàntiáo
饺子	jiǎozi
包子	bāozi
凉菜	liángcài
三明治	sānmíngzhì
汉堡包	hànbǎobāo
意大利饼/比萨饼	yìdàlìbǐng / bǐsàbǐng
中餐	zhōngcān
西餐	xīcān
早餐/早饭	zǎocān /zǎofàn
午餐/午饭	wǔcān/ wǔfàn
晚餐/晚饭	wǎncān/wǎnfàn
请	qǐng
好吃	hǎochī
干杯	gānbēi

- 数量 (*quantity*)

个	gè

瓶	píng
盒	hé
盘	pán
碗	wǎn
杯	bēi
包	bāo
袋	dài
斤	jīn

• 餐馆 *(restaurants)*

中餐馆	zhōngcān guǎn
西餐馆	xīcān guǎn
风味餐馆	fēngwèi cānguǎn
快餐馆/快餐店	Kuàicānguǎn / kuàicāndiàn
饭馆	fànguǎn
外卖店	wàimài diàn
面店	miàndiàn
菜单	càidān
订(桌)	dìng (zhuō)
叫菜/点菜	jiào cài/ diǎn
服务员	fúwùyuán
付钱/结帐/买单	fùqián / jiézhàng / mǎidān
顾客	gùkè
小费	xiǎofèi

• 商店的类型 *(types of shops)*

商店	shāngdiàn
商场	shāngchǎng
杂货店	záhuò diàn
超级市场	chāojí shìchǎng
水果店	shuǐguǒ diàn
冰店	bīng diàn

个人资料 *(personal details)*、外貌 *(appearance)*、性格 *(character)*

姓名	xìngmíng
性别	xìngbié

• 住址 *(address)*

住址	zhùzhǐ
国	guó
省	shěng
市	shì
区	qū
街	jiē
路	lù
号	hào
村	cūn
邮编	yóubiān
电话号码	diànhuà hàomǎ
城市	chéngshì
郊区	jiāoqū
乡村/农村	xiāngcūn / nóngcūn
出生地点	chūshēng dìdiǎn

• 年龄 *(age)*

年龄	niánlíng
岁	suì
多大	duōdà
一	yī
二	èr
三	sān
四	sì
五	wǔ
六	liù
七	qī
八	bā
九	jiǔ
十	shí
十一	shíyī
十七	shíqī
二十	èrshí
四十五	sìshí wǔ
九十九	jiǔshí jiǔ
百	bǎi

• 出生日期 *(date of birth)*

出生日期	chūshēng rìqī
年	nián
月	yuè
日/号	rì /hào
几月	jǐ yuè
几号	jǐ hào
一九九五	yī jiǔ jiǔ wǔ
二零一二	èr líng yī èr
一月	yīyuè
二月	èryuè
三月	sānyuè
四月	sìyuè
五月	wǔyuè
六月	liùyuè
七月	qīyuè
八月	bāyuè
九月	jiǔyuè
十月	shíyuè
十一月	shíyīyuè
十二月	shíèryuè
一号	yīhào
二号	èrhào
八日/号	bā rì / hào
十三日/号	shísān rì / hào
二十六日/号	èrshíliù rì / hào
三十日/号	sānshí rì / hào

• 房子：房间，家具 *(house: rooms, furniture)*

房子	fángzi
家	jiā
住在	zhù zài
大	dà
小	xiǎo
房东	fángdōng
房客	fángkè
租房子	zū fángzi
房租	fángzū
搬家	bānjiā
房间	fángjiān
客厅	kètīng
饭厅/餐厅	fàn tīng / cān tīng
厨房	chúfáng
书房	shūfáng
睡房/卧房/卧室	shuìfáng / wòfáng / wòshì
浴室/洗澡间	yùshì / xǐzǎo jiān
厕所/卫生间/洗手间	cèsuǒ / wèishēng jiān /xǐshǒu jiān
三房两厅	sānfáng liǎngtīng
车库/车房	chēkù/chēfáng
花园	huāyuán
花	huā
草	cǎo
树	shù
阳台	yángtái
楼梯	lóutī
楼上	lóushàng
楼下	lóuxià
一楼	yīlóu
三楼	sānlóu
墙	qiáng
窗户	chuānghu
门	mén
家具	jiājù
床	chuáng
桌子	zhuōzi
椅子	yǐzi
沙发	shāfā
餐桌/饭桌	cānzhuō / fànzhuō
书桌	shūzhuō
衣柜	yīguì
电视	diànshì
冰箱	bīngxiāng
冷气/空调	lěngqì / kōngtiáo

• 语言 *(languages)*

语言	yǔyán
中文/汉语	zhōngwén/hànyǔ
汉语普通话	hànyǔ pǔtōnghuà
英语/英文	yīngyǔ / yīngwén
日语/日文	rìyǔ / rìwén
韩语/韩文	hán yǔ / hán wén
法语/法文	fǎyǔ / fǎwén

德语/德文	déyǔ / déwén
西班牙语/ 西班牙文	xībānyáyǔ / xībānyáwén
外语	wàiyǔ
会	huì
不会	bù huì
说	shuō
几种	jǐ zhǒng

• 国籍 *(nationality)*

国籍	guójí
中国人	zhōngguó rén
台湾人	táiwān rén
新加坡人	xīnjiāpō rén
美国人	měiguó rén
加拿大人	jiānádà rén
澳大利亚人	àodàliyà rén
新西兰人	xīnxīlán rén
日本人	rìběn rén
韩国人	hánguó rén
英国人	yīngguó rén
法国人	fǎguó rén
德国人	déguó rén
西班牙人	xībānyá rén
外国人	wàiguó rén
东方人	dōngfāng rén
西方人	xīfāng rén

• 身体 *(body)*

头	tóu
头发	tóufa
脸	liǎn
眼睛	yǎnjīng
鼻子	bízi
嘴	zuǐ
耳朵	ěrduo
皮肤	pífū
手	shǒu
脚	jiǎo
腿	tuǐ
胳膊	gēbo
腰	yāo
个子	gèzi
体重	tǐzhòng

• 衣着 *(clothes)*

衣服	yīfu
大衣	dàyī
毛衣	máoyī
雨衣	yǔyī
裤子	kùzi
裙子	qúnzi
鞋子	xiézi
皮鞋	píxié
运动鞋	yùndòng xié
运动服	yùndòng fú
西装	xīzhuāng
衬衫	chènshān
T 恤衫	T xùshān
领带	lǐng dài
袜子	wàzi
手套	shǒutào
围巾	wéijīn
帽子	màozi
穿	chuān
戴	dài
红	hóng
绿	lǜ
黑	hēi
白	bái
蓝	lán
黄	huáng
棕	zōng
橙	chéng

• 体貌 *(physical appearance)*

高	gāo
矮	ǎi
胖	pàng
瘦	shòu
长	cháng
短	duǎn
大	dà
小	xiǎo
粗	cū
细	xì
圆	yuán
漂亮	piàoliang
好看	hǎokàn
可爱	kěài
公斤	gōngjīn
米/公尺	mǐ / gōngchǐ
公分	gōngfēn
尺	chǐ
寸	cùn

• 态度 *(attitudes)*

友好	yǒuhǎo
热情	rèqíng
有耐性	yǒu nàixìng
好脾气	hǎo píqì
坏脾气	huài píqì
亲切	qīnqiè
小气	xiǎoqì
外向	wàixiàng
内向	nèixiàng
有礼貌	yǒu lǐmào
认真	rènzhēn
独立	dúlì

• 情感与感觉 *(feelings)*

高兴	gāoxìng
快乐	kuàilè
开心	kāixīn
愉快	yúkuài
兴奋	xīngfèn
伤心	shāngxīn
难过	nánguò
生气	shēngqì
担心	dānxīn
紧张	jǐnzhāng
放心	fàngxīn
满意	mǎnyì
笑	xiào
哭	kū
累	lèi
饿	è
饱	bǎo
渴	kě
烦	fán

身体健康 *(physical health)*

• 意外事故：急救，紧急状况 *(accidents: first-aid, emergencies)*

医院	yīyuàn
急诊	jízhěn
交通事故	jiāotōng shìgù
受伤	shòushāng
流血	liúxuè
救护车	Jiùhù chē
救火车	Jiùhuǒ chē
火灾	huǒzāi
灭火	mièhuǒ
地震	dìzhèn

• 身体 *(body) See 'body' in ' appearence'*

• 医生：检查，预约 *(doctor: check-ups, appointments)*

看病	kànbìng
医生	yīshēng
牙医	yáyī
护士	hùshi
打针	dǎzhēn
吃药	chīyào
检查	jiǎnchá
预约	yuē
治疗	zhìliáo

• 健康：生活方式，饮食，健身 *(health: lifestyle, diet, fitness)*

很健康	hěn jiànkāng
生活方式	shēnghuó fāngshì
饮食习惯	yǐnshí xíguàn
节食	jiéshí
健身中心 / 健身室	jiànshēn zhōngxīn / jiànshēn shì
做运动	zuò yùndòng
吸烟 / 抽烟	xīyān

• 医院与诊所：人员，大楼 *(hospital and clinic: personnel, buildings)*

医院	yīyuàn
诊所/医务室	zhěnsuǒ / yīwùshì
中医	zhōngyī
西医	xīyī
医生	yīshēng
护士	hùshi
病人	bìngrén
病房	bìngfáng
挂号	guàhào
排队	páiduì

• 疾病 *(illness)*

生病	shēngbìng
感冒	gǎnmào
不舒服	bù shūfu
咳嗽	késou
发烧	fāshāo
头痛	tóutòng
疼	téng

• 药 *(medicines)*

药	yào
中药	zhōngyào
西药	xīyào
药片	yàopiàn
药水	yàoshuǐ
吃药	chīyào

• 药方/处方 *(prescriptions)*

药房/药店	yàofáng / yàodiàn
一日三次	yīrì sāncì
饭前吃	fànqián chī
饭后吃	fànhòu chī

关系 *(relationships)*

• 动物 *(animals)*

动物	dòngwù
狗	gǒu
猫	māo
鱼	yú
兔子	tùzi
牛	niú
羊	yáng
猪	zhū
鸡	jī
鸭	yā
鸟	niǎo
马	mǎ
小马	xiǎomǎ
小老鼠	xiǎo lǎoshǔ
龙	lóng
虎	hǔ
狮	shī
猴	hóu
蛇	shé
熊猫	xióngmāo

• 社区 *(community)*

社区	shèqū
邻居	línjū
大家	dàjiā
大人/成人	dàren / chéngrén
老年人	lǎoniánrén
中年人	zhōngniánrén
青年/年轻人	qīngnián / niánqīngrén
青少年	qīngshàonián
小孩/儿童	xiǎohái / értóng
男人	nánrén
女人	nǚrén

• 家庭 *(family)*

家庭	jiātíng
家人	jiārén
亲戚	qīnqi
爸爸/父亲	bàba / fùqīn
妈妈/母亲	māma / mǔqīn
哥哥	gēge
姐姐	jiějie
弟弟	dìdi
妹妹	mèimèi/mèimei
祖父/爷爷	zǔfù / yéye
祖母/奶奶	zǔmǔ / nǎinai
外祖父/外公	wàizǔfù / wàigōng
外祖母/外婆	wàizǔmǔ / wàipó
伯伯/伯父	bóbo / bófù
叔叔	shūshu
姑姑	gūgu
姨	yí
舅舅	jiùjiu
孩子	háizi
儿子	érzi
女儿	nǚér
丈夫/先生	zhàngfu / xiānsheng
妻子/太太	qīzi / tàitai

• 家庭的庆祝会 *(family celebrations)*

庆祝	qìngzhù
生日	shēngrì
婚礼	hūnlǐ
聚会	jùhuì
礼物	lǐwù

• 朋友 *(friends)*

朋友	péngyou
好朋友	hǎo péngyou
男的朋友	nánde péngyou
女的朋友	nǚde péngyou
男朋友	nán péngyou
女朋友	nǚ péngyou

• 同伴 *(partnerships)*

夫妻	fūqī
男朋友	nán péngyou
女朋友	nǚ péngyou
结婚	jiéhūn
同居	tóngjū

• 宠物 *(pets)*

宠物	chǒngwù
狗	gǒu
猫	māo
鱼	yú
兔子	tùzi
鸟	niǎo
小马	xiǎomǎ
小老鼠	xiǎo lǎoshǔ

购物 *(shopping)*

• 信贷 *(credit)*

信用卡	xìnyòng kǎ
刷卡	shuākǎ

• 习俗和传统：讨价还价，拍卖 *(customs and traditions: bargaining, sales)*

讨价还价	tǎojià huánjià
拍卖	pāimài
打折	dǎzhé
减价	jiǎnjià
买一送一	mǎiyī sòngyī
便宜一点	piányi yīdiǎn
太贵了	tài guì le

• 环境考量：包装，原料 *(environmental concerns: packaging, sources)*

环境	huánjìng
包装	bāozhuāng
袋子	dàizi
塑胶袋	sùjiāo dài
纸袋	zhǐdài

• 钱 *(money)*

钱	qián
零钱	língqián
找钱	zhǎoqián
元/块	yuán / kuài
角/毛	jiǎo / máo
分	fēn
便宜	piányi
贵	guì
现金	xiànjīn
支票	zhīpiào
信用卡	xìnyòng kǎ
有	yǒu
没有	méiyǒu

• 网上购物 *(shopping on the internet)*

网上购物	wǎngshàng gòuwù
买	mǎi
卖	mài
安全	ānquán
方便	fāngbiàn

• 商店 *(shops)*

商店	shāngdiàn
百货商店/公司	bǎihuò shāngdiàn / gōngsī
购物中心/商场	gòuwù zhōngxīn / shāngchǎng
部(门)	bù (mén)
一楼	yī lóu
电梯	diàntī
地下层	dìxiàcéng
服饰/服装	fúshì / fúzhuāng
玩具	wánjù
饮食/餐饮	yǐnshí / cānyǐn
服务台	fúwùtái
试衣室/间	shìyī shì / jiān
试穿	shìchuān
书店	shūdiàn
肉店	ròudiàn
鱼店	yúdiàn
超级市场	chāojí shìchǎng
服饰店	fúshì diàn
营业时间	yíngyè shíjiān

• 交易 *(transactions)*

收银处	shōuyín chù
柜台	guìtái
售货员	shòuhuòyuán
袋子	dàizi
顾客	gùkè
排队	páiduì
买	mǎi
卖	mài
退(货)	tuì (huò)
换	huàn
发票/收据	fāpiào /shōujù

主题：休闲与工作 (Theme: Leisure and work)

就业 *(employment)*

• 事业/生涯 *(career)*

计划/打算	jìhuà / dǎsuàn
希望	xīwàng
准备	zhǔnbèi
如果	rúguǒ
将来	jiānglái
能	néng
当/做	dāng / zuò
简历	jiǎnlì
广告	guǎnggào
申请	shēnqǐng
工作	gōngzuò
面试	miànshì
有信心	yǒu xìnxīn
赚钱	zhuànqián
成功	chénggōng
说	shuō
书写	shūxiě
流利	liúlì

• 工作培训 *(job training)*

训练	xùnliàn
机会	jīhuì

• 职业 *(professions)*

职业	zhíyè
工人	gōngrén
工程师	gōngchéngshī
厨师	chúshī
律师	lǜshī
老师/教师	lǎoshī / jiàoshī
教授	jiàoshòu
会计	kuàijì
公务员	gōngwùyuán
科学家	kēxuéjiā
画家	huàjiā
艺术家	yìshùjiā
作家	zuòjiā
记者	jìzhě
经理	jīnglǐ
医生/大夫	yīshēng / dàifu
护士	hùshi
农民	nóngmín
商人/生意人	shāngrén / shēngyì rén
司机	sījī
演员	yǎnyuán
职员	zhíyuán
服务员	fúwùyuán
秘书	mìshū
翻译	fānyì
自由职业	zìyóu zhíyè
家庭主妇	jiātíng zhǔfù
退休	tuìxiū

• 资历 *(qualifications)*

医科	yīkē
文科	wénkē
理科	lǐkē
工科	gōngkē
学位	xuéwèi
学士	xuéshì
硕士	shuòshì
博士	bóshì
工作经验	gōngzuò jīngyàn

• 学习 *(studies)*

学习	xuéxí
系	xì
研究	yánjiū
毕业	bìyè

• 失业 *(unemployment)*

失业	shīyè
找工作	zhǎo gōngzuò

• 工作条件：薪水，时间安排 *(work conditions: salary, schedule)*

全职	quánzhí
兼职	jiānzhí
打工	dǎgōng
赚钱	zhuànqián
零用钱/零花钱	língyòngqián / línghuāqián
收入	shōurù
工资/薪水	gōngzī / xīnshuǐ
上班	shàngbān
下班	xiàbān
假期	jiàqī
休息	xiūxi
午休	wǔxiū
努力	nǔlì

娱乐 *(entertainment)*

• 文化与特殊活动：节庆 *(cultural and special events: festivals)*

中国新年/春节	zhōngguó xīnnián / chūnjié

除夕	chúxī
过节	guòjié
圣诞节	shèngdànjié
复活节	fùhuójié
舞龙	wǔlóng
舞狮	wǔshī
龙舟比赛	lóngzhōu bǐsài
划龙舟	huá lóngzhōu
端午节	duānwǔjié
月饼	yuèbǐng
音乐会	yīnyuèhuì
艺术节	yìshùjié
传统	chuántǒng
现代	xiàndài

• 游览 *(excursions)*

旅游	lǚyóu
参观	cānguān
旅游团/旅行团	lǚyóu tuán / lǚxíng tuán
旅游车/旅行车	lǚyóu chē/ lǚxíng chē
票价	piào jià
门票	ménpiào
订	dìng
买	mǎi

• 休闲活动 *(leisure activities)*

对…有兴趣	duì … yǒuxìngqù
喜欢	xǐhuan
不喜欢	bù xǐhuan
更喜欢	gèng xǐhuan
觉得	juéde
认为/想	rènwéi / xiǎng
参加	cānjiā
运动	yùndòng
打球	dǎqiú
网球	wǎngqiú
乒乓球	pīngpāngqiú
篮球	lánqiú
羽毛球	yǔmáoqiú
足球	zúqiú
游泳	yóuyǒng
滑冰	huábīng
滑雪	huáxuě
跑步	pǎobù
旅行	lǚxíng
有趣/有意思	yǒuqù / yǒuyìsi
好看	hǎokàn
无聊	wúliáo

• 休闲设施 *(leisure facilities)*

音乐厅	yīnyuè tīng
电影院	diànyǐngyuàn
图书馆	túshūguǎn
游泳池	yóuyǒngchí
体育馆	tǐyùguǎn
健身中心	jiànshēn zhōngxīn
剧场	jùchǎng
美术馆	měishùguǎn
博物馆	bówùguǎn
公园	gōngyuán
游乐场	yóulèchǎng
舞场	wǔchǎng
足球场	zúqiúchǎng
滑冰场	huábīngchǎng

• 艺术 *(the arts)*

看书	kànshū
看电视	kàn diànshì
看电影	kàn diànyǐng
写作	xiězuò
唱歌	chànggē
艺术	yìshù
听	tīng
音乐	yīnyuè
流行音乐	liúxíng yīnyuè
古典音乐	gǔdiǎn yīnyuè
民歌	míngē
乐器	yuèqì
跳舞	tiàowǔ
摄影/照相	shèyǐng / zhàoxiàng
戏剧	xìjù
画画	huàhuà
表演	biǎoyǎn

假期 *(holidays)*

• 住宿 *(accommodation)*

住	zhù
订房	dìngfáng
酒店/饭店	jiǔdiàn /fàndiàn
宾馆/旅馆	bīnguǎn / lǚguǎn
露营/野营	lùyíng / yěyíng
双人间	shuāngrén jiān
单人间	dānrén jiān
空房间	kōng fángjiān
入住登记	rùzhù dēngjì
退房	tuìfáng
安全门	ānquán mén
双人床	shuāngrén chuáng
单人床	dānrén chuáng

• 活动 *(activities)*

买	mǎi
购物	gòuwù
纪念品	jìniànpǐn
礼物	lǐwù
参观	cānguān
文化中心	wénhuà zhōngxīn
博物馆	bówùguǎn
长城	chángchéng
照相机	zhàoxiàngjī
旅行社	lǚxíng shè
地图	dìtú
行程	xíngchéng
出发	chūfā
目的地	mùdìdì

• 当地习俗和传统 *(local customs and traditions)*

汉族	hànzú
少数民族	shǎoshù mínzú
习俗	xísú
传统	chuántǒng

• 地方和民族特色食品 *(regional and national foods)*

北方菜	běifāng cài
南方菜	nánfāng cài
地方菜	dìfang cài
特色菜	tèsè cài
火锅	huǒguō

• 旅游咨询中心 *(tourist office and information)*

咨询中心	zīxún zhōngxīn
市中心	shì zhōngxīn
旅游景点	lǚyóu jǐngdiǎn
火车站	huǒchēzhàn
飞机场	fēijīchǎng
坐车	zuòchē
开车	kāichē
租车	zūchē
从…到	cóng … dào
海报	hǎibào
小册子	xiǎocèzi
禁止停车	jìnzhǐ tíngchē
禁止入内	jìnzhǐ rùnèi
请勿照相/请勿拍照	qǐngwù zhàoxiàng / qǐngwù pāizhào
保持安静	bǎochí ānjìng
危险	wēixiǎn
出口	chūkǒu
入口	rùkǒu
注意安全	zhùyì ānquán

• 交通 *(transport)*

飞机	fēijī
火车	huǒchē
大巴	dàbā
坐	zuò
开车	kāichē

买票	mǎipiào
订票	dìngpiào
单程	dānchéng
来回	láihuí
取票	qǔpiào
旅客	lǚkè
售票处	shòupiào chù
候车室	hòuchē shì
候机室	hòujī shì
转车	zhuǎnchē
转机	zhuǎnjī
时刻表	shíkè biǎo
护照	hùzhào
签证	qiānzhèng
海关	hǎiguān
检查	jiǎnchá
行李	xíngli
带	dài
安全	ānquán
航空公司	hángkōng gōngsī
航班	hángbān
起飞	qǐfēi
降落	jiàngluò
正点	zhèngdiǎn
晚点	wǎndiǎn

• 假日种类：城市、沙滩、家庭 *(types of holiday: city, beach, family)*

全包旅游	quánbāo lǚyóu
三日游	sānrì yóu
长途旅游	chángtú lǚyóu
短途旅游	duǎntú lǚyóu
参观	cānguān
游览	yóulǎn

• 天气和季节 *(weather and seasons)*

晴	qíng
阴/多云	yīn / duōyún
下雨	xiàyǔ
下雪	xiàxuě
打雷	dǎléi
刮风	guāfēng
冷	lěng
热	rè
暖和	nuǎnhuó
凉快	liángkuai
气温	qìwēn
度	dù
四季	sìjì
春天/春季	chūntiān / chūnjì
夏天/夏季	xiàtiān / xiàjì
秋天/秋季	qiūtiān / qiūjì
冬天/冬季	dōngtiān /dōngt jì

媒体 *(media)*

• 广告 *(advertisements)*

广告	guǎnggào
登	dēng
电视广告	diànshì guǎnggào
电影广告	diànyǐng guǎnggào
网上广告	wǎngshàng guǎnggào

• 名人：生活方式 *(celebrities: lifestyle)*

名人	míngrén
有名	yǒumíng
明星	míngxīng
歌星	gēxīng
出生地	chūshēngdì

• 网络与社交网站 *(internet and social network sites)*

网络	wǎngluò
社交网站	shèjiāo wǎngzhàn
电子邮件	diànzǐ yóujiàn
垃圾邮件	lājī yóujiàn
回复	huífù
聊天室	liáotiān shì
网友	wǎngyǒu

• 新闻出版：新闻、报道 *(press: news, reporting)*

新闻	xīnwén
电视新闻	diànshì xīnwén
天气预报	tiānqì yùbào
报纸	bàozhǐ
杂志	zázhì
网络	wǎngluò
文章	wénzhāng
订	dìng

• 广播：节目种类、节目表 *(radio: types of programme, schedule)*

广播电台	guǎngbō diàntái
节目表	jiémù biǎo

• 电视：节目种类、节目表 *(television: types of programme, schedule)*

电视节目	diànshì jiémù
连续剧/电视剧	liánxùjù / diànshìjù
广告	guǎnggào
开始	kāishǐ
结束	jiéshù

体育运动 *(sport)*

• 俱乐部与运动队 *(clubs and teams)*

俱乐部	jùlèbù
俱乐部成员	Jùlèbù chéngyuán
参加	cānjiā
球队	qiúduì
队员	duìyuán

• 特殊活动：赛艇会、奥林匹克运动会 *(special events: regatta, Olympic games)*

奥林匹克运动会	àolínpǐkè yùndònghuì
国际	guójì
全国	quánguó

• 运动器材 *(sport equipment)*

球	qiú
球拍	qiúpāi
运动服	yùndòng fú
运动鞋	yùndòng xié
泳衣	yǒngyì
泳裤	yǒngkù

• 电视体育节目：社交 *(sport on TV: social interaction)*

比赛	bǐsài
国际	guójì
全国	quánguó
运动员	yùndòngyuán
队	duì
输	shū
赢	yíng
平分	píngfēn
球迷	qiúmí
观众	guānzhòng

• 运动场馆：体育场 *(sport venues: stadium)*

体育场	tǐyùchǎng
体育馆	tǐyùguǎn
田径场	tiánjìng chǎng

• 运动服 *(sportswear)*

运动服	yùndòng fú
球衣	qiúyī
球鞋	qiúxié
球帽	qiúmào

• 传统：民族的运动 *(traditions: national sport)*

踢毽子	tī jiànzi
打羽毛球	dǎ yǔmáoqiú
打乒乓球	dǎ pīngpāngqiú
放风筝	fàng fēngzhēng
划龙舟	huá lóngzhōu

• 训练：活动、场地 *(training: activities, places)*

训练	xùnliàn

快	kuài
慢	màn
体育场	tǐyùchǎng
体育馆	tǐyùguǎn
田径场	tiánjìng chǎng

• 运动种类 *(types of sport)*

打	dǎ
羽毛球	yǔmáoqiú
网球	wǎngqiú
乒乓球	pīngpāngqiú
篮球	lánqiú
棒球	bàngqiú
橄榄球	gǎnlǎnqiú
板球	bǎnqiú
游泳	yóuyǒng
滑雪	huáxuě
滑冰	huábīng
跑步	pǎobù
骑车	qíchē
排球	páiqiú

科技 *(technology)*

• 与电脑网络的关系 *(cyber relationships)*

电脑	diànnǎo
网络	wǎngluò

• 拍电影和摄影 *(filming and photography)*

拍电影	pāi diànyǐng
看电影	kàn diànyǐng
动画片	dònghuà piàn
爱情片	àiqíng piàn
动作片	dòngzuò piàn
悲剧	bēijù
喜剧	xǐjù
照相/摄影	zhàoxiàng / shèyǐng
照相机	zhàoxiàngjī
洗照片	xǐ zhàopiàn

• 网络与音乐 *(internet and music)*

下载	xiàzài
音乐	yīnyuè
付费	fùfèi
免费	miǎnfèi

• 网络购物与网络银行业务 *(internet shopping and banking)*

网络购物	wǎngluò gòuwù
网络银行业务	wǎngluò yínháng yèwù
上网	shàngwǎng

• 休闲：互动游戏 *(leisure: interactive games)*

网络游戏	wǎngluò yóuxì
电子游戏	diànzǐ yóuxì
电脑游戏	diànnǎo yóuxì
打	dǎ
月费	yuèfèi

• 社交联网：手机、网络 *(social networking: mobile telephone, internet)*

手机	shǒujī
打电话	dǎ diànhuà
接电话	jiē diànhuà
免费电话	miǎnfèi diànhuà
区号	qūhào
留言	liúyán
转告	zhuǎngào
发短信	fā duǎnxìn
聊天	liáotiān
月费	yuèfèi
电话卡	diànhuà kǎ

• 使用科技：学校、工作单位 *(use of technology: school, work)*

电脑	diànnǎo
CD 光盘	CD guāngpán
查电子邮件	chá diànzǐ yóujiàn
网上教学	wǎngshàng jiàoxué

交通 *(transport)*

• 故障 *(break-downs)*

坏了	huài le
修理	xiūlǐ

• 方向 *(directions)*

东	dōng
西	xī
南	nán
北	běi
向/往…走	xiàng / wàng … zǒu
左拐/左转	zuǒ guǎi / zuǒ zhuǎn
右	yòu
向前走	xiàngqián zǒu
一直走	yìzhí zǒu
后	hòu
离…近	lí … jìn
远	yuǎn
从…到	cóng … dào
中间	zhōngjiān
旁边	pángbiān
对面	duìmiàn
在…附近	zài … fùjìn
十字路口	shízì lùkǒu
红绿灯	hónglǜdēng
步行街	bùxíng jiē
人行道	rénxíngdào
停车场	tíngchē chǎng
(飞)机场	(fēi) jīchǎng
车站	chēzhàn
火车站	huǒchēzhàn
高速公路	gāosù gōnglù
桥	qiáo

• 驾驶：超速，喝酒 *(driving: speed, alcohol)*

喝酒	hējiǔ
开车	kāichē
喝酒不开车	hējiǔ bù kāichē
开车不喝酒	kāichē bù hējiǔ
交通警察	jiāotōng jǐngchá
快	kuài

• 紧急情况 *(emergencies)*

医院	yīyuàn
急诊	jízhěn
车祸	chēhuò
受伤	shòushāng
打电话	dǎ diànhuà

• 环境问题 *(environmental issues)*

空气	kōngqì
新鲜	xīnxiān
污染	wūrǎn
改进	gǎijìn
走路	zǒulù
坐	zuò
公共交通工具	gōnggòng jiāotōng gōngjù
骑(自行)车	qí (zìxíng) chē

• 危险状况 *(hazards)*

修路	xiūlù
危险	wēixiǎn

• 交通规则：道路标志 *(highway code: road signs)*

高速公路	gāosù gōnglù
禁止超车	Jìnzhǐ chāochē

• 交通工具 *(means of transport)*

(轿)车	(jiào) chē
公共汽车/公车	gōnggòng qìchē / gōngchē
火车	huǒchē
电车	diànchē
出租车/计程车	chūzūchē / jìchéngchē
自行车/脚踏车/单车	zìxíngchē / jiǎotàchē / dānchē

摩托车	mótuōchē
地铁	dìtiě
船	chuán
飞机	fēijī
班	bān

• 旅行：费用，来回票，通车，订票 *(travelling: fares, return tickets, commuting), reservations)*

车费	chēfèi
车票	chēpiào
机票费	jīpiàofèi
机票	jīpiào
单程票	dānchéng piào
来回票	láihuí piào
预订	yùdìng

主题：城市环境与乡村环境 *(Theme: Urban and rural environment)*

环境方面的顾虑 *(environmental concerns)*

• 气候改变 *(climate change)*

气候	qìhòu
改变	gǎibiàn
全球	quánqiú
暖化	nuǎnhuà
冰山	bīngshān
晴	qíng
阴/多云	yīn / duōyún
下雨	xiàyǔ
下雪	xiàxuě
打雷	dǎléi
刮风	guāfēng
冷	lěng
热	rè
暖和	nuǎnhuó
气温	qìwēn
度	dù
四季	sìjì
春天/春季	chūntiān /chūnjì
夏天/夏季	xiàtiān /xiàjì
秋天/秋季	qiūtiān /qiūjì
冬天/冬季	dōngtiān /dōngjì

• 濒危物种 *(endangered species)*

濒危物种	bīnwēi wùzhǒng
保护	bǎohù

• 全球暖化 *(global warming)*

气候	qìhòu
改变	gǎibiàn
全球	quánqiú
暖化	nuǎnhuà
变暖	biànnuǎn

• 环保问题：回收利用、有机食物 *(green issues: recycling, organic foods)*

保护	bǎohù
绿化	lùhuà
垃圾	lājī
回收利用	huíshōu lìyòng
废水	fèishuǐ
废气	fèiqì
旧物回收利用	jiùwù huíshōu lìyòng
节省	jiéshěng
使用	shǐyòng
能源	néngyuán

• 自然资源：水、石油 *(natural resources: water, oil)*

水	shuǐ
风	fēng
石油	shíyóu
汽油	qìyóu
自然资源	zìrán zīyuán

• 污染的类型：环境、视觉、听觉 *(types of pollution: environmental, visual, sound)*

环境	huánjìng
污染	wūrǎn
空气	kōngqì
酸雨	suānyǔ
水灾	shuǐzāi
旱灾	hànzāi
破坏	pòhuài
噪音	zàoyīn

全球问题 *(global issues)*

• 救援组织 *(aid organizations)*

救援	jiùyuán
组织	zǔzhī
联合国	liánhéguó

• 非政府组织 *(NGOs, non-governmental organizations)*

政府	zhèngfǔ
非政府	fēi zhèngfǔ
慈善	císhàn
组织	zǔzhī

• 和平 *(peace)*

和平	hépíng

• 贫穷 *(poverty)*

贫穷	pínqióng

• 战争 *(war)*

战争	zhànzhēng

邻里 *(neighbourhood)*

• 城市：郊区 *(city: suburb)*

城市	chéngshì
郊区	jiāoqū
市中心	shì zhōngxīn

• 问路 *(directions)* *See 'transport'*

• 当地活动或社区活动 *(local or community events)*

新年晚会	xīnnián wǎnhuì
拜年	bàinián
慈善活动	císhàn huódòng

• 邻居和当地社区 *(neighbours and local community)*

社区	shèqū
邻居	línjū
友好	yǒuhǎo
安静	ānjìng
吵闹	chǎonào
空气	kōngqì
新鲜	xīnxiān

• 公共建筑和纪念碑：市政厅、青少年活动中心 *(public buildings and monuments: town hall, youth centre)*

市政厅	shìzhèng tīng
警察局/公安局	jǐngchájú / gōngānjú

• 房屋种类 *(types of housing)*

房子	fángzi
公寓	gōngyù
别墅	biéshù
一栋楼	yīdòng lóu
一层楼	yīcéng lóu
一楼	yī lóu

• 乡村 *(village)*

乡村/农村	xiāngcūn / nóngcūn
村子	cūnzi

自然地理 *(physical geography)*

• 国家与地域 *(countries and regions)*

中国	zhōngguó
台湾	táiwān
新加坡	xīnjiāpō
日本	rìběn
韩国	hánguó

澳大利亚	àodàlìyà
新西兰	xīnxīlán
美国	měiguó
加拿大	jiānádà
英国	yīngguó
法国	fǎguó
德国	déguó
西班牙	xībānyá
亚洲	yàzhōu
欧洲	ōuzhōu
非洲	fēizhōu

• 乡村(countryside)

乡村/农村	xiāngcūn / nóngcūn
村子	cūnzi

• 地图：北、南 (maps: north, south)

地图	dìtú
北方/北部	běifāng / běibù
南方/南部	nánfāng / nánbù
东部	dōngbù
西部	xībù
海洋	hǎiyáng
陆地	lùdì
平原	píngyuán
沙漠	shāmò
草原	cǎoyuán
江/河	jiāng /hé
湖	hú

• 山脉 (mountains)

山	shān
火山	huǒshān
高原	gāoyuán

• 国籍 (nationalities) See 'nationality' in 'personal Details'

• 海边(Seaside)

海边	hǎibiān
沙滩	shātān
玩沙	wánshā
玩水	wánshuǐ
日光浴	rìguāngyù

城镇及其设施 (town and services)

• 设施：银行、邮政、回收利用 (facilities: banking, postal, recycling)

银行	yínháng
存钱	cúnqián
取钱	qǔqián
(提)取款机	(tí) qǔkuǎnjī
兑换外币	duìhuàn wàibì
换钱	huànqián
手续费	shǒuxù fèi
旅行支票	lǚxíng zhīpiào
邮局	yóujú
寄信	jìxìn
邮票	yóupiào
信封	xìnfēng
航空	hángkōng
明信片	míngxìnpiàn
寄件人	jìjiàn rén
收件人	shōujiàn rén
邮编	yóubiān
住址	zhùzhǐ
包裹	bāoguǒ
挂号	guàhào
教堂	jiàotáng
庙	miào
回收	huíshōu
警察局/公安局	jǐngchájú / gōngānjú
钱包	qiánbāo
丢失	diūshī
报警	bàojǐng
通知	tōngzhī
大小	dàxiǎo
小偷/扒手	xiǎotōu / páshǒu
找	zhǎo
找到	zhǎodào
大使馆	dàshǐguǎn

• 商场/购物中心 (malls) See 'food and drinks'

• 市场(markets) See 'food and drinks'

• 公共交通工具(public transport) See 'transport' in 'holidays'

• 购物：食物、用品(purchases: food, goods) See 'food and drinks' in 'shopping'

• 休闲设施：游泳池、图书馆 (recreational facilities: swimming pool, library)

游泳池	yóuyǒngchí
图书馆	túshūguǎn
博物馆	bówùguǎn
美术馆	měishùguǎn
体育馆	tǐyùguǎn
运动场	yùndòngchǎng
公园	gōngyuán

• 商店 (shops) See 'shopping'

天气 (weather)

• 气候 (climate) See 'weather and seasons'

• 活动与庆典：感恩节、丰收 (events and celebrations: thanksgiving, harvest)

感恩节	gǎnēnjié
春节	Chūnjié

• 气候对习俗、传统、日常生活的影响(impact of weather on customs, traditions, daily life)

• 天灾：水灾，旱灾(natural catastrophes: flooding, drought)

水灾	shuǐzāi
旱灾	hànzāi

• 季节(seasons) See 'Weather and Seasons'

• 气候状况与天气预报 (weather conditions and forecasts) See 'Weather and Seasons'

APPENDIX 4 MOCK EXAM PAPER AND ANSWER KEY: SET 1

IGCSE: Mandarin Chinese, 0547

Paper 1 Listening

(Approx. 35 minutes)
(Maximum Mark: 30)

第一部分
Section 1

练习一，问题一至五
Exercise 1, Questions 1-5

你将听到几个中文句子，每个句子两遍。在唯一正确的方格内打勾(✓)回答问题。
You will hear some short phrases in Chinese. You will hear each phrase twice. Answer each question by ticking (✓) one box only.

你在医院。
You are in the hospital.

1. 在候诊室，你听到：你是哪国人？

[1]

2. 在检查室，你听到：你体重多少？

[1]

3. 在医务室，你听到：你哪里不舒服？

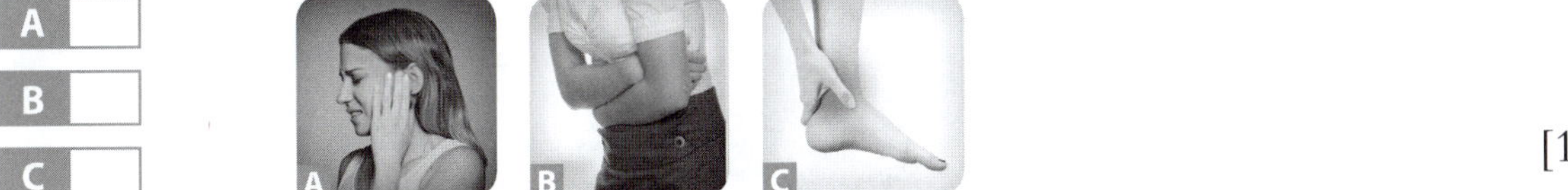

[1]

4. 在医务室，你听到：这包药几点吃？

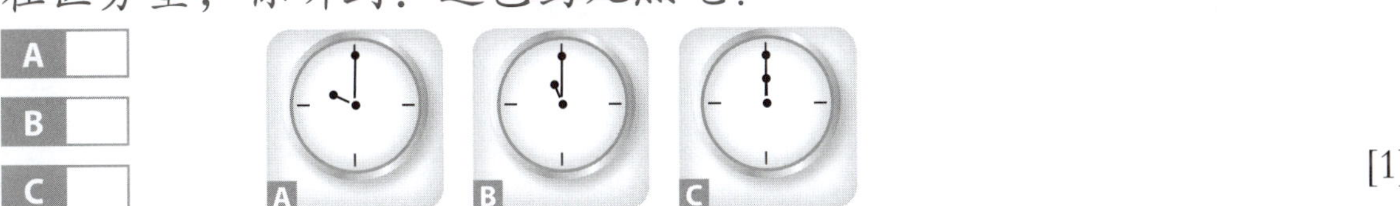

[1]

5. 在前台，你听到：这包药多少钱？

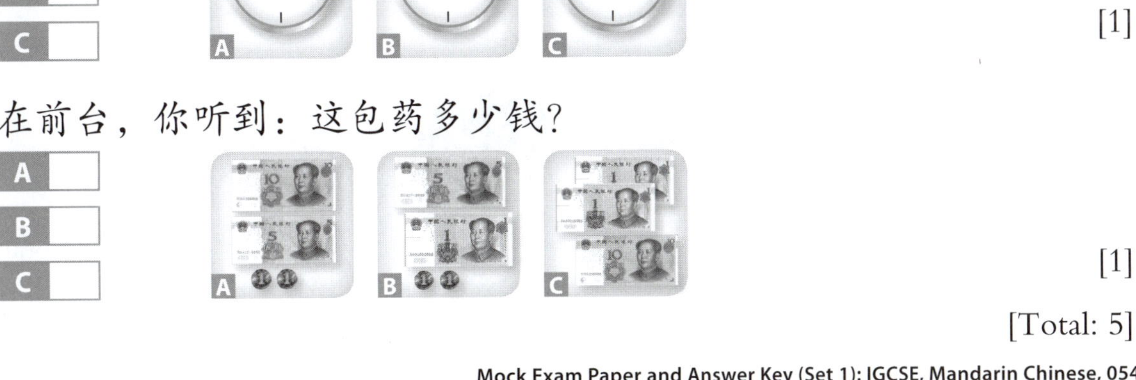

[1]

[Total: 5]

练习二，问题六至十
Exercise 2, Questions 6-10

小凯每天坚持做运动。请看图片。
Xiao Kai is exercising every day. Look at the pictures.

请听下面的对话，在唯一的正确的方格内打勾(✓)回答问题。
Listen, and answer each question by ticking (✓) 1 box only.

6. 08:00 [1]

7. 11:30 [1]

8. 12:30 [1]

9. 05:15 [1]

10. 07:30 [1]

[Total: 5]

第二部分
Section 2

练习一，问题十一至十五
Exercise 1, Questions 11-15

你去哈尔滨亚布力滑雪场度假，工作人员在给你介绍度假村的一些活动。请看图片。

You are going on vacation at Yabuli Ski Resort in Harbin. A staff is introducing you some of the activities. Look at the pictures.

请听下面的录音，选择正确的图片回答问题，将字母填入方格内。

Listen, and for each floor choose the correct letter.

11. 第一天 ☐ [1]

12. 第二天 ☐ [1]

13. 第三天 ☐ [1]

14. 第四天 ☐ [1]

15. 第五天 ☐ [1]

[Total: 5]

练习二，第十六个问题
Exercise 2, Question 16

小李到商场买东西逛街。请看图片。
Xiao Li is shopping in a mall. Look at the pictures.

请听下面的对话，在五个正确的方格内打勾(✓)标明小李买了什么东西。
Listen, and tick (✓) 5 boxes to show what Xiao Li had bought (✓✓✓✓✓).

[Total: 5]

第三部分
Section 3

练习一，问题十七至二十一
Exercise 1, Questions 17-21

朋友们一起谈他们去过哪些地方。请看图片。
Friends talk about the places they have been to. Look at the pictures.

请听下面的录音，选择正确的图片回答问题，将字母填入方格内。
Listen, and for each young person choose the correct letter.

17. 王强 (Wang Qiang) ☐ [1]

18. 赵芳 (Zhao Fang) ☐ [1]

19. 林力 (Lin Li) ☐ [1]

20. 孙美 (Sun Mei) ☐ [1]

21. 李顺 (Li Shun) ☐ [1]

[Total: 5]

练习二，问题二十二至二十六
Exercise 2, Questions 22-26

对一名留学生的采访
An interview with an oversea student

请先阅读一下问题。
Read the questions.

请听下面的采访，用中文或拼音回答问题。
Listen, and answer the questions in Chinese. You may write your answers in Chinse characters or pinyin.

22. 希莎在英国学什么？

.... [1]

23. 希莎在英国呆了多久？

.... [1]

24. 希莎的零花钱都花在哪里？ [1]

(i) ....

(ii) ....

(iii) ....

[*PAUSE*]

25. 希莎为什么说她的零花钱不够用？

.... [1]

26. 当希莎零花钱不够的时候，她会怎么做？ [1]

(i) ....

(ii) ....

[Total: 5]

IGCSE: Mandarin Chinese, 0547

Paper 1 Listening
Tapescript

第一部分
Section 1

练习一，问题一至五
Exercise 1, Questions 1-5

1. 在候诊室，你听到：你是哪国人？
   你好！我是美国人。

2. 在检查室，你听到：你体重多少？
   哦，我有40公斤。

3. 在医务室，你听到：你哪里不舒服？
   我的头不痛，但我肚子不舒服。

4. 在医务室，你听到：这包药几点吃？
   中午十二点吃。

5. 在前台，你听到：这包药多少钱？
   人民币十五块二。

练习二，问题六至十
Exercise 2, Questions 6-10

6. 你早上几点去上学？
   我每天早上8点开始走路去上学。

7. 你几点上游泳课？
   每天早上十一点半。

8. 那你每天几点吃午餐？
   通常十二点半再去吃。

9. 放学后，你做什么？
   我们五点十五分放学，我会和同学去踢足球。

10. 大概几点回家？
    大概7:30左右和同学骑自行车一起回家。

第二部分
Section 2

练习一，问题十一至十五
Exercise 1, Questions 11-15

A: 请问，这五天能做些什么活动？
B: 你好，第一天可以跟孩子一起去堆雪人；
第二天先热身，然后学滑冰；
第三天可以试一试高山滑雪；
第四天能去蹦极；
第五天如果你有空，应该试试跳伞。

练习二，第十六个问题
Exercise 2, Question 16

M 你好！你们有皮包吗？
F 有，你想要什么样的皮包？
M 我想要一个可以同时放苹果手机、钱包和水壶的皮包。
F 这个怎么样？很适合你。
M 嗯，就这个吧。我还想买件羽绒服，因为我要去英国度假，最好是红色的羽绒服。
F 你看这个好吗？这种羽绒服卖得很好，买一件羽绒服送一条牛仔裤，很便宜。
M 那就买一件吧，请给我一条蓝色的牛仔裤。
F 伦敦现在应该很冷，你需要买手套吗？
M 对呀，你觉得哪副手套好？
F 这副怎么样？颜色不错。
M 好，就要这副手套吧。
F 我们还有很多的旅行箱，你需要吗？
M 这个主意好。
F 买个黑色的吧，不容易脏。
M 行，再买一个黑色的旅行箱吧！谢谢你！

第三部分
Section 3

练习一，问题十七至二十一
Exercise 1, Questions 17-21

M 我叫王强，我一有空就去香港旅行，因为我很喜欢香港的迪斯尼乐园。
F 我叫赵芳。我去过迪拜，还在帆船酒店拍了很多照片。
M 我叫林力。我去年去了美国，因为我想去看看美国的自由女神。
F 我叫孙美。我喜欢中国，特别是北京，爬长城非常有意思。
M 我叫李顺。今年暑假我去看了伦敦的大笨钟。我已经站在大笨钟下面了，还一直问别人怎么走！

练习二，问题二十二至二十六
Exercise 2, Questions 22 to 26

M 你好，希莎！
F 您好！
M 我是“联合早报”的记者，想了解留学生对零花钱的看法。我可以问你几个问题吗？
F 可以。
M 你为什么来英国？
F 我来英国学习英语。
M 你的英语很好，你学了多久？
F 谢谢，已经学了三年了。
M 你爸爸一个月给你多少零花钱？
F 300英镑左右。
M 你怎么花这些零花钱？
F 主要是吃饭，买买衣服，和同学一起看电影什么的。
M 你觉得你的零花钱够花吗？
F 通常不够。
M 为什么？
F 因为常常有同学过生日，要买生日礼物。
M 零花钱不够的时候你怎么办？
F 有时候向爸爸要，有时候出去打工，教中文，赚一些钱。

Paper 1 Listening
Mark Scheme
(Maximum Mark: 30)

Section 1
Exercise 1, Questions 1-5
1. C 2. C 3. B 4. C 5. A

Exercise 2, Questions 6-10
6. C 7. A 8. C 9. A 10. B

Section 2
Exercise 1, Questions 11-15
11. F 12. A 13. B 14. D 15. C

Exercise 2, Question 16
16. CDEFH (any order)

Section 3
Exercise 1, Questions 17-21
17. G 18. F 19. B 20. D 21. A

Exercise 2, Questions 22-26
22. (学)英语
23. 3年
24. (i) 吃饭
    (ii) 买衣服
    (iii) 看电影
25. 要买生日礼物
26. (i) 向爸爸要
    (ii) 出去打工／教中文

Paper 2 Reading

(1 hour 15 minutes)
(Maximum Mark: 36)

Section 1
第一部分

Exercise 1, Questions 1-5
问题一至五

选择唯一正确的答案，在方格里打(✓)。

1. 点点不喜欢吃蛋糕。点点不喜欢吃什么？

A ☐
B ☐
C ☐
D ☐

2. 妈妈买了新帽子。妈妈买了什么？

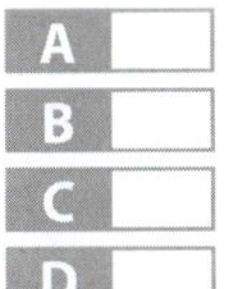

 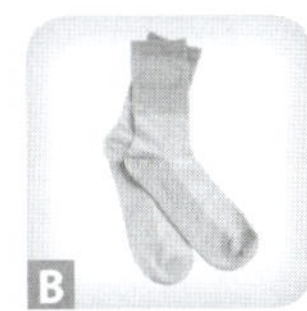  

3. 爸爸坐火车去上海。爸爸怎么去上海？

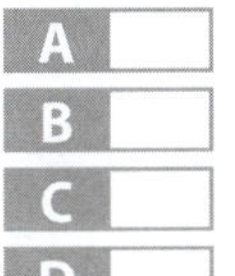

4. 小明想去澳大利亚上大学。小明想去澳大利亚做什么？

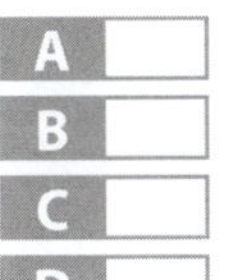

5. 爷爷没有戴眼镜。爷爷没有戴什么？

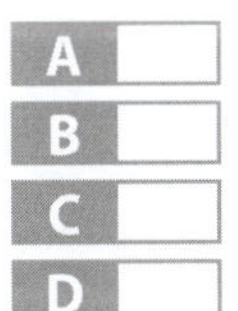

[Total: 5]

Exercise 2, Questions 6-9
问题六至九

请看下面的图片，回答问题六至九。

选择唯一正确的答案，将字母填入方格中。

6. 钱云在暑假去了长城。 ☐

7. 王之喜欢穿黑色短裤。 ☐

8. 晶晶常常去海边晒太阳。 ☐

9. 昨天潘亮去了快餐店。 ☐

[Total: 4]

Exercise 3, Questions 10-12
问题十至十二

请回答问题十至十二，选择唯一正确的答案，在方格里打(✓)。

> **做义工**
>
> 昨天我和同学去了一个老人院做义工。我们和老人一起聊天，唱歌给他们听，帮他们打扫卫生，还和他们一起吃了午饭。我们在那里呆了一个半小时，我觉得时间过得很快。

10. 我昨天做什么了？

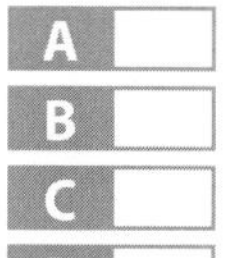

11. 我做了什么？

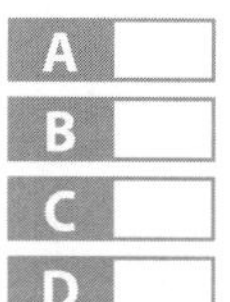

12. 昨天，我做了多久的义工？

A ☐ B ☐ C ☐ D ☐

A 半个小时

B 一个小时

C 半天

D 一个半小时

[Total: 3]

Section 2
第二部分

Exercise 1, Questions 13-16
问题十三至十六

请阅读下面的短文。

学校的活动

我的学校常常举行各种各样的活动，例如运动会、音乐会、游园会等等。我不太喜欢运动会，因为又热又无聊。我最喜欢的是国际日。那一天可热闹了，学校有各个国家的食物，也有各个国家的表演。我和好朋友帮忙卖中国的饺子和春卷，还组织舞狮表演。每一年的舞狮表演和印度舞表演，总是学生们和家长们最喜欢的节目。

请用下列词组填空。

舞龙	游园会	饺子	音乐会	运动会	印度舞	义卖会	包子

13. 我的学校有很多活动，但是没有……………………………………。 [1]

14. 我不太喜欢……………………………………。 [1]

15. 在国际日，学生们可以吃……………………………………。 [1]

16. 除了舞狮表演，……………………………………也很受欢迎。 [1]

[Total: 4]

Exercise 2, Questions 17-24
问题十七至二十四

请阅读下面的便条，然后回答问题。

罗安，

你好！很不好意思，这几个星期有不少考试，我一直很忙，所以到今天才给你写信。

我想和你一起去看电影。这个星期六早上十点在我家楼下的公共汽车站见面吧，然后我们一起坐出租车去电影院。这个电影是动画片，听说很有意思。电影从中午十二点开始，我们可以看完电影后一起去吃午饭，你觉得怎么样？我们可以去吃你最喜欢的小笼包。如果还有时间，我们再去书店买中文小说。请打电话给我。

大中

二0一六年三月二日

17. 大中为什么写信?

.... [1]

18. 他们几点见面?

.... [1]

19. 他们在哪里见面?

.... [1]

20. 他们怎么去电影院?

.... [1]

21. 这是一部什么电影?

.... [1]

22. 电影几点开始?

.... [1]

23. 他们可能会去吃什么?

.... [1]

24. 他们还可能去哪里?

.... [1]

[Total: 8]

Section 3
第三部分

Exercise 1, Questions 25-28
问题二十五至二十八

阅读下面的短文，然后回答问题。选择唯一正确的答案，在方格内打(✓)。

> **青少年早恋**
>
> 青少年交男女朋友到底是好处大，还是坏处大？
>
> 在中国，大部分的中学不让青少年早恋，因为这样容易让学生们分心，从而影响学习。此外，十几岁的孩子心理还不够成熟，容易觉得外貌是最重要的，仅仅因为好看就喜欢一个人。家长们也认为谈恋爱既浪费时间又浪费钱。
>
> 但在一些西方国家，学校认为学生们相互有好感不是一件坏事，这样能让他们学会如何关心别人，变得更成熟。还有，如果学生们能在学习上相互帮助，有烦心事时有个朋友说一说，对学生们的心理健康也是大有帮助的。

25. 这篇文章谈到了什么问题？

A ☐ 心理压力
B ☐ 功课太多
C ☐ 学生恋爱
D ☐ 消费观念 [1]

26. 中国学校认为学生容易因为什么而喜欢一个人？

A ☐ 成绩好
B ☐ 长得好看
C ☐ 体育好
D ☐ 朋友多 [1]

27. 谁比较赞成学生们早恋？

A ☐ 中国家长
B ☐ 西方家长
C ☐ 中国学校
D ☐ 西方学校 [1]

28. 早恋可能让学生们变得______________。

A ☐ 更独立
B ☐ 更成熟
C ☐ 受欢迎
D ☐ 更漂亮 [1]

[Total: 4]

Exercise 2, Questions 29-34
问题二十九至三十四

请阅读下面的短文，然后回答问题。

上个星期六，学校举办了职业介绍会，让学生们了解毕业后可能从事的职业。校报记者家乐在会上采访了几位学生。

慧琳："我想以后做外交官，这样既可以免费去不同的国家游玩，又可以认识不同国家的朋友，多有意思！"但是她又说，"不过跑来跑去也会很累。结婚后我可能会考虑不同的职业，让生活安定下来。"

赵小米就不想做外交官，他觉得做外科大夫很酷。"我就想读医科。不过听说学医科要学很多年，比其他学科都要久。"

"现在国家和国家之间的联系越来越紧密，所以我觉得学国际贸易会很有用。"陆点点说，"这样可以和不同国家的人做生意。"

这次职业介绍会非常成功。家乐最后总结道："学生们的反馈都很积极。希望明年有更大规模的职业介绍会。"

29. 学校为什么举办职业介绍会？

.... [1]

30. 谁在校报工作？

.... [1]

31. 慧琳认为做外交官有什么好处？

(i) .... [1]

(ii) .... [1]

32. 慧琳打算什么时候做其他的工作？为什么？

(i) .... [1]

(ii) .... [1]

33. 陆点点觉得学国际贸易有什么用？

.... [1]

34. 明年的职业介绍会应该会有什么变化？

.... [1]

[Total: 8]

Paper 2 Reading
Mark Scheme
(Maximum Mark: 36)

Section 1

Exercise 1, Questions 1-5

1. B 2. D 3. C 4. C 5. A

Exercise 2, Questions 6-9

6. D 7. C 8. A 9. B

Exercise 3, Questions 10-12

10. C 11. B 12. D

Section 2

Exercise 1, Questions 13-16

13. 义卖会

14. 运动会

15. 饺子和春卷

16. 印度舞表演

Exercise 2, Questions 17-24

17. 想(和罗安 一起)去看电影

18. (星期六)早上十点

19. (大中家楼下的)公共汽车站

20. 坐出租车

21. 动画片

22. 中午十二点

23. 小笼包

24. 书店

Section 3

Exercise 1, Questions 25-28

25. C 26. B 27. D 28. B

Exercise 2, Questions 29-34

29. 让学生们了解毕业后可能从事的职业

30. 家乐

31. (i) 可以免费去不同的国家游玩
 (ii) 又可以认识不同国家的朋友

32. (i) 结婚以后
 (ii) 跑来跑去会很累 / 想安定下来

33. 可以和不同国家的人做生意。

34. 更大(规模)

Paper 4 Writing

(1 hour 15 minutes)
(Maximum Mark: 45)

第一部分
Section 1

问题一
Question 1

请用中文写出放在冰箱里的五件东西。
Make a list in Chinese of 5 things you might place in the refrigerator.

例：水 ....

1. ....
2. ....
3. ....
4. ....
5. ....

[Total: 5]

问题二
Question 2

请写一写你喜欢的名人：
Write about your favourite celebrity. Say:

(a) 他／她是谁；
(b) 他／她从什么时候开始出名；
(c) 他／她为什么有名；
(d) 你从他／她身上学到了什么。

用中文写80—100个字。
Write 80-100 characters in Chinese.

[Total: 15]

第二部分
Section 2

问题三
Question 3

下列题目，选择其中一个[3(a)或者3(b)或者3(c)]，写一百五十个字左右。
Choose 1 of the following topics [3(a) or 3(b) or 3(c)] and write about 150 Chinese characters.

(a) 你的好朋友想了解暑假打工的问题。请给你的好朋友写一封信。信里说说：
- 你上个暑假做了什么工作？
- 你每天几点上班？
- 你喜欢做什么？
- 你的工资是多少？
- 你觉得学生暑假打工好不好，为什么？

or 或者

(b) 学校杂志要了解一下学生对校服的看法。请给这家杂志写一篇文章，说说：
- 你们现在的校服是什么样子的？
- 你觉得现在的校服怎么样？
- 你希望学校的校服应该是什么样的？
- 你觉得学生穿校服有什么好处？

or 或者

(c) 你和你的好朋友正在逛街，忽然听到有人叫你的名字。说说：
- 谁在叫你；
- 为什么叫你；
- 你和他／她的关系怎么样？
- 你觉得他／她怎么样？
- 后来发生了什么事？

[Total: 25]

APPENDIX 5 MOCK EXAM PAPER AND ANSWER KEY: SET 2

IGCSE: Mandarin Chinese, 0547

Paper 1 Listening

(Approx. 35 minutes)
(Maximum Mark: 30)

第一部分
Section 1

练习一，问题一至五
Exercise 1, Questions 1-5

你将听到几个中文句子，每个句子两遍。在唯一正确的方格内打勾(✓)回答问题。
You will hear some short phrases in Chinese. You will hear each phrase twice. Answer each question by ticking (✓) one box only.

你在学校操场。
You are at the school field.

1. 你听到：你篮球打了几年了？

A ☐ B ☐ C ☐

A 一年 B 二年 C 五年

[1]

2. 你听到：你不喜欢什么运动？

A ☐ B ☐ C ☐

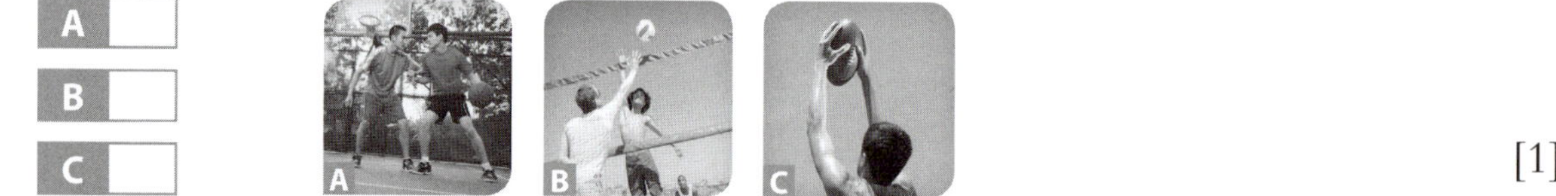

[1]

3. 你听到：你最喜欢哪个课外活动？

A ☐ B ☐ C ☐

[1]

4. 你听到：你什么时候有比赛？

A ☐ B ☐ C ☐

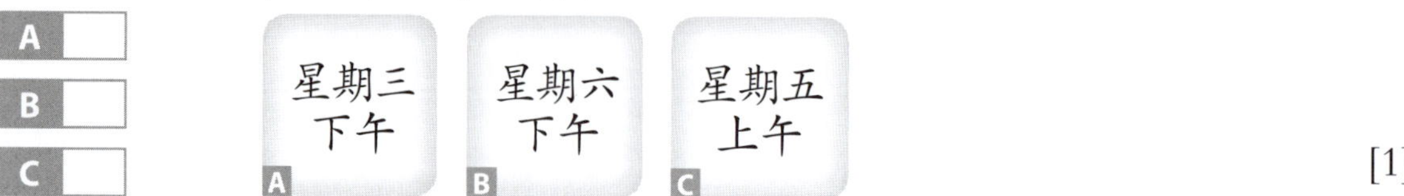

[1]

5. 你听到：你们在哪里见面？

A ☐ B ☐ C ☐

[1]

[Total: 5]

练习二，问题六至十
Exercise 2, Questions 6-10

小丽在谈她旅行的计划。请看图片。
Xiao Li talks about her travel plan. Look at the pictures.

请听下面的对话，在唯一的正确的方格内打勾(✓)回答问题。
Listen, and answer each question by ticking (✓) 1 box only.

6. 小丽什么时候去旅行？

B

[1]

7. 她想去哪里旅行？

A
B
C

[1]

8. 她订了什么票？

A
B
C

[1]

9. 她什么时候收到她的新护照？

A
B
C

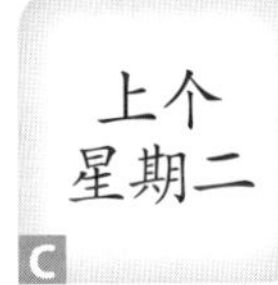

[1]

10. 她和谁一起去？

A
B
C

[1]

[Total: 5]

第二部分
Section 2

练习一，问题十一至十五
Exercise 1, Questions 11-15

你跟妈妈一起去看新学校，老师在给你们介绍学校的设施。请看图片。
You are visiting a new school with your mother. A teacher shows you around. Look at the pictures.

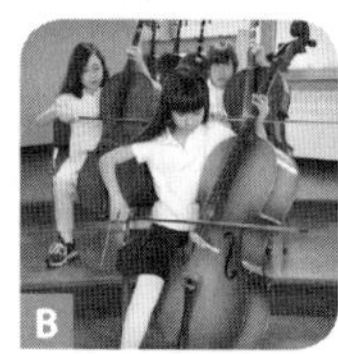

请听下面的录音，选择正确的图片回答问题，将字母填入方格内。
Listen, and for each floor choose the correct letter.

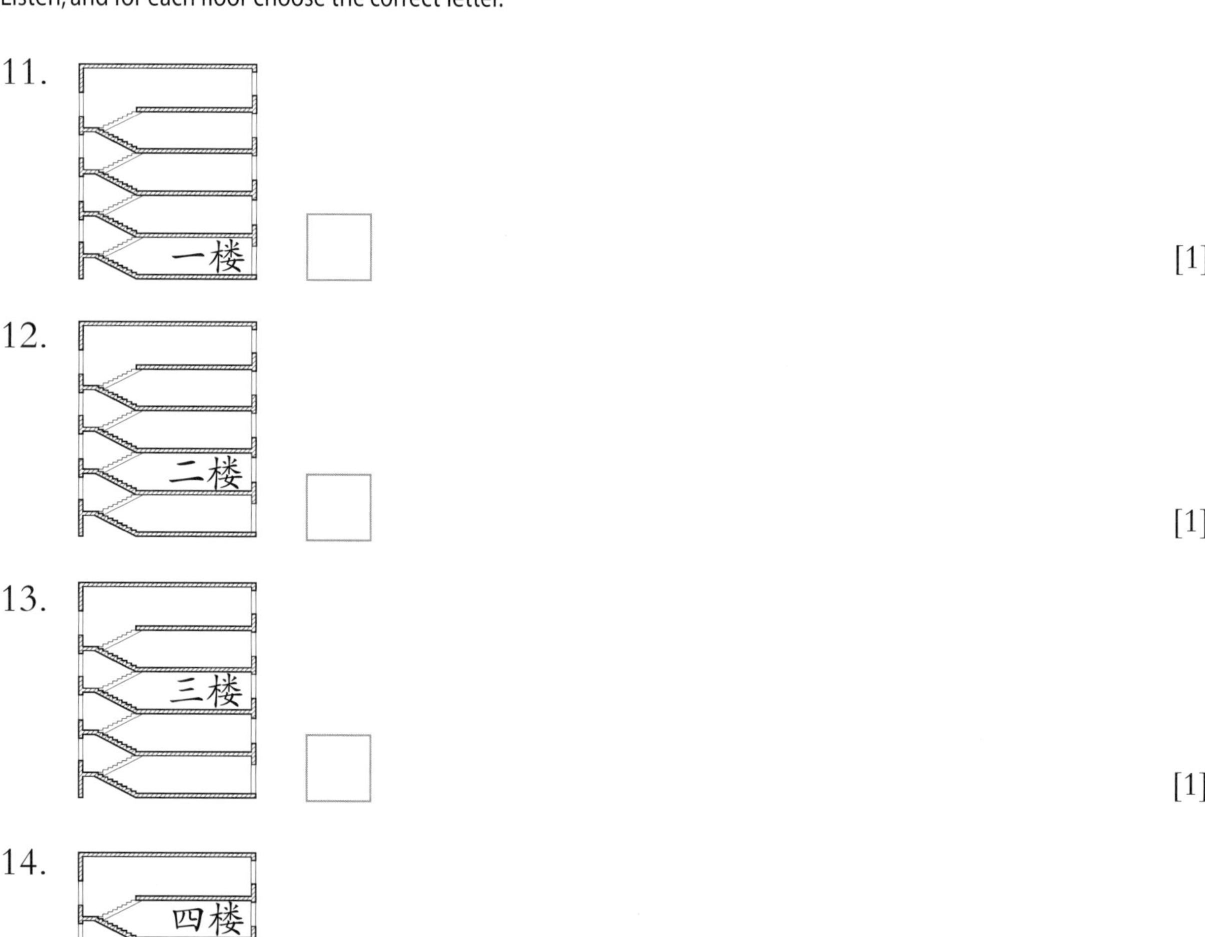

11. [1]

12. [1]

13. [1]

14. [1]

15. 五楼 [1]

[Total: 5]

练习二， 第十六个问题
Exercise 2, Question 16

你刚搬了家。你的邻居在向你介绍你家附近的地方。
You just moved house. Your neighbour tells you about the places nearby.

请听下面的对话，在五个正确的方格内打勾(✓)标明新家附近有些什么地方。
Listen, and tick (✓) 5 boxes to show the places around your new house (✓✓✓✓✓).

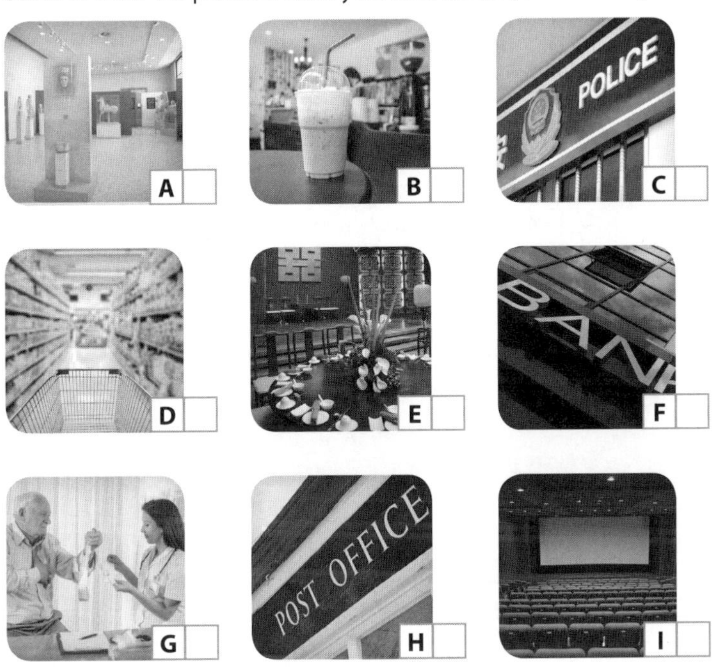

A ☐ B ☐ C ☐ D ☐ E ☐ F ☐ G ☐ H ☐ I ☐

[Total: 5]

第三部分
Section 3

练习一，问题十七至二十一
Exercise 1, Questions 17-21

爱玛的新朋友来她家里玩。请看图片。
Emma's new friend came to visit her. They are having a chat. Look at the pictures.

A

B

C

D

E

请听下面的录音，选择正确的图片回答问题，将字母填入方格内。
Listen, and for each young person choose the correct letter.

17. 她的妈妈 ☐ [1]

18. 她的奶奶 ☐ [1]

19. 她的哥哥 ☐ [1]

20. 她的爷爷 ☐ [1]

21. 她的爸爸 ☐ [1]

[Total: 5]

练习二，问题二十二至二十六
Exercise 2, Questions 22-26

对一名休学一年的学生的采访
An interview with a GAP year student

请先阅读一下问题。
Read the questions.

请听下面的采访，用中文或拼音回答问题。
Listen, and answer the questions in Chinese. You may write your answers in Chinse characters or pinyin.

[SETTING: RADIO INTERVIEW]

22. 记者为什么采访安南？

.... [1]

23. 安南去了哪里？

.... [1]

24. 为什么安南要去那里？ [1]

(i) ....

(ii) ....

[*PAUSE*]

25. 安南觉得在教学中什么最难？

.... [1]

26. 安南觉得什么不容易？

.... [1]

[Total: 5]

IGCSE: Mandarin Chinese, 0547

Paper 1 Listening
Tapescript

第一部分
Section 1

练习一，问题一至五
Exercise 1, Questions 1-5

1. 在学校操场，你听到：你打篮球打了几年了？
   五年了！
2. 你听到：你不喜欢什么运动？
   我不喜欢橄榄球。
3. 你听到：你最喜欢哪个课外活动？
   我最喜欢游泳。
4. 你听到：你什么时候有比赛？
   我星期三下午有比赛。
5. 你听到：你们在哪里见面？
   我们在停车场见面。

练习二，问题六至十
Exercise 2, Questions 6-10

6. 你什么时候去旅行？
   我想春节的时候去。
7. 你想去哪里旅行？
   我想去新加坡旅行。
8. 你订了什么票？
   我订了单程票。
9. 你有新护照了吗？
   有，上个星期二收到的。
10. 你和谁一起去？
    我和我的好朋友一起去。

第二部分
Section 2

练习一，问题十一至十五
Exercise 1, Questions 11-15

这个教学楼一共有五层，图书馆在五楼，四楼是音乐教室，三楼有礼堂，二楼有电脑教室，一楼是校长办公室。

练习二，第十六个问题
Exercise 2, Question 16

这里很方便，也很安全。你看，警察局就在马路边上，旁边就是邮局和银行。如果你想带孩子出去玩，你可以去科技博物馆，在那里孩子可以玩一天。附近有很多的咖啡馆，你可以一边喝咖啡，一边看窗外的风景。

第三部分
Section 3

练习一，问题十七至二十一
Exercise 1, Questions 17-21

M 欢迎你来我家做客！
M 谢谢，你的家好大、好热闹啊！
F 这是我妈妈，她在厨房做饭。
M 帮你妈妈洗菜的是你奶奶吗？
F 是的，我奶奶做的饭也很好吃。在玩游戏的是我的哥哥！
M 他怎么不帮忙呢？
F 他总是说他很忙。在他旁边看报纸的是我的爷爷。
M 你爸爸呢？怎么没见到他？
F 他正在花园里浇花呢。

练习二，问题二十二至二十六
Exercise 2, Questions 22 to 26

M 你好，安南！
F 您好！
M 我是“中学生报”的记者，听说你去年休学了一年。我想采访你，了解一下去年你都做了什么。
F 去年我没有去读大学，我去了泰国。
M 你为什么要去那里？
F 在泰国有很多跟我一样休学的学生，有很多好玩的事情可以做。
M 你在泰国都做了什么呢？
F 我先在一个当地小学教英语，然后去了一个活动中心当教练。
M 你教小学生的时候，你觉得什么最难？
F 让他们开口说英语最难。因为他们都觉得自己说得不好。
M 你学到了什么？
F 当老师很不容易，要有爱心、耐心，也需要花很多时间准备上课的东西。
M 你有没有学习泰文？
F 我学了一点。
M 为什么？
F 因为平时需要去买东西、问路等等，会说泰文比较方便。
M 谢谢你接受我的采访。
F 不客气，再见！

Paper 1 Listening
Mark Scheme
(Maximum Mark: 30)

Section 1
Exercise 1, Questions 1-5
1. C 2. C 3. A 4. A 5. C

Exercise 2, Questions 6-10
6. C 7. A 8. B 9. C 10. B

Section 2
Exercise 1, Questions 11-15
11. E 12. D 13. C 14. B 15. A

Exercise 2, Question 16
16. ABCFH (in any order)

Section 3
Exercise 1, Questions 17-21
17. E 18. C 19. B 20. D 21. A

Exercise 2, Questions 22-26
22. (因为他)休学(一年)
23. 泰国
24. (i) 有很多休学的学生/人
    (ii) 有很多好玩的事情(可以)做
25. (让学生开口)说英语
26. (当)老师

Paper 2 Reading

(1 hour 15 minutes)
(Maximum Mark: 36)

Section 1
第一部分

Exercise 1, Questions 1-5
问题一至五

选择唯一正确的答案，在方格里打(✓)。

1. 他特别喜欢冬天。他喜欢什么季节？

A ☐
B ☐
C ☐
D ☐

2. 现在是下午两点半。现在几点？

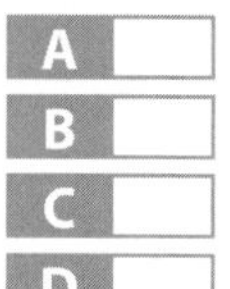

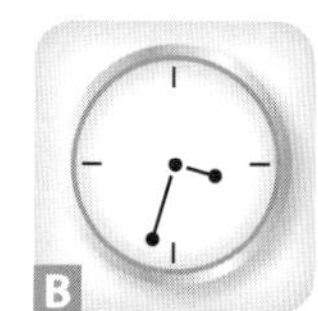

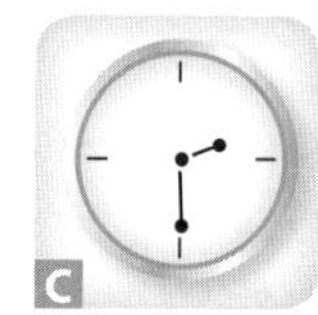

3. 她今天很高兴。她今天心情怎么样？

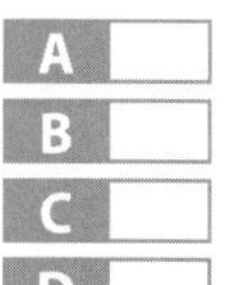

4. 我想住在郊外。我想住在哪里？

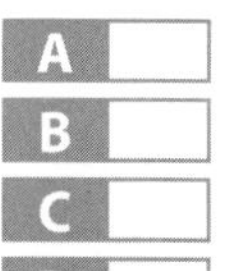

5. 哥哥打算去海边旅游。哥哥打算去哪里旅游？

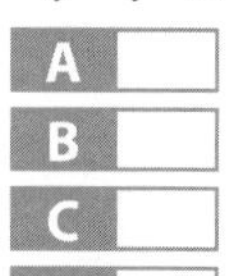

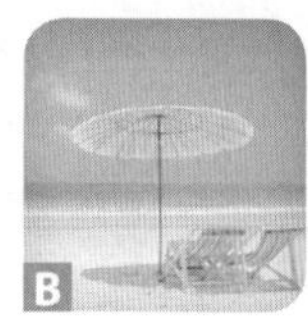

[Total: 5]

Exercise 2, Questions 6-9
问题六至九

请看下面的图片，回答问题六至九。

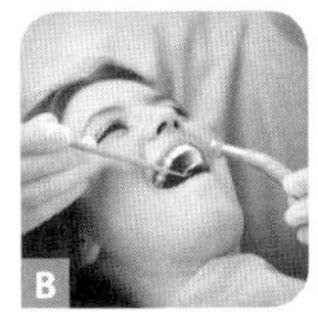

选择唯一正确的答案，将字母填入方格中。

6. 安南在寒假去了西安。 ☐

7. 陆田不喜欢看电影。 ☐

8. 李前常常去美术馆。 ☐

9. 欧乐在上周去看了牙医。 ☐ [Total: 4]

Exercise 3, Questions 10-12
问题十至十二

请回答问题十至十二，选择唯一正确的答案，在方格里打(✓)。

学校的设施

我们刚搬进了新的校园。学校的设施很好，有网球场、足球场、体育馆和游泳池。新学校还有一个很大的图书馆，一共有三层楼，里面有各个科目的书。

10. 我们刚搬进了哪里？

A ☐
B ☐
C ☐
D ☐

11. 新学校没有什么？

A ☐
B ☐
C ☐
D ☐

12. 图书馆有几层楼？

A ☐
B ☐
C ☐
D ☐

A 一层 B 二层 C 三层 D 四层

[Total: 3]

Section 2
第二部分

Exercise 1, Questions 13-16
问题十三至十六

请阅读下面的短文。

> **新的城市**
>
> 作为一位交换生，小米来到了一个新的城市。这个城市很现代，到处是高楼大厦，很少看到平房。人们出行也不大骑自行车，大多是开车或者坐地铁。小米最喜欢的是，地铁里有网络，能用手机，真是很方便。

请用下列词组填空。

高楼	骑自行车	农村	平房	城市	方便	坐地铁	便宜

13. 小米刚刚来到了另外一个…………………………。 [1]

14. 在这个地方，……………………………很少见。 [1]

15. 在路上，……………………………的人比较少。 [1]

16. 小米觉得能在地铁里用手机很…………………………。 [1]

[Total: 4]

Exercise 2, Questions 17-22
问题十七至二十二

请阅读下面的便条，然后回答问题。

> 艾丽，
>
> 你好！我刚从海南做了暑期工回来，所以直到现在才能给你写信，实在对不起！
>
> 海南是中国南面的一个城市，能看到海，天气也不错，所以很多旅客都喜欢去那里旅游。我在一家西餐馆打工。我的工作是当服务员，给客人点菜、上菜和结帐。
>
> 去海南旅游的游客都很友好，也很有礼貌，常常给我小费。做暑期工很辛苦，因为每天的工作时间很长，但我还是很喜欢这次打工的经历。因为它让我懂得了赚钱不容易，也让我交到了不少好朋友。
>
> 如果有机会，你也去做做暑期工吧。
>
> 赵月
>
> 二〇一六年八月二十六日

17. 赵月为什么到今天才能给艾丽写信?

.... [1]

18. 海南在哪里?

.... [1]

19. 为什么很多旅客喜欢去海南?

(i) .... [1]

(ii) .... [1]

20. 赵月在西餐馆要做些什么?

.... [1]

21. 为什么打工很辛苦?

.... [1]

22. 这次打工对赵月来说有哪两个好处?

(i) .... [1]

(ii) .... [1]

[Total: 8]

Section 3
第三部分

Exercise 1, Questions 23-26
问题二十三至二十六

阅读下面的短文，然后回答问题。选择唯一正确的答案，在方格内打(✓)。

马上要去冬令营了，同学们都兴奋极了。但一听说那里没有网络，前一分钟大家还活蹦乱跳，后一分钟全都闷闷不乐了。

"不能用手机，也不能上网，我们还能做什么？"美优说。

"是啊，没有网络，生活还有什么意思！"马克斯小声地说。

……

（十天后）

这些学生们恋恋不舍地回来了。老师让他们说说各自的想法。

"我喜欢没有网络的日子。"美优说，"这样大家有更多的时间在一起聊天和沟通。大家的关系变得更好了。"

"我从来没有想到和朋友们一起打球、玩游戏是那么有意思的事情！"马克斯说。

同学们都觉得，这十天没有网络的日子，是他们最快乐和难忘的日子！

23. 大家要去做什么？

A ☐ 去野外露营
B ☐ 参加夏令营
C ☐ 参加冬令营
D ☐ 参加比赛 [1]

24. "闷闷不乐"是什么意思？

A ☐ 听音乐
B ☐ 不快乐
C ☐ 小声
D ☐ 不说话 [1]

25. 美优为什么喜欢没有网络的日子？

A ☐ 她不喜欢上网
B ☐ 她有时间做作业
C ☐ 上网的费用太高了
D ☐ 大家有时间一起聊天 [1]

26. 同学们觉得没有网络的日子怎么样？

A ☐ 快乐和难忘
B ☐ 无聊死了
C ☐ 过得很慢
D ☐ 很后悔 [1]

[Total: 4]

Exercise 2, Questions 27-32
问题二十七至三十二

请阅读下面的短文，然后回答问题。

光明中学组织学生们去做野外生存活动。乐乐还没去就开始担心了，因为他听说每个同学都要背二十多公斤的行李包，包括睡袋、食品等等。可大部分的同学还是很兴奋，“第一次和这么多同学一起去远足和爬山，多有意思！”

出行那天早晨，下起了毛毛雨。田夏说：“雨中登山，是一个多么浪漫、多么有趣的活动啊！”可还没走多远，雨就越下越大，同学们的脸上、身上全是雨水和汗水。一上午走了十五公里，但大家的午餐只有面包和咸鸭蛋。“现在我只要一想到蛋炒饭和薯条就两眼发光。”王力说。吃完午饭，下午又是十五公里的路程。一些同学的脚底都起了泡，但没有一个同学叫苦。

晚上同学们在野外露营，然后在睡袋里过夜。大家围在一起聊天、唱歌、讲故事，一片欢声笑语，完全忘掉了白天的辛苦。“真希望学校多办一些这样的野外生存活动啊！”乐乐说。

27. 乐乐为什么在出行前担心？

.... [1]

28. 出发那天早晨的天气怎么样？

.... [1]

29. 同学们特别想吃哪两样食物？

(i) .... [1]

(ii) .... [1]

30. 同学们一天要走多少公里？

.... [1]

31. 晚上同学们在哪里睡觉？

.... [1]

32. 请列出两件同学们在晚上做的事情？

(i) .... [1]

(ii) .... [1]

[Total: 8]

Paper 2 Reading
Mark Scheme
(Maximum Mark: 36)

Section 1

Exercise 1, Questions 1-5

1. C 2. C 3. B 4. C 5. B

Exercise 2, Questions 6-9

6. E 7. C 8. A 9. B

Exercise 3, Questions 10-12
10. C 11. D 12. C

Section 2

Exercise 1, Questions 13-16

13. 城市

14. 平房

15. 骑自行车

16. 方便

Exercise 2, Questions 17-22

17. 从海南做暑期工回来

18. 中国南面

19. (i) 能看到海

(ii) 天气也不错/天气好

20. 点菜/上菜/结帐

21. 工作时间长

22. (i) 懂得赚钱不容易

(ii) 交了(不少)朋友

Section 3

Exercise 1, Questions 23-26

23. C 24. B 25. D 26. A

Exercise 2, Questions 27-32

27. 要背20多公斤的行李包

28. 下起了毛毛雨

29. (i) 蛋炒饭

(ii) 薯条

30. 三十公里

31. 睡袋

32 聊天/唱歌/讲故事 (任选两个即可)

Paper 4 Writing

(1 hour 15 minutes)
(Maximum Mark: 45)

第一部分
Section 1

问题一
Question 1

请用中文写出可能被带到新年晚会上的五种东西。
Make a list in Chinese of 5 things you might bring to the New Year's Eve party.

例：礼物

1. ....

2. ....

3. ....

4. ....

5. ....

[Total: 5]

问题二
Question 2

请写一写你的派对。
Write about your party. Say:

(a) 这是什么派对；
(b) 在哪里举行；
(c) 什么时候开始；
(d) 有谁参加这个派对；
(e) 你们做了什么。

用中文写80—100个字。
Write 80-100 characters in Chinese.

[Total: 15]

第二部分
Section 2

问题三
Question 3

下列题目，选择其中一个[3(a)或者3(b)或者3(c)]，写一百五十个字左右。
Choose 1 of the following topics [3(a) or 3(b) or 3(c)] and write about 150 Chinese characters.

(a) 你的笔友想知道你上大学的打算。请给他/她写一封信，谈一谈：
- 你打算在哪里读大学？为什么？
- 你想读什么专业？为什么？
- 你父母的看法是什么？

or 或者

(b) 《中学生杂志》要了解一下学生对做义工的看法。请给这家杂志写一篇文章，说说：
- 你从什么时候开始做义工？
- 你和谁一起做义工？
- 需要做些什么？
- 为什么要做义工？

or 或者

(c) 今天回到家以后，你突然听到邻居们在吵架，说说：
- 谁在吵架？
- 为什么吵架？
- 你怎么想？
- 你做了什么？
- 后来发生了什么事？

....

....

....

....

....

....

[Total: 25]

APPENDIX 6 MOCK EXAM PAPER AND ANSWER KEY: SET 1

IB Mandarin: ab initio

Reading (阅读卷)

Text booklet
(1 h 30 m)

〈文章一〉

义工活动：野生动物救护与教育中心

一、活动时间

八年级 ： 10月19日，星期一，上午九点到下午五点
九年级 ： 10月20日，星期二，上午九点到下午五点
十年级 ： 10月21日，星期三，上午九点到下午五点
十一年级 ： 10月22日，星期四，上午九点到下午五点
十二年级 ： 10月23日，星期五，上午九点到下午五点

二、对象

中学八年级到十二年级的全体学生 (如果有生病等特殊原因，请至少提前两天向学校请假)

三、集合地点

上午八点在学校校车停车场，统一坐校车去野生动物救护与教育中心

四、活动目的

学生们在了解保护动物的重要性的同时，也培养爱心、责任心和团队精神，并锻炼社交能力。

五、日程安排

八点 ： 坐校车出发
九点 ： 到达野生动物救护与教育中心
九点—十点 ： 观看动物保护的宣传片
十点 —十一点半 ： 参观了解该中心
十一点半—十二点半 ： 午餐休息

十二点半—三点	：	清理动物的笼子、过道，为动物准备食物等等
三点—三点半	：	休息
三点半—四点	：	照顾动物
四点—五点	：	总结、讨论、反馈
五点	：	坐校车回校

六、温馨提醒

1. 请自带午餐和饮料
2. 不用穿校服，但请穿舒服的衣服
3. 天气炎热，请务必带上防晒霜和帽子

七、报名方式

- 请到学校志愿者网报名；
- 有任何问题请通过学校邮件联系张老师。

(改写自 http://www.jdip.net.cn/News/Notice/1811.html)

<文章二>

如何和孩子沟通

前言：上了高中以后，孩子和父母之间沟通的问题越来越多，孩子回家变得越来越不爱讲话。家长要是问一些学校的事情，他们通常都不回答；问其他事情，孩子也总说不知道。如果考试考得不好，家长一问，就会和家长吵架。家长们觉得自己越来越不了解孩子，都不知道要怎么和孩子交流。为此，专家给出了以下几点建议：

第一段

一、改变交流方式：如果无法和孩子用言语沟通，可以试着用书信的方式，把您想说的话写下来，也许效果就会不一样。从不同的角度与孩子沟通，一个微笑、一句表扬都能拉近和孩子之间的距离。

第二段

二、平等对待：要平等耐心地和孩子交谈，不要总是高高在上。读高中的孩子总是希望平等、渴望独立。他们不喜欢大人太过关心，或干涉他们的自由。

第三段

三、转换话题：多和孩子讨论一些他们喜欢的话题，比如说运动、音乐，这样能拉近大人和孩子之间的距离，孩子也会更愿意和大人沟通。

[16] 专家的建议能够 [17] 家长有所帮助。我们相信 [18] 家长的努力，[19] 能在家长 [20] 孩子之间建立起一座爱的桥梁。

<文章三>

留学日记：我看牛剑划船赛

牛津大学硕士研究生　吴惠鹃

第一段

新学期开学，牛津大学各大俱乐部开始找新的学生加入自己的俱乐部。划船俱乐部最受新学生的欢迎。我身边就有一半以上的同学加入划船俱乐部。虽然每周要训练很多次，但他们都不觉得累。

第二段

这么多学生对划船俱乐部抱着如此巨大的热情，除了想体验牛津大学的生活以外，还在于：希望牛津队能在一年一度的牛剑划船比赛中打败剑桥队。

第三段

今年比赛将在4月3日下午4:30分开始。我负责组织啦啦队到比赛的起点，也是最热门的观看点之一，为我们的团队加油。公园还专门立起了巨大的屏幕，这样学生们就能直接观看比赛。

第四段

牛津队因为已经连续赢得两次比赛而被大家看好这一次也会赢。可是，也不能小看剑桥队的实力。今年他们请了三名很有经验的队员来帮忙，希望能赢得比赛。而牛津队只有一名老队员，其他都是新队员。

比赛还没开始，河两岸已经是人山人海，就连河边的住宅都站满了观众，特别是靠近比赛地点的阳台、窗口和大厅。

<文章四>

手机点菜

第一段　手机点菜的优势

近五年来，手机点菜越来越受欢迎。用户可以直接从网上下载软件进行点菜，非常方便实用。手机点菜的优势有：

1. 节省成本：饭店可以少花点钱买iPad、电子菜谱等设备。
2. 节省人力成本：客人不需要为一点小事就叫服务员，可以减少服务员的人数。
3. 节省印刷成本：在手机上就能看到菜谱，当然就不用打印菜谱，可以节约印刷成本。

第二段　手机点菜的特色

1. 无论是等车还是坐车，随时都可以消费，服务无处不在。
2. 有多家餐厅可以选择，还可了解包括餐厅特色、菜单、价钱等多种信息。
3. 节约时间，不用排队。
4. 不但可以看到顾客评论，而且可以知道哪种菜好吃。
5. 可以查到完整的商家信息，安全可靠。
6. 用手机付款，非常方便。
7. 手机点菜，可以获得积分，还可以参加各种打折活动。

第三段　顾客评论

顾客一：我可以在去饭馆以前点菜，这样到了饭店以后就能马上吃到饭。

顾客二：我觉得手机点菜在换菜的时候很麻烦。因为先要去已经选好的菜单，删除不需要的菜以后，才能另外选择新的菜。

顾客三：手机和网络也有出问题的时候。上次我点菜，上来的菜竟然没有一个是我点的。最后经理给我打了三折。

顾客四：如果一起吃饭的人多，一个人负责点菜，要花很多时间决定吃什么。但如果每个人都用手机点菜，又会很乱。

Reading

Question and answer booklet

(1 h 30 m)

(Maximum Mark: 40)

(Each question is allocated [1 mark] unless otherwise stated.)

〈文章一〉 义工活动：野生动物救护与教育中心

根据〈文章一〉的内容，选择正确答案。

1. 这是学校组织的一次＿＿＿＿＿＿活动。 ☐
   A. 游园
   B. 野餐
   C. 义工
   D. 郊游

根据一到三的内容，判断下面的叙述对还是错。在方框里打勾[✓]，并以文章内容说明理由，两个部分都答对才能得分。

		对	错
2.	十年级要在周三去参加活动。 理由：…………………………	☐	☐
3.	如果生病了，就不需要去了，不用请假。 理由：…………………………	☐	☐
4.	学校提供免费的午餐。 理由：…………………………	☐	☐
5.	学生们不可以自己打的去义工场所。 理由：…………………………	☐	☐

根据四的内容，回答下面的问题。

6. 请列举出参加这项活动的好处。

根据五到七的内容，回答下面问题。

例：学生们几点出发？八点。

7. 学生们的午休在什么时候？

8. 学生们在下午三点半要做些什么？

9. 学生们需要穿什么样的衣服？

10. 如果学生想报名，应该怎么做？

<文章二>　如何和孩子沟通

11. 根据第一段的内容，选出三个正确的叙述。把答案写在方框里。任何次序都可以。

☐ ☐ ☐

A. 这些上初中的孩子平时回到家都不讲话。
B. 孩子考试考不好，家长不关心。
C. 每次问他学校的问题，他都不回答我。
D. 家长问别的问题，孩子总是说不知道。
E. 家长觉得不开心的时候就会说他。
F. 家长现在不知道怎么跟孩子交流了。
G. 家长觉得越来越了解孩子。

根据第二段的内容，从右栏中选出最适合左栏的句子的结尾。把答案写在方框里。**注意：**后半段比前半段多。

例：家长们在和孩子们交谈时，应该要……

12. 如果觉得无法跟孩子沟通，可以…… ☐
13. 读中学的孩子总是希望…… ☐
14. 一个微笑，就…… ☐
15. 多和孩子讨论一些他喜欢的话题…… ☐

A. 把你想说的话写下来。
B. 有很多人做他的朋友。
C. 爸爸妈妈不问他们问题。
D. 孩子才会和大人沟通。
E. 可以拉近与孩子的距离。
F. 被平等对待。
G. 尝试不同的方法。
H. 平等耐心地和孩子们交谈。

根据第三段的内容，从下面的词语中选择最恰当的填空。

和	对	希望	应该	沟通	然后	不但	通过	既然	一定

16. ……………… 17. ……………… 18. ………………

19. ……………… 20. ………………

<文章三>　留学日记：我看牛剑划船赛

根据第一段的内容，判断下面的叙述对还是错。在方框里打勾[✓]，并以文章内容说明理由，两个部分都答对才能得分。

		对	错
21.	学校的俱乐部一般在新学期开始招新成员。 理由：	☐	☐
22.	最受欢迎的俱乐部是划船俱乐部。 理由：……	☐	☐
23.	我身边没有几位同学想参加划船俱乐部。 理由：……	☐	☐
24.	划船俱乐部常常组织训练。 理由：……	☐	☐

根据第二段的内容，回答下面的问题。

25. 学生们为什么对划船俱乐部有这么大的热情？

……

……

26. 划船对抗赛多久举办一次？

……

根据第三段的内容，回答下面的问题。

27. 我去哪里为我们团队加油？

28. 为了方便观看比赛，公园里专门做了什么？

根据第四段的内容，回答下面的问题。

29. 牛津队为什么被看好可能会赢得这一次的比赛？

30. 剑桥队今年有什么新的办法？

<文章四>　手机点菜

根据第一段、第二段的内容，判断下面的叙述对还是错。在方框里打勾[✓]，并以文章内容说明理由，两个部分都答对才能得分。

		对	错
31.	用手机点菜，饭店不用再花钱买iPad。 理由：................................	☐	☐
32.	用手机点菜，可以减少服务员的人数。 理由：................................	☐	☐
33.	用手机点菜，不用纸制的菜单。 理由：................................	☐	☐
34.	客人用手机点菜，可以获得积分，但是不可以参加打折活动。 理由：................................	☐	☐

根据第三段的内容，回答下面的问题。

35. 到饭店后，要等多久才能吃饭？

....

36. 用手机点菜，如果要换菜，要怎么做？

....

37. 为什么经理给我打三折？

38. 一起吃饭的时候，如果人多，会有什么麻烦？

Reading Answers

<文章一> 义工活动：野生动物救护与教育中心

1. C
2. 对。十年级参加活动的时间是10月21日，星期三，上午九点到下午五点。
3. 错。如果有生病等特殊原因，要至少提前两天向学校请假。
4. 错。需自带午餐和饮料。
5. 对。上午八点在学校校车停车场，统一坐校车去野生动物救护与教育中心。
6. (i) 了解保护动物的重要性

   (ii) 培养爱心、责任心和团队精神

   (iii) 锻炼社交能力
7. 十一点半—十二点半：午餐休息
8. 照顾动物
9. 不用穿校服，但要穿舒服的衣服。
10. 到学校志愿者网报名。/有任何问题可通过学校邮件联系张老师 。

<文章二> 如何和孩子沟通

11. C D F
12. A
13. F
14. E
15. D
16. 希望
17. 对
18. 通过
19. 一定
20. 和

<文章三> 留学日记：我看牛剑划船赛

21. 对。新学期开学，牛津大学各大俱乐部开始找新的学生加入自己的俱乐部。
22. 对。划船俱乐部最受新学生的欢迎。
23. 错。我身边就有一半以上的同学加入划船俱乐部。
24. 对。虽然每周要训练很多次，但他们都不觉得累。
25. 想体验牛津大学的生活；

    希望牛津队能在一年一度的牛剑划船比赛中打败剑桥队
26. 一年一次
27. 比赛的起点
28. 专门立起了巨大的屏幕
29. 因为已经连续赢得前两次比赛。
30. 剑桥队请了三名很有经验的队员来帮忙。

<文章四> 手机点菜

31. 错。用手机点餐，饭店可以少花点钱买iPad。
32. 对。客人不需要因为一点点小事就叫服务员，可以减少服务员的人数。
33. 对。当然就不用打印菜谱，可以节约印刷成本。
34. 错。可以参加各种打折活动。
35. 到了饭店以后就可以马上吃到饭，不用等很多时间。
36. 先要去已经选好的菜单，删除不需要的菜以后，才可以选择新的菜。
37. 手机和网络也有出问题的时候。/我点菜，上来的菜没有一个是我点的。
38. 一个人负责点菜，要花很多时间决定吃什么。/如果每个人都要用手机点菜，会很乱。

Writing (写作卷)

Text booklet

(1 hour)

(Maximum mark: 25)

第一部分

以下两题选**一题**，**最少**写60个字。 [7分]

1. 你去学校的图书馆还书，但是那里的老师不在。请你写一张**便条**，告诉他/她：

- 你为什么写这张便条
- 你觉得看过的那本书怎么样
- 现在你想借什么书
- 你想什么时候来取这本书
- 你的联系方式

....

....

....

....

....

....

....

....

....

....

....

....

....

....

....

....

....

2. 你的笔友将来中国旅行，请写一封**电子邮件**给你的朋友，告诉他/她一些旅行的信息。内容应该包括以下五点。

- 你为什么写这封电子邮件
- 现在中国的天气什么样
- 你的朋友需要带什么来中国
- 你打算和你的朋友在中国做什么
- 你的朋友应该注意些什么

普通邮件

主题：

第二部分

以下三题选**一题**，**最少**写120个字。 [18分]

3. 你的好朋友即将去美国上大学。上个周末，你去好朋友家参加聚会。请写一篇日记说说你们都做了什么。例如，吃了哪些食物；做了哪些活动；你觉得这次聚会怎么样…… 请写这篇**日记**。

4. 你的学校准备向学生们介绍一个新的课外活动。你代表学生会要准备一篇**演讲稿**，向全校的学生和老师们说说这项新活动是什么，为什么要介绍这个活动，什么时候做这个活动等等。

5. 你最近刚搬了家，可是不太开心。请给笔友写一封信，说一说你为什么不高兴，你打算怎么做等等。请写这封**信**。

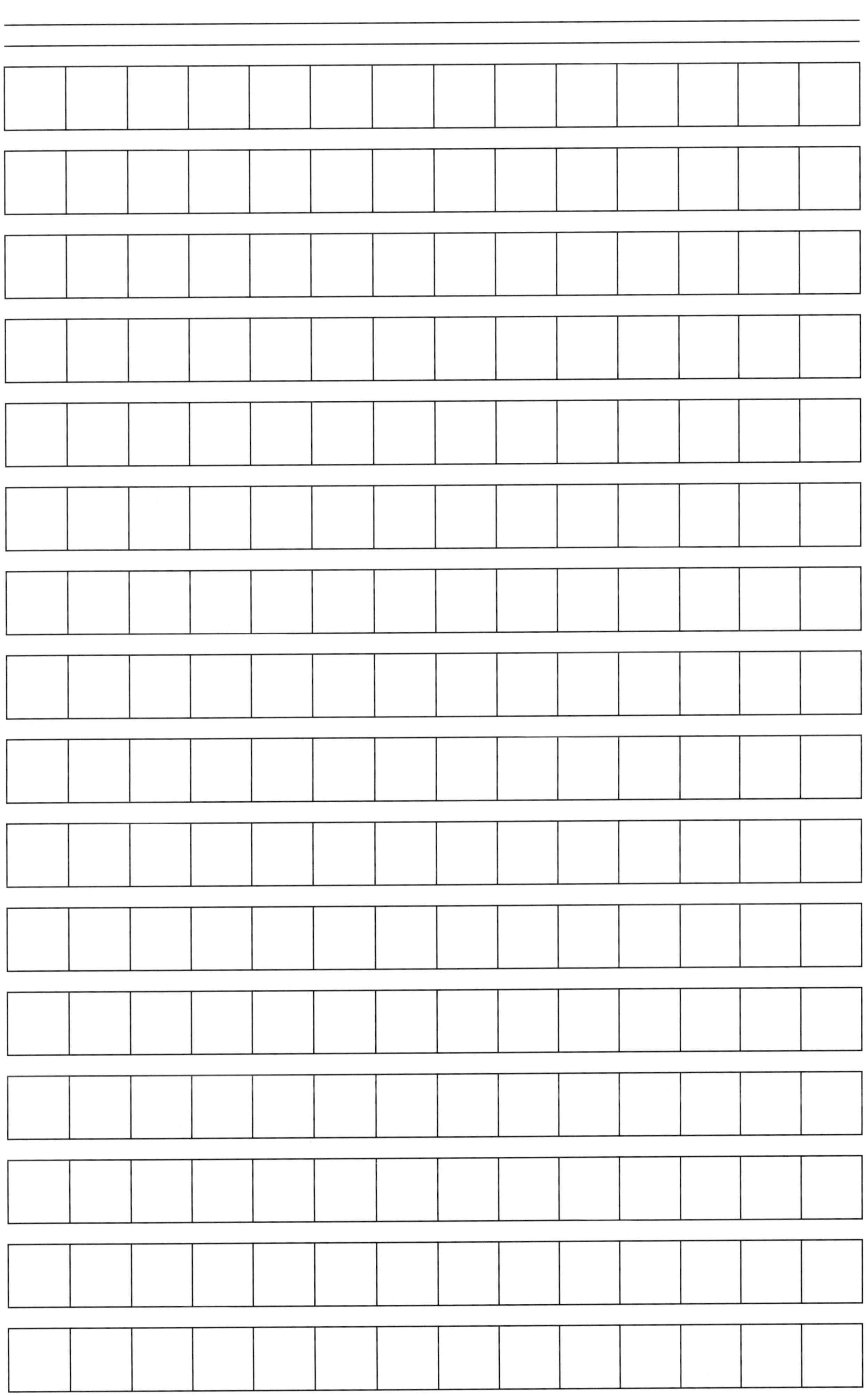

Listening (听力卷)

你会听到四段录音。每一段录音播放之前，你将有两分钟的时间先阅读题目。每一段录音会播放两次。你有两分钟回答问题；不会写的汉字可以使用拼音(Pinyin)。

在播放录音的过程中，你可以随时回答问题或记下讯息。在每一段录音播放之后，你有一分钟的时间检查你的答案。

根据第一段录音的内容，回答下面的问题。

1. 被采访的人姓什么？

....

2. 他说通常有几个人已经排在他的前面，他就不会再去排队了？

....

3. 他最长的排队时间是多久？

....

4. 他买的两样贵的东西，各是什么？

a) ....

b) ....

根据第一段录音的内容，从 A, B, C, D 中，选出一个正确的答案，把答案写在方框里。

5. 这个节目叫什么名字？ ☐
   A. 上班路上
   B. 下班路上
   C. 购物
   D. 排队

根据第二段录音的内容，回答下面的问题。

6. 主持人对几名义工做了采访？

   ....

7. 义工一去哪里拜访老人？

   ....

根据第二段录音的内容，从 A, B, C, D 中，选出一个正确的答案，把答案写在方框里。

8. 拜访老人的时候，每去一家，通常义工会收到多少钱？ ☐
   A. 十块钱
   B. 四块钱
   C. 十四块钱
   D. 四十块钱

9. 下面的叙述哪一项是正确的？ ☐
   A. 义工二觉得做义工可以收交通费。
   B. 义工二坐的士去做义工。
   C. 义工三做义工前会先问有没有钱，只有当主办方给钱时才会去做义工。
   D. 义工三做义工时收了一分钱。

10. 这篇采访的主要内容是什么? ☐

A. 做义工要收钱吗

B. 做义工前应该先问要不要给钱

C. 做义工该不该收交通费

D. 应不应该做义工

11. 这是一段什么录音? ☐

A. 电视采访

B. 街头采访

C. 电话录音

D. 调查报告

根据第三段录音的内容,从 A, B, C, D 中,选出一个正确的答案,把答案写在方框里。

12. 为什么学校要举办长跑活动? ☐

A. 为了迎接新年

B. 为了健身

C. 为了考试

D. 为了得到奖品

13. 这次长跑活动几点开始? ☐

A. 一点

B. 八点

C. 十一点

D. 三点

14. 这次长跑要跑多远? ☐

A. 一千米

B. 两千米

C. 三千米

D. 八千米

15. 天气预报说,一月一号天气会怎么样? ☐

A. 下小雨

B. 下小雪

C. 下大雨

D. 刮风

根据第三段录音的内容，回答下面的问题。

16. 学校给的奖品可以用来买什么？

....

17. 学校建议学生长跑那天穿什么？请列出两项。

a) ....

b) ....

18. 学生们需要在什么时候交表格？

....

根据第四段录音的内容，从 A, B, C, D 中，选出一个正确的答案，把答案写在方框里。

19. 这个学生在哪里读书？ ☐
A. 中国银行
B. 北京银行
C. 北京大学
D. 北京中学

20. 这个学生来银行做什么？ ☐
A. 排队
B. 学汉语
C. 开账户
D. 办信用卡

21. 下面哪一个证件不能在银行开账户？ ☐
A. 学生证
B. 身份证
C. 驾照
D. 护照

根据第四段录音的内容，回答下面的问题。

22. 这位学生到银行开账户，主要用来做什么？

....

23. 银行职员建议这位学生除了开账号以外，还申请什么？

....

Listening
听力原文

第一段　下班路上

欢迎大家准时收听我们的节目《下班路上》。今天我们要聊的话题是购物。现在很多人为了买自己喜欢的东西，比如苹果手机，会花很多时间排队，有的人甚至前一天晚上就去商店排队。所以，我们想知道你对于购物的看法，欢迎大家给我们打电话。

主持人：这位观众，你好！请问您贵姓？
王先生：我姓王。
主持人：王先生，你好。请问，你会为了买自己喜欢的东西去排队吗？
王先生：一般不会。但如果是我非常喜欢的东西，我会排队。可是如果排队的人超过五、六个，我就不会去了！
主持人：你最多会排多长时间？
王先生：十到十五分钟。超过了，我就离开了。
主持人：现在有些人，只要见到有人在排队就会去凑热闹，怕自己错过什么。你是怎么看的？
王先生：是的，很多人都这样，可是我不会。这太浪费时间了。
主持人：那到目前为止，你买的最贵的东西是什么？花了多少钱？
王先生：当然是房子了，我花了一百万。
主持人：除了房子呢？
王先生：应该是结婚戒指了，花了两万块。
主持人：好的，谢谢你的分享。再见！

第二段　做义工应不应该收费？

欢迎大家来到《我来说一说》节目，今天我们电视台有幸请到了三位资深义工，他们都是做了多年义工的志愿者。今天我们讨论的话题是做义工应不应该收费。

请问各位，当你们在做义工的时候，有没有收到过主办方给的钱？

义工一：我去年去老人家里或者老人院拜访老人的时候，主办方多少会给我一些钱，意思意思。每去一家，通常会给十块钱。但这让我很不好意思。因为我觉得做义工，就不应该收钱。
义工二：我也遇到过这样的情况。上次我做义工，因为需要坐公共汽车到处跑，所以主办方给了我们一些钱。其实这些钱根本不够我们的路费，但我们还是收下了。
义工三：我从来没有遇到过这样的事，因为我每次选择做义工的时候，都会先问清楚。如果主办方说会付费，我就不会去那里做义工了。哪怕是一分钱，我都觉得是不应该收的。

第三段　健身长跑

各位同学，为迎接新年，本校三千米长跑活动将于一月一号早上八点举行。每个同学都必须参加。每个到达终点的同学都会有奖品和证书。奖品是一百元，可以用来买自己喜欢的图书或文具。

天气预报说一月一号会下小雪，所以请大家在跑步前务必先做热身活动。虽然天气很冷，但还是建议大家穿汗衫、短裤和薄外套。请大家填好表格，并让父母签字，下周一把表格带回学校交给你们的体育老师。

谢谢大家。

第四段　银行开户

银行：你好，欢迎光临中国银行。请问我能帮你什么？
学生：你好。我刚来到中国，在北京大学学习汉语，我想在你们银行开一个账户。
银行：没问题。请问这个账户的主要用途是什么？
学生：交学费，平时也需要用来买东西。
银行：你需不需要开设网上银行服务？
学生：当然需要。我觉得来银行排队很麻烦，有网上银行会方便很多。
银行：你需不需要信用卡？
学生：我不太想要，因为我觉得用信用卡好像不是在花自己的钱，容易超支，而且有信用卡还要交年费！
银行：申请信用卡会非常有用。如果我们不收你的年费，怎么样？
学生：那我也需要再考虑考虑。能麻烦你先帮我开一个账户，好吗？
银行：好，你带护照了吗？或者身份证、驾照也行。
学生：这是护照，给。
银行：谢谢。请你填一下表格。
学生：好。谢谢你。

Listening
听力答案

第一段　下班路上

1. 王
2. 五六个
3. 十到十五分钟
4. 房子和结婚戒指
5. B

第二段　做义工应不应该收费

6. 三
7. 老人家里 / 老人院
8. A
9. A
10. A
11. A

第三段　健身长跑

12. A
13. B
14. C
15. B
16. 图书 / 文具
17. 汗衫 / 短裤 / 薄外套(任何两项即可)
18. 下周一

第四段　银行开户

19. C
20. C
21. A
22. 交学费 / 买东西
23. 信用卡

APPENDIX 7 MOCK EXAM PAPER AND ANSWER KEY: SET 2

IB Mandarin: ab initio

Reading (阅读卷)

Text booklet
(1 h 30 m)

<文章一>

一周电影讯息

本周将有很多精彩的电影播放。《战狼》是一场精彩的3D动作大片，《杀破狼》有古天乐、任达华等众多明星参加。除了供成人观看的电影，还特别为孩子们准备了最新的迪士尼动画片《冰雪奇缘》。下面就介绍这些精彩的电影。

周三　《同桌的你》

主演：周冬雨，林更新
时长：97分钟
预计：19:00–20:40
内容简述：这是一部适合学生们观看的青春爱情电影，主要讲述文气的周小栀(周冬雨饰)在学生时代遇见了同桌林一(林更新饰)，并一起经历初中、高中和大学的青春岁月的故事。

周四　动作片《杀破狼2》

主演：张晋，古天乐，托尼贾，吴京，任达华
时长：115分钟
预计：20:40–22:35
内容简述：影片以香港警察为中心，描述了香港警察和坏人进行善与恶的战斗。

周五　动画片《冰雪奇缘》

时长：112分钟
预计：17:40–19:20
内容简述：这是一部动画片，讲述了冰雪宫殿里两个姐妹的爱与恨的故事。这是适合孩子和家长一起观看的好电影，不容错过。

周六　《战狼》

主演： 吴京，余男

时长： 96分钟

预计： 19:00－20:40

内容简述： 该影片属于中国首部3D动作战争电影，用了七年全力打造，真实呈现了在中外边境战争中，小人物为国家而战斗的精彩故事。

（转自长安大学学生会微博）

<文章二>

拔牙

最近网上有一段父亲[7]无人机给孩子拔牙的视频非常走红。在视频里，这个爸爸[8]用牙线把孩子快要掉下来的牙绑在无人机上，[9]牙齿就被拔下来了，一点也不痛，大家[10]很开心。

下面是父亲们在网上发表的一些看法。

网友一：我很仔细地看了网上的视频，是用飞机在空中拍的，很详细，很不错，我也想给我的孩子试试看。

网友二：我认为他不是第一个这样做的父亲，因为在网上至少已经有五个类似的视频。不过，我自己就用房门给我的孩子拔牙，这曾经在网上很流行。

网友三：我认为还是要小心。视频里的爸爸是在确认孩子的牙齿就算不拔也会掉下之后，才用无人机的。而且，无人机也很危险。我孩子的牙齿都是学校医生拔的，为了安全，我不会自己给孩子拔牙。

<文章三>

调查：青少年受网络欺凌　我国情况全球第二糟

第一段

根据微软公司在2012年对25个国家8到17岁的青少年进行的一项调查显示，全球每四个青少年中就有一人遭受网络欺凌。新加坡青少年受欺凌的百分比高达58%，仅低过中国的70%。

调查发现，中国、新加坡、印度、阿根廷、俄罗斯和土耳其这六个国家的青少年被欺凌的现象特别普遍。

第二段

网络欺凌对孩子们的影响深远。它可能在身体、情绪和心理上对孩子们造成永久性伤害，影响他们的一生。专家分析说有些孩子不知道如何保护自己，也不知向谁求助，有时只能通过暴力来抒发他们的无助感。

第三段

一名父亲上周就写信给本报，透露他读小五的女儿受到来自一名男同学的网络欺凌。这名父亲告诉记者，他不是针对该名男学生，也不希望这起事件影响到孩子们，但希望校方能尽快更好地处理这件事，不要等到出了状况，再来处理就太晚了。

"新加坡时事分享"博客

https://sgfactblog.wordpress.com/author/sgfactblog/

<文章四>

滴滴打车

支持微信支付
无需找零

我们相信，优化的支付功能会给您带来更好的出行体验，告别现金不足的尴尬，告别满手零钱的无奈，只需通过微信一键支付，简单优雅的生活从滴滴开始。

第一段

轻触按钮

您只要轻触按钮，输入您想去的地方，滴滴打车就能把你带到目的地。一键叫车，支持微信支付，方便实用，给您带来美好的出行体验。

第二段

预约

全国300多个城市等您约会。滴滴让全国各地都可以预约打车。我们为您提供三天内预约汽车服务，随时随地与司机联系，为您在陌生的城市提供方便。

第三段

订单多多

每天200万乘客享受滴滴打车带来的方便，100万个司机更高兴滴滴带来的好处。24个小时不间断订单，生意永远不会停，你还在等什么？

第四段

滴滴打车的好处

我们将为你选出最好的订单，为您节约时间，而且还可以降低汽油的使用，不仅节约钱，还可以为环保出力。

http://www.xiaojukeji.com/index.html

Reading

Question and answer booklet
(1 h 30 m)
(Maximum Mark: 40)
(Each question is allocated [1 mark] unless otherwise stated.)

<文章一>　一周电影讯息

1. 根据<文章一>的内容，选出三个正确的叙述。把答案写在方框里。[3分]

例： B

☐

☐

☐

A. **这周没有适合学生们观看的电影。**
B. 周冬雨饰演了周小栀。
C. 《同桌的你》讲述了学生时代的爱情故事。
D. 吴京是两部动作片里的男主角。
E. 《杀破狼2》超过两个小时。
F. 《冰雪奇缘》是一个爱情故事。
G. 《冰雪奇缘》适合八岁的孩子观看。
H. 家长们可以在周末带孩子们去观看《冰雪奇缘》。

根据周三、周四和周五的内容，填写下面的表格。

	所观看的影片
例：如果想看青春爱情片	**同桌的你**
2. 适合家长和孩子们一同观看的	
3. 如果想看关于警察的故事	
4. 如果你想知道中国和另外一个国家发生的战争故事	

根据周六的内容，回答下面的问题。

5. 《战狼》的主演是谁？

....

6. 《战狼》和其它的动作战争电影，有什么区别？

....

<文章二> 拔牙

根据第一段的内容，从下面的方框里，选出合适的词填空。一个词只能用一次。**注意：**方框的词比需要的多。

都	把	在	用
先	然	后上	最后

7. [−7−] ....

9. [−9−] ....

8. [−8−] ....

10. [−10−] ....

根据网友一和网友二的看法，回答下面的问题。

11. 网友一说视频是怎么拍的？

....

12. 网友二用什么给他的孩子拔牙？

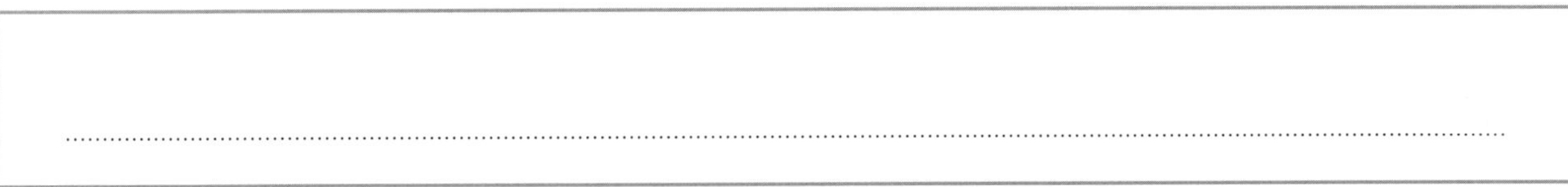

根据网友三的看法，回答下面的问题。

13. 网友三是怎么给自己的孩子拔牙的？

....

14. 网友三为什么不会自己给孩子拔牙？

....

<文章三>　调查：青少年受网络欺凌　我国情况全球第二糟

根据第一段的内容，完成下面的表格。

青少年受网络欺凌的百分比	
例：全球范围	**25%**
新加坡青少年受网络欺凌的百分比	15.
中国青少年受网络欺凌的百分比	16.
接受调查的年轻人的年龄段	17.　　　　(岁)
欺凌现象严重的国家一共有……	18.　　　　(个)

根据第二段的内容，回答下面的问题。

19. 网络欺凌可能会在哪些方面对孩子们造成永久性伤害？

(i) ....

(ii) ....

(iii) ....

20. 有些孩子们为什么有时只能用暴力来抒发他们的无助感？

(i) ....

(ii) ....

根据第三段的内容，选出正确的答案。把答案写在方框里。

21. 最近，一位父亲写信给＿＿＿＿＿＿。　☐

A. 报纸
B. 网站
C. 电视台
D. 学校

22. 父亲说了什么事情？ ☐
A. 她的女儿遭受网络欺凌
B. 他的儿子遭受欺凌
C. 她的女儿不吃早饭
D. 他的女儿欺凌男同学

23. 他写信的目的是什么？ ☐
A. 针对那个男生
B. 希望校方尽快更好地处理这件事
C. 希望女儿可以不欺凌同学
D. 希望大家都知道发生来什么

<文章四>滴滴打车

根据第一段的内容，选出正确的答案。把答案写在方框里。

24. 如何输入目的地？ ☐
A. 找朋友
B. 轻触按钮
C. 打电话
D. 路上叫车

25. 目的地是什么意思？ ☐
A. 不想去的地方
B. 目的住的地方
C. 想去的地方
D. 滴滴住的地方

26. 叫车是什么意思？ ☐
A. 叫车子来载你去你想去的地方
B. 让车子叫起来
C. 给人们很好的出行体验
D. 去你想去的地方

27. “实用”是什么意思？ ☐
A. 实在
B. 很有用
C. 用处很多
D. 没有用

根据第二段、第三段的内容，回答下面的问题。

28. 我们可以提供几天的预约？

....

29. 乘客可以随时随地和谁保持联络？

....

30. 现在每天有多少乘客在用滴滴打车？

....

31. 每天有多少个司机在使用滴滴打车？

....

32. 为什么说生意不会中断？

....

根据第四段的内容，回答下面的问题。

33. 使用滴滴打车的好处有什么？

(i) ....

(ii) ....

(iii) ....

Reading Answers

<文章一>　一周电影讯息

1. CDG (任何顺序均可)
2. 冰雪奇缘
3. 杀破狼2
4. 战狼
5. 吴京/余勇
6. (国内/中国)第一部(首部)3D(战争)电影

<文章二>　拔牙

7. 用
8. 先
9. 然后
10. 都
11. 用飞机在空中拍的
12. 用房门给孩子拔牙
13. 让学校医生给孩子拔牙
14. 为了安全

<文章三>　调查：青少年受网络欺凌　我国情况全球第二糟

15. 58%
16. 70%
17. 8–17 (岁)
18. 6 (个)

19 (i) 身体
(ii) 情绪
(iii) 心理

20 (i) 孩子不知道如何保护自己
(ii) 不知向谁求助

21. A
22. A
23. B

<文章四>　滴滴打车

24. B
25. C
26. A
27. B
29. 随时随地与司机联系
30. 每天200万(乘客享受滴滴打车带来的方便)。
31. 100万个司机
32. 24个小时订单不间断／一天订单不停
33. (i) 节约时间
(ii) 降低汽油使用／节约钱／省钱
(iii) 为环保出力

Writing (写作卷)

Text booklet
(1 hour)
(Maximum Mark: 25)

第一部分

以下两题选**一题**，**最少**写60个字。 [7分]

1. 你周末将举办一个生日会，请写一封**邀请信**给你的好朋友，告诉他／她：

   - 你为什么写这封邀请信
   - 生日会在哪里举办
   - 生日会几点开始
   - 你们会做什么

2. 你的一位同学刚来到你的学校，请写一封**电子邮件**给这位同学，说一说你学校的情况，包括：

- 几点上课，几点放学
- 校服是什么样子的
- 学校餐厅的食物怎么样
- 有哪些课外活动
- 学校有哪些设施

普通邮件

主题：

第二部分

以下三题选**一题**，**最少**写120个字。 [18分]

1. 学校要你们决定去哪里上大学，读什么专业。你想读美术，可是你的父母却让你读经济专业，因为他们觉得读美术很难找工作。请写一篇**日记**，谈谈你的想法。

2. 一位名人要来你的学校，你代表学校报社要采访这位名人。请写一篇**采访稿**，说说这位名人为什么有名，他／她为什么来你的学校，他／她明年的打算等等。

3. 你去北京一所中学做一个月的交换生，和北京的学生们一起上课、做课外活动。请写一封**信**给你的父母，谈谈你在北京的学校生活和你的感想。

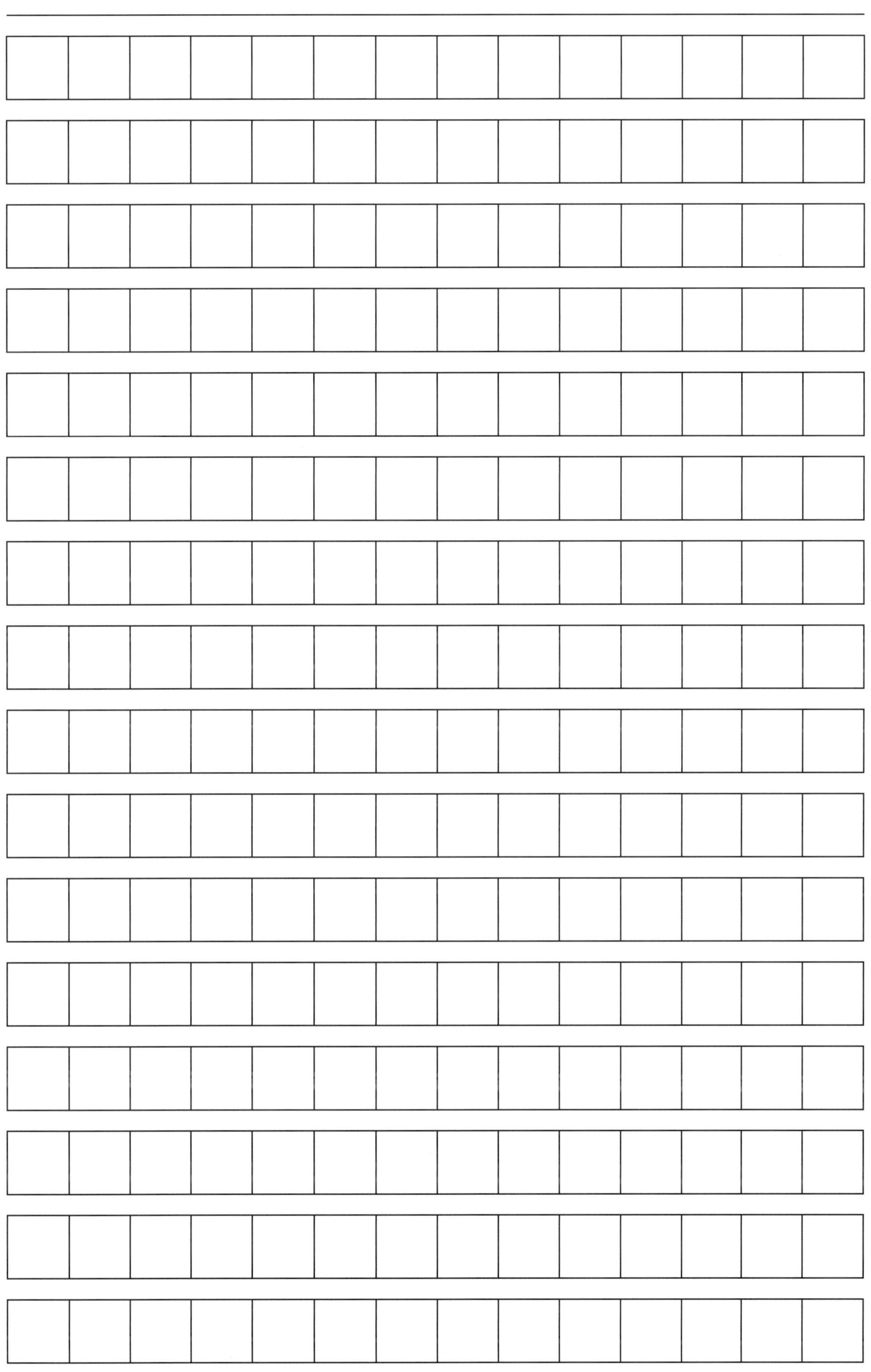

Listening (听力卷)

你会听到四段录音。每一段录音播放之前，你将有两分钟的时间先阅读题目。每一段录音会播放两次。你有两分钟回答问题；不会写的汉字可以使用拼音(Pinyin)。

在播放录音的过程中，你可以随时回答问题或记下讯息。在每一段录音播放之后，你有一分钟的时间检查你的答案。

根据第一段录音的内容，回答下面的问题。

1. 这辆动车是从哪里开往重庆？

....

2. 动车将在几点开车？

....

3. 旅客需要在哪个站台上车？

....

4. 若发现该男孩，需要带他去哪里？

....

根据第一段录音的内容，从A, B, C, D中，选出一个正确的答案，把答案写在方框里。

5. 以下对走失小男孩的描述哪一项是正确的？ ☐

A. 男孩身高一米二　　B. 体重25斤
C. 没有穿校服　　D. 穿了灰色鞋子

根据第二段录音的内容，回答下面的问题。

7. 记者一共采访了几个路人？

....

8. 在地铁站卖纸巾的人，一般是哪些人？

....

根据第二段录音的内容，从A，B，C，D中，选出一个正确的答案，把答案写在方框里。

9. 每包纸巾多少钱？ ☐
A. 两块钱
B. 一块钱
C. 三块钱
D. 四块钱

10. 下面的叙述哪一个是正确的？ ☐
A. 地铁站的纸巾比超市的便宜。
B. 路人一每两个星期买两包纸巾。
C. 路人二以前买纸巾，现在很少买了。
D. 路人三每两个星期买一次纸巾。

11. 下面谁认为自己做善事被利用，心里不舒服？ ☐
A. 路人一
B. 路人二
C. 路人三
D. 记者

12. 这是一段什么录音？ ☐
A. 街头采访
B. 广播
C. 电话录音
D. 调查报告

根据第三段录音的内容，从A，B，C，D中，选出一个正确的答案，把答案写在方框里。

13. 讲座在哪天举行？ ☐
A. 星期一
B. 星期天
C. 星期六
D. 星期三

14. 为什么建议大家早点去？ ☐
A. 因为讲座时间提早
B. 因为讲座一点半开始
C. 因为找座位需要时间
D.因为参加讲座的人很多

15. 讲座在几楼？ ☐
A. 十五楼
B. 十八楼
C. 三楼
D. 五楼

16. 如果有问题问专家，需要怎么办？ ☐
A. 写信
B. 发短信
C. 写邮件
D. 打电话

根据第三段录音的内容，回答下面的问题。

17. 去参加讲座，可以坐什么交通工具？

....

18. 参加讲座需要带什么？

(i) ....

(ii) ....

19. 如果在前门东站下车，要走几分钟才到阳光大厦？

....

根据第四段录音的内容，从A，B，C，D中，选出一个正确的答案，把答案写在方框里。

20. 谁付快递的费用？ ☐
A. 我
B. 顺丰快递
C. 英国伦敦
D. 收货方

21. 我要快递什么？ ☐
A. 文件
B. 保险
C. 贵重的东西
D. 服务

22. 要怎么寄快递？ ☐
A. 快递公司的邮递员上门来收
B. 我自己把文件送给快递公司
C. 请人帮我送文件给快递公司
D. 我自己把文件送给收货方

根据第四段录音的内容，回答下面的问题。

23. 为什么没有上保险？

....

24. 收货方的账号是多少？

....

Listening
听力原文

第一段　火车站广播

各位旅客请注意，由上海开往重庆的动车D636列车即将开始检票。请候车的旅客们排好队，去第三检票口检票上车。火车停靠在第三月台，将于六点零五分准时开车。谢谢大家。

广播找人：各位旅客请注意，有一位五岁男孩与父母走失，男孩身高一米二四左右，二十五公斤，不胖也不瘦。走失时身穿灰色上衣、棕色长裤、黑色运动鞋。如果有人看到这位小男孩，请把他带到车站的警察局交给警察。谢谢大家。

第二段　怎么慈善？

我们经常会在地铁站附近看到卖纸巾的老人或残疾人。今天我会就此采访几位路人的看法。

记　者：请问，你会买他们卖的纸巾吗？
路人一：对，我觉得他们很不容易，所以我每个星期都会买两包纸巾。虽然两包纸巾要四块钱，比超市的要稍微贵一些，但我觉得这是在做善事，所以贵一点也没有关系。
路人二：我以前常买，现在不买了。因为上次我买了纸巾后，发现她不久就换了衣服，去饭店工作，刚好被我看到。这让我觉得特别不舒服，觉得自己的善心被利用了。
路人三：我不一定。这是因为现在卖纸巾的人太多了，我都不知道谁是真正需要帮助的。所以我会在自己需要用纸巾的时候才买。这样即使被骗了，也不会觉得那么生气了。

第三段　健康讲座

各位听众，由于报名参加周日“健康生活”讲座的人非常多，提醒大家尽早去。讲座将于下午一点半准时开始。

讲座的地址在前门大街十五号阳光大厦十八楼。如果你坐地铁去，请在地铁前门站下车，出口左转，然后直走三分钟，阳光大厦就在你的右边。如果你坐公交车去，请坐七路公共汽车，在前门东站下车，下车后往西走七分钟，阳光大厦就在你的左手边。

除了需要带门票以外，你还需要带身份证或者护照。如果你有问题需要问参加讲座的专家，请你事先把问题通过电邮发给我们。

非常期待你的光临。

第四段　快递

快递：你好，顺丰快递公司。请问需要帮忙吗？
我　：你好，我需要邮寄一个快递。
快递：没问题。请问你想邮寄到哪里？
我　：英国伦敦。
快递：你有我们公司的账号吗？
我　：没有。不过没关系，是收货方付费。他们的账号是G632950K。
快递：收货方付费的时候，运费会贵一些，你知道吗？
我　：我知道，但是没有关系。
快递：好。你想快递什么东西？
我　：仅仅是一些文件而已。
快递：大概有多重？超过一公斤吗？
我　：没有。
快递：需要保险吗？
我　：不需要，只是文件，不是贵重的东西，所以不需要保险了。你们有上门收取快递的服务吗？
快递：有，请告诉我你的地址。我们的邮递员可以去你家免费收取文件。
我　：太好了。明天下午六点可以吗？
快递：可以。谢谢你选用我们公司的服务。

Listening
听力答案

第一段　火车站广播

1. 上海
2. 六点零五分
3. 第三月台
4. 五岁
5. 车站的警察局
6. C

第二段　怎么慈善？

7. 三位
8. 老人／残疾人
9. A
10. C
11. B
12. A

第三段　健康讲座

13. B
14. D
15. B
16. C
17. 地铁／公车
18. 门票；身份证／护照
19. 七分钟

第四段　快递

20. D
21. A
22. A
23. 因为不是贵重的东西
24. G632950K

Photo Credits

Every reasonable effort has been made to acquire permission for copyright material in this text, and to acknowledge such indebtedness accurately. Any errors or omissions called to the publisher's attention will be corrected in future printing.

Cover: Aldo Murillo/iStock (front), yangzai/iStock (back), Susan Chiang/iStock (back).

Pages: 1 (t to b) yangzai/iStock/Thinkstock, Christophe Bourloton/iStock/Thinkstock, Artfoliophoto/iStock/Thinkstock, David De Lossy/Photodisc/Thinkstock; **2** Christophe Bourloton/iStock/Thinkstock; **3** (t to b) LuminaStock/iStock/Thinkstock, Aleksander Kaczmarek/iStock/Thinkstock, Leslie Banks/iStock/Thinkstock; **4** Creatas/Thinkstock; **5** (l to r, t to b) Jupiterimages/Photos.com/Thinkstock, Aleksander Kaczmarek/iStock/Thinkstock, soup_studio/iStock/Thinkstock, ValuaVitaly/iStock/Thinkstock, ValuaVitaly/iStock/Thinkstock, soup_studio/iStock/Thinkstock, soup_studio/iStock/Thinkstock, Aleksander Kaczmarek/iStock/Thinkstock, soup_studio/iStock/Thinkstock, Aleksander Kaczmarek/iStock/Thinkstock, Monkey Business Images/Monkey Business/Thinkstock, ValuaVitaly/iStock/Thinkstock, Wavebreakmedia Ltd/Wavebreak Media/Thinkstock, Wavebreakmedia Ltd/Wavebreak Media/Thinkstock, Wavebreakmedia Ltd/Wavebreak Media/Thinkstock, Wavebreakmedia Ltd/Wavebreak Media/Thinkstock, byryo/iStock/Thinkstock, Staras/iStock/Thinkstock, TongRo Images/Thinkstock, belchonock/iStock/Thinkstock, KatarzynaBialasiewicz/iStock/Thinkstock, Staras/iStock/Thinkstock, artemisphoto/iStock/Thinkstock, m-gucci/iStock/Thinkstock; **6** (l to r, t to b) Goldfinch4ever/iStock/Thinkstock, Goldfinch4ever/iStock/Thinkstock, Goldfinch4ever/iStock/Thinkstock, Goldfinch4ever/iStock/Thinkstock, nixki/iStock/Thinkstock, Staras/iStock/Thinkstock, nixki/iStock/Thinkstock, belchonock/iStock/Thinkstock, nixki/iStock/Thinkstock, Staras/iStock/Thinkstock, artemisphoto/iStock/Thinkstock, nixki/iStock/Thinkstock, Staras/iStock/Thinkstock, lzf/iStock/Thinkstock, nixki/iStock/Thinkstock, KatarzynaBialasiewicz/iStock/Thinkstock; **7** (l to r) school.zzedu.net.cn; **8** xavigm/iStock/Thinkstock; **9** Jupiterimages/Pixland/Thinkstock; **11** cyano66/iStock/Thinkstock; **12** AlexRaths/iStock/Thinkstock; **13** luanateutzi/iStock/Thinkstock; **14** Maridav/iStock/Thinkstock; **16** (l to r, t to b) Staras/iStock/Thinkstock, KatarzynaBialasiewicz/iStock/Thinkstock, m-gucci/iStock/Thinkstock, Paul/Thinkstock, Tharakorn/iStock/Thinkstock, RyanKing999/iStock/Thinkstock, solidcolours/iStock/Thinkstock, Zoonar RF/Zoonar/Thinkstock, Zoonar RF/Zoonar/Thinkstock, KatarzynaBialasiewicz/iStock/Thinkstock, nixki/iStock/Thinkstock, nixki/iStock/Thinkstock, Zoonar RF/Zoonar/Thinkstock, nixki/iStock/Thinkstock, KatarzynaBialasiewicz/iStock/Thinkstock, Photick/Alix Minde/Photick/Thinkstock, Slphotography/iStock/Thinkstock, Staras/iStock/Thinkstock, ia_64/iStock/Thinkstock, Zoonar RF/Zoonar/Thinkstock, Staras/iStock/Thinkstock, KatarzynaBialasiewicz/iStock/Thinkstock, Paul/Thinkstock, Creatas Images/Creatas/Thinkstock; **17** (l to r, t to b) Mike Watson Images/moodboard/Thinkstock, Donald Miralle/DigitalVision/Thinkstock, Cameron Spencer/Photodisc/Thinkstock, Jupiterimages/Creatas/Thinkstock, Paul/Thinkstock, Staras/iStock/Thinkstock, artemisphoto/iStock/Thinkstock, Creatas Images/Creatas/Thinkstock; **18** dalin.tzuchi.com.tw; **19** marilyna/iStock/Thinkstock; **20** (t to b) gbh007/iStock/Thinkstock, giuseppepapa/iStock/Thinkstock, feellife/iStock/Thinkstock, fatchoi/iStock/Thinkstock; **22** Artfoliophoto/iStock/Thinkstock; **23** Barry Austin/Photodisc/Thinkstock; **24** OcusFocus/iStock/Thinkstock; **25** Fuse/Thinkstock; **27** (l to r, t to b) moodboard/Thinkstock, Viktor_Gladkov/iStock/Thinkstock, Monkey Business Images Ltd/Monkey Business/Thinkstock, ImageDB/iStock/Thinkstock, Hemera Technologies/AbleStock.com/Thinkstock, Jupiterimages/Polka Dot/Thinkstock, Di_Studio/iStock/Thinkstock, amanaimagesRF/Thinkstock, michaelpuche/iStock/Thinkstock, Stockbyte/Thinkstock, kapulya/iStock/Thinkstock, Hemera Technologies/AbleStock.com/Thinkstock, michaelpuche/iStock/Thinkstock, kapulya/iStock/Thinkstock, canovass/iStock/Thinkstock, FikMik/iStock/Thinkstock, moodboard/Thinkstock, Tonktiti/iStock/Thinkstock, Jupiterimages/Polka Dot/Thinkstock, Di_Studio/iStock/Thinkstock, Lecic/iStock/Thinkstock, showcake/iStock/Thinkstock, enzodebernardo/iStock/Thinkstock, carefe/amanaimagesRF/Thinkstock; **28** (l to r, t to b) IPGGutenbergUKLtd/iStock/Thinkstock, moodboard/Thinkstock, Horsche/iStock/Thinkstock, Jupiterimages/Creatas/Thinkstock, kapulya/iStock/Thinkstock, Wavebreakmedia Ltd/Wavebreak Media/Thinkstock, michaelpuche/iStock/Thinkstock, Stockbyte/Thinkstock, Purestock/Thinkstock, draghicich/iStock/Thinkstock, hanhanpeggy/iStock/Thinkstock, Creatas Images/Creatas/Thinkstock, pat138241/iStock/Thinkstock, XiXinXing/iStock/Thinkstock, Ryan McVay/Photodisc/Thinkstock, Varaporn_Chaisin/iStock/Thinkstock; **30** (l to r) Monkey Business Images/Monkey Business/Thinkstock, David De Lossy/Photodisc/Thinkstock; **31** Jimmy Fam Photography/iStock/Thinkstock; **32** IPGGutenbergUKLtd/iStock/Thinkstock; **33** Wavebreakmedia Ltd/Wavebreak Media/Thinkstock; **34** rodnikovay/iStock/Thinkstock; **35** (t to b) yangzai/iStock/Thinkstock, leolintang/iStock/Thinkstock, olesiabilkei/iStock/Thinkstock, Dirima/iStock/Thinkstock; **36** www.bjysj.gov.cn; **37** leolintang/iStock/Thinkstock; **39** (l to r, t to b) Stockbyte/Thinkstock, Chen Chao/Thinkstock, robert van beets/iStock/Thinkstock, Leonid Andronov/iStock/Thinkstock, rasslava/iStock/Thinkstock, Cottonfioc/iStock/Thinkstock, danielvfung/iStock/Thinkstock, Zoonar RF/Zoonar/Thinkstock, Cottonfioc/iStock/Thinkstock, voljurij/iStock/Thinkstock, neyro2008/iStock/Thinkstock, leolintang/iStock/Thinkstock, Cottonfioc/iStock/Thinkstock, leolintang/iStock/Thinkstock, voljurij/iStock/Thinkstock, neyro2008/iStock/Thinkstock, rasslava/iStock/Thinkstock, Cottonfioc/iStock/Thinkstock, voljurij/iStock/Thinkstock, neyro2008/iStock/Thinkstock, WolfeLarry/iStock/Thinkstock, Altin Osmanaj/iStock/Thinkstock, Claudio Divizia/Hemera/Thinkstock; **40** (l to r, t to b) Cottonfioc/iStock/Thinkstock, voljurij/iStock/Thinkstock, ekinyalgin/iStock/Thinkstock, neyro2008/iStock/Thinkstock, Cottonfioc/iStock/Thinkstock, voljurij/iStock/Thinkstock, ekinyalgin/iStock/Thinkstock, neyro2008/iStock/Thinkstock, Cottonfioc/iStock/Thinkstock, voljurij/iStock/Thinkstock, ekinyalgin/iStock/Thinkstock, neyro2008/iStock/Thinkstock, Altin Osmanaj/iStock/Thinkstock, Picsfive/iStock/Thinkstock, Digital Vision/Thinkstock, photoncatcher/iStock/Thinkstock; **41** Digital Vision/Photodisc/Thinkstock; **42** Thinkstock Images/Stockbyte/Thinkstock; **43** (t to b) BluePlanetEarth/iStock/Thinkstock; **44** Luciano Mortula/iStock/Thinkstock; **45** num_skyman/iStock/Thinkstock; **46** Pyer/iStock/Thinkstock; **47** (t to b) telnyawka/iStock/Thinkstock, MuiStock/iStock/Thinkstock,Medioimages/Photodisc/Thinkstock; **49** (l to r, t to b) rasslava/iStock/Thinkstock, Chen Chao/Thinkstock, robert van beets/iStock/Thinkstock, Leonid Andronov/iStock/Thinkstock, yongtick/iStock/Thinkstock, Wavebreakmedia Ltd/Wavebreak Media/Thinkstock, Fuse/Thinkstock, View Stock/Thinkstock, KavalenkavaVolha/iStock/Thinkstock, warrengoldswain/iStock/Thinkstock, extravagantni/iStock/Thinkstock, Michael Blann/DigitalVision/Thinkstock, moodboard/Thinkstock, kpoppie/iStock/Thinkstock, Nutthavood/iStock/Thinkstock, yangphoto/iStock/Thinkstock, Purestock/Thinkstock, moodboard/Thinkstock, kpoppie/iStock/Thinkstock, Nutthavood/iStock/Thinkstock, hanhanpeggy/iStock/Thinkstock, Digital Vision/Photodisc/Thinkstock, deeepblue/iStock/Thinkstock, Zb89V/iStock/Thinkstock; **50** (l to r, t to b) Michael Blann/DigitalVision/Thinkstock, KavalenkavaVolha/iStock/Thinkstock, Monkey Business Images/Monkey Business/Thinkstock, suksao999/iStock/Thinkstock, Stockbyte/Thinkstock, AntonioGuillem/iStock/Thinkstock, AntonioGuillem/iStock/Thinkstock, dolgachov/iStock/Thinkstock, Cottonfioc/iStock/Thinkstock, ClaudioVentrella/iStock/Thinkstock, Wavebreakmedia Ltd/Wavebreak Media/Thinkstock, Andrejs Pidjass/Hemera/Thinkstock, AND-ONE/iStock/Thinkstock, MartinMund/iStock/Thinkstock, Dmitry_Savin/iStock/Thinkstock, Tyler Olson/Hemera/Thinkstock; **51** (l to r) Rawpixel Ltd/iStock/Thinkstock, olesiabilkei/iStock/Thinkstock, Ryan McVay/Photodisc/Thinkstock, Monkey Business Images/Monkey Business/Thinkstock; **52** (t to b) chrupka/iStock/Thinkstock, Ivan Hafizov/Hemera/Thinkstock; **53** tawatchaiprakobkit/iStock/Thinkstock; **54** Liufuyu/iStock/Thinkstock; **55** zhaojiankang/iStock/Thinkstock; **56** Marc Debnam/DigitalVision/Thinkstock; **57** LDProd/iStock/Thinkstock; **59** (l to r, t to b) Varaporn_Chaisin/iStock/Thinkstock, Top Photo Corporation/Top Photo Group/Thinkstock, Ryan McVay/Photodisc/Thinkstock, Top Photo Corporation/Top Photo Group/Thinkstock, aunaauna/iStock/Thinkstock, aunaauna/iStock/Thinkstock, aunaauna/iStock/Thinkstock, aunaauna/iStock/Thinkstock, indigolotos/iStock/Thinkstock, indigolotos/iStock/Thinkstock, Franco Deriu/iStock/Thinkstock, Franco Deriu/iStock/Thinkstock, Top Photo Corporation/Top Photo Group/Thinkstock, Zoonar RF/Zoonar/Thinkstock, Julian Rovagnati/iStock/Thinkstock, ninuns/iStock/Thinkstock; **60** (l to r, t to b) WolfeLarry/iStock/Thinkstock, Fuse/Thinkstock, Zoonar RF/Zoonar/Thinkstock, Kenishirotie/iStock/Thinkstock, Henry Gan/Photodisc/Thinkstock, Peter Macdiarmid/Getty Images News/Thinkstock, daizuoxin/iStock/Thinkstock, Chunhai Cao/iStock/Thinkstock; **61** (l to r) wolife.com, workercn.cn; **62** Kinsei-TGS/iStock/Thinkstock; **63** BrianAJackson/iStock/Thinkstock; **64** Pazhyna/iStock/Thinkstock; **65** altrendo images/Stockbyte/Thinkstock; **67** (t to b) yangzai/iStock/Thinkstock, sanseren/iStock/Thinkstock, michaeljung/iStock/Thinkstock, Purestock/Thinkstock; **68** Davis McCardle/DigitalVision/Thinkstock; **69** (t to b) sanseren/iStock/Thinkstock, Songquan Deng/iStock/Thinkstock; **71** (l to r, t to b) rasslava/iStock/Thinkstock, rorat/iStock/Thinkstock, Thomas Northcut/DigitalVision/Thinkstock, Creatas/Thinkstock, rasslava/iStock/Thinkstock, Dorling Kindersley/Thinkstock, 5ugarless/iStock/Thinkstock,rasslava/iStock/Thinkstock, Jana_Andrea/iStock/Thinkstock, Thomas Northcut/DigitalVision/Thinkstock, YellowRiver2011/iStock/Thinkstock, Dookfish/iStock/Thinkstock, Ryan McVay/Photodisc/Thinkstock, YellowRiver2011/iStock/Thinkstock, Digital Vision/Thinkstock, Joe Raedle/Getty Images News/Thinkstock, 5ugarless/iStock/Thinkstock, MihailUlianikov/iStock/Thinkstock; **72** (l to r, t to b) axz66/iStock/Thinkstock, Jana_Andrea/iStock/Thinkstock, Photick/Alix Minde/Photick/Thinkstock, alex_rext/iStock/Thinkstock, mtreasure/iStock/Thinkstock,View Stock/Thinkstock, rasslava/iStock/Thinkstock, Salawin Chanthapan/iStock/Thinkstock, Dookfish/iStock/Thinkstock, Ryan McVay/Photodisc/Thinkstock, YellowRiver2011/iStock/Thinkstock, Digital Vision/Thinkstock, akova/iStock/Thinkstock, lilkar/iStock/Thinkstock, Jupiterimages/Photos.com/Thinkstock, aphotostory/iStock/Thinkstock; **73** XiXinXing/iStock/Thinkstock; **74** aphotostory/iStock/Thinkstock; **75** (t to b) View Stock/Thinkstock, chuyu/iStock/Thinkstock, tvorec-xtra/iStock/Thinkstock, chuyu/iStock/Thinkstock; **77** (t to b) axz66/iStock/Thinkstock, chuyu/iStock/Thinkstock; **78** (l to r) seaonweb/iStock/Thinkstock, Only5/iStock/Thinkstock; **79** silkwayrain/iStock/Thinkstock; **81** michaeljung/iStock/Thinkstock; **83** (l to r, t to b) TongRo Images/Thinkstock, Varaporn_Chaisin/iStock/Thinkstock, Zoonar RF/Zoonar/Thinkstock, Creatas/Thinkstock, Varaporn_Chaisin/iStock/Thinkstock, Fuse/Thinkstock, Zoonar RF/Zoonar/Thinkstock, Creatas/Thinkstock, TongRo Images/Thinkstock, Varaporn_Chaisin/iStock/Thinkstock, Zoonar RF/Zoonar/Thinkstock, Creatas/Thinkstock, TongRo Images/Thinkstock, Varaporn_Chaisin/iStock/Thinkstock, Zoonar RF/Zoonar/Thinkstock, Creatas/Thinkstock, TongRo Images/Thinkstock, Varaporn_Chaisin/iStock/Thinkstock, Zoonar RF/Zoonar/Thinkstock, Inzyx/iStock/Thinkstock, Jack Hollingsworth/DigitalVision/Thinkstock, Monkey Business Images/Monkey Business/Thinkstock, Wavebreakmedia Ltd/Wavebreak Media/Thinkstock, JMLPYT/iStock/Thinkstock; **84** (l to r, t to b) Ingram Publishing/Thinkstock, Cathy Yeulet/Hemera/Thinkstock, Photick/Alix Minde/Photick/Thinkstock, alex_rext/iStock/Thinkstock, Jupiterimages/Photos.com/Thinkstock, AdoApo/iStock/Thinkstock, Zoonar RF/Zoonar/Thinkstock, ismagilov/iStock/Thinkstock, parinyabinsuk/iStock/Thinkstock, FamVeld/iStock/Thinkstock, Sasha_Suzi/iStock/Thinkstock, Inzyx/iStock/Thinkstock, parinyabinsuk/iStock/Thinkstock, FamVeld/iStock/Thinkstock, Sneksy/iStock/Thinkstock, Inzyx/iStock/Thinkstock; **85** Bubert/iStock/Thinkstock; **86** (t to b) Jupiterimages/Photos.com/Thinkstock, dndavis/iStock/Thinkstock; **87** (t to b) Kyslynskyy/iStock/Thinkstock, Anup Shah/DigitalVision/Thinkstock, Zwilling330/iStock/Thinkstock; **88** petrograd99/iStock/Thinkstock; **89** surangaw/iStock/Thinkstock; **90** (l to r) MaksymPoriechkin/iStock/Thinkstock, Bubnoff/iStock/Thinkstock; **91** Purestock/Thinkstock; **94** (l to r, t to b) Salawin Chanthapan/iStock/Thinkstock, Marcio Silva/iStock/Thinkstock, luxizeng/iStock/Thinkstock, jacus/iStock Editorial/Thinkstock, extravagantni/iStock/Thinkstock, KavalenkavaVolha/iStock/Thinkstock, Top Photo Corporation/Top Photo Group/Thinkstock, absolutimages/iStock/Thinkstock, 06photo/iStock/Thinkstock, 123ArtistImages/iStock/Thinkstock, Sergey Oganesov/Hemera/Thinkstock, Sam Robinson/Photodisc/Thinkstock, Purestock/Thinkstock, Oks_Mit/iStock/Thinkstock, yingtu/iStock/Thinkstock, Sam Robinson/Photodisc/Thinkstock, Purestock/Thinkstock, Oks_Mit/iStock/Thinkstock, yingtu/iStock/Thinkstock, simongurney/iStock/Thinkstock, Nutthavood/iStock/Thinkstock, chuyu/iStock/Thinkstock, moodboard/Thinkstock; **95** (l to r, t to b) tiler84/iStock/Thinkstock, Coffee999/iStock/

Thinkstock, TongRo Images/Thinkstock, aphotostory/iStock/Thinkstock, Creatas Images/Creatas/Thinkstock, suksao999/iStock/Thinkstock, TopPhotoImages/iStock/Thinkstock, Fiery_Phoenix/iStock/Thinkstock; **96** eastday.com; **97** Camille_Massida/iStock/Thinkstock; **98** (t to b) Goodshoot/Thinkstock, Marina Geysman/iStock/Thinkstock; **99** (l to r) aronaze/iStock/Thinkstock, chanwity/iStock/Thinkstock; **100** idizimage/iStock/Thinkstock; **101** (t to b) yangzai/iStock/Thinkstock, Chagin/iStock/Thinkstock, Monkey Business Images Ltd/Monkey Business/Thinkstock; **102** Chagin/iStock/Thinkstock; **104** lzf/iStock/Thinkstock; **106** Mark Bowden/iStock/Thinkstock; **107** (t to b) shsunnyu.com, Feng Yu/Hemera/Thinkstock; **108** ogergo/iStock/Thinkstock; **109** TAGSTOCK1/iStock/Thinkstock; **110** Christopher Futcher/Hemera/Thinkstock; **111** Maria Angela Ciucci/iStock/Thinkstock; **113** Jupiterimages/Pixland/Thinkstock; **114** (l to r) aphotostory/iStock/Thinkstock, tiny-al/iStock/Thinkstock; **115** Monkey Business Images Ltd/Monkey Business/Thinkstock; **116** Brigitte Wodicka/Hemera/Thinkstock; **117** moodboard/Thinkstock; **119** (t to b) Darunechka/iStock/Thinkstock, KatarzynaBialasiewicz/iStock/Thinkstock; **120** jc.gov.cn; **121** tjwenming.cn; **122** (l to r) Photodisc/Thinkstock, lisafx/iStock/Thinkstock, friendo.com.tw; **123** Mclninch/iStock/Thinkstock; **125** Ryan McVay/Photodisc/Thinkstock; **127** DAJ/Thinkstock; **128** BananaStock/Thinkstock; **129** (t to b) yangzai/iStock/Thinkstock, Fuse/Thinkstock, omgimages/iStock/Thinkstock, MilicaStankovic/iStock/Thinkstock; **130** SerrNovik/iStock/Thinkstock; **131** Anna Omelchenko/iStock/Thinkstock; **133** AlexRaths/iStock/Thinkstock; **134** (t to b) Evimerusa/iStock/Thinkstock, Fuse/Thinkstock; **135** Wavebreakmedia Ltd/Wavebreak Media/Thinkstock, **136** (l to r) rez-art/iStock/Thinkstock, Fuse/Thinkstock; **137** omgimages/iStock/Thinkstock; **138** wrangel/iStock/Thinkstock; **139** moodboard/Thinkstock; **140** Wavebreakmedia Ltd/Wavebreak Media/Thinkstock; **141** EpicStockMedia/iStock/Thinkstock; **142** Blackregis/iStock/Thinkstock; **145** (t to b) lzf/iStock/Thinkstock, games.qq.com; **146** IMAGELAGOON02/iStock/Thinkstock; **147** meiguoxing.com; **148** omgimages/iStock/Thinkstock; **149** Milenko Bokan/iStock/Thinkstock; **150** DragonImages/iStock/Thinkstock; **152** RyanKing999/iStock/Thinkstock; **153** StockRocket/iStock/Thinkstock; **154** Kirillm/iStock/Thinkstock; **156** gpointstudio/iStock; **159** (t to b) tmtpost.com, wired.com; **160** it.gmw.cn; **161** xilu.com; **164** (t to b) dolgachov/iStock/Thinkstock, www.sonypictures.com; **165** MilicaStankovic/iStock/Thinkstock; **167** lzf/iStock/Thinkstock; **168** vadimguzhva/iStock/Thinkstock; **195** (l to r, t to b) Goldfinch4ever/iStock/Thinkstock, Goldfinch4ever/iStock/Thinkstock, Goldfinch4ever/iStock/Thinkstock, Slphotography/iStock/Thinkstock, Zoonar RF/Zoonar/Thinkstock, nixki/iStock/Thinkstock, nipic.com, fx567.com, ce.cn, jibi.net, tz.soocang.com, mdybk.com; **196** (l to r, t to b) gbh007/iStock/Thinkstock, gbh007/iStock/Thinkstock, Leah-Anne Thompson/iStock/Thinkstock, Laures/iStock/Thinkstock, tankist276/iStock/Thinkstock, maxsaf/iStock/Thinkstock, Mark Bowden/iStock/Thinkstock, Jetta Productions/DigitalVision/Thinkstock, BananaStock/Thinkstock, igorkov/iStock/Thinkstock, PanuRuangjan/iStock/Thinkstock, Mike Watson Images/moodboard/Thinkstock, AnisimovFedor/iStock/Thinkstock, gbh007/iStock/Thinkstock, Chen Chao/Thinkstock; **197** (l to r, t to b) qwerty01/iStock/Thinkstock, extravagantni/iStock/Thinkstock, Zoonar RF/Zoonar/Thinkstock, KatarinaGondova/iStock/Thinkstock, KavalenkavaVolha/iStock/Thinkstock, Digital Vision/Thinkstock, Picsfive/iStock/Thinkstock, Picsfive/iStock/Thinkstock, Picsfive/iStock/Thinkstock, Picsfive/iStock/Thinkstock, Picsfive/iStock/Thinkstock; **198** (l to r, t to b) firina/iStock/Thinkstock, ekinyalgin/iStock/Thinkstock, Lisa Quarfoth/Hemera/Thinkstock, ratmaner/iStock/Thinkstock, TPopova/iStock/Thinkstock, Chimpinski/iStock/Thinkstock, Photology1971/iStock/Thinkstock, SvetaVo/iStock/Thinkstock, Coprid/iStock/Thinkstock, Creatas Images/Creatas/Thinkstock, Dennis Sennikovski/iStock/Thinkstock, Nutthavood/iStock/Thinkstock, yangphoto/iStock/Thinkstock, Purestock/Thinkstock, Bubnoff/iStock/Thinkstock, tripdv.com; **201** (l to r, t to b) Magone/iStock/Thinkstock, tiler84/iStock/Thinkstock, sergeyskleznev/iStock/Thinkstock, Fuse/Thinkstock, Hongqi Zhang/iStock/Thinkstock, popovaphoto/iStock/Thinkstock, MoreISO/iStock/Thinkstock, hanhanpeggy/iStock/Thinkstock, Darrin Klimek/Stockbyte/Thinkstock, hanhanpeggy/iStock/Thinkstock, Meinazhn/iStock/Thinkstock, Aidon/DigitalVision/Thinkstock, Boarding1Now/iStock/Thinkstock, eurobanks/iStock/Thinkstock, boggy22/iStock/Thinkstock, JackF/iStock/Thinkstock, karandaev/iStock/Thinkstock, Remus Moise/iStock/Thinkstock, Mervana/iStock/Thinkstock; **202** (l to r, t to b) Alliance/iStock/Thinkstock, tupungato/iStock Editorial/Thinkstock, wxin/iStock/Thinkstock, yangphoto/iStock/Thinkstock, Leah-Anne Thompson/iStock/Thinkstock, Monkey Business Images Ltd/Monkey Business/Thinkstock, monkeybusinessimages/iStock/Thinkstock, BananaStock/Thinkstock, Mclninch/iStock/Thinkstock, AntonioGuillem/iStock/Thinkstock, AndreyPopov/iStock/Thinkstock, Monkey Business Images/Monkey Business/Thinkstock, AndreyPopov/iStock/Thinkstock; **212** (l to r, t to b) XiXinXing/iStock/Thinkstock, moodboard/Thinkstock, Cameron Spencer/Photodisc/Thinkstock, KavalenkavaVolha/iStock/Thinkstock, XiXinXing/iStock/Thinkstock, gbh007/iStock/Thinkstock, Wavebreakmedia Ltd/Wavebreak Media/Thinkstock, moodboard/Thinkstock, leah613/iStock/Thinkstock; **213** (l to r, t to b) View Stock/Thinkstock, Wavebreakmedia Ltd/Wavebreak Media/Thinkstock, Degist/iStock Editorial/Thinkstock, Nutthavood/iStock/Thinkstock, kpoppie/iStock/Thinkstock, Ikunl/iStock/Thinkstock, Ingram Publishing/Thinkstock, Ingram Publishing/Thinkstock, Lightcome/iStock/Thinkstock, Andersen Ross/Blend Images/Thinkstock, AlexBrylov/iStock/Thinkstock, Grigorev_Vladimir/iStock/Thinkstock; **214** (l to r) Jetta Productions/DigitalVision/Thinkstock, Digital Vision/Photodisc/Thinkstock, Frankhuang/iStock/Thinkstock, Wavebreakmedia/iStock/Thinkstock, Erik Snyder/DigitalVision/Thinkstock, Wavebreakmedia Ltd/Wavebreak Media/Thinkstock; **215** (l to r, t to b) TongRo Images/Thinkstock, Varaporn_Chaisin/iStock/Thinkstock, Inzyx/iStock/Thinkstock, Userba011d64_201/iStock/Thinkstock, View Stock/Thinkstock, Jupiterimages/Photos.com/Thinkstock, Jovanmandic/iStock/Thinkstock, LanceB/iStock/Thinkstock, photoncatcher/iStock/Thinkstock, Thinkstock Images/Stockbyte/Thinkstock, IMAGELAGOON02/iStock/Thinkstock, monainshanghai/iStock/Thinkstock, Wavebreakmedia Ltd/Wavebreak Media/Thinkstock, JackF/iStock/Thinkstock; **218** (l to r, t to b) Dookfish/iStock/Thinkstock, Kraig Scarbinsky/DigitalVision/Thinkstock, Siraphol/iStock/Thinkstock, 5ugarless/iStock/Thinkstock, Tamara Dragovic/iStock/Thinkstock, m-imagephotography/iStock/Thinkstock, Chris Knorr/Design Pics/Valueline/Thinkstock, Wavebreakmedia Ltd/Wavebreak Media/Thinkstock, moodboard/Thinkstock, Kritchanut/iStock/Thinkstock, BackyardProduction/iStock/Thinkstock, Kaycco/iStock/Thinkstock, SeanPavonePhoto/iStock/Thinkstock, Kritchanut/iStock/Thinkstock, BackyardProduction/iStock/Thinkstock, Kaycco/iStock/Thinkstock; **219** (l to r, t to b) Fuse/Thinkstock, Minerva Studio/iStock/Thinkstock, photoncatcher/iStock/Thinkstock, tupungato/iStock Editorial/Thinkstock, Godwater/iStock/Thinkstock, irina88w/iStock/Thinkstock, photoncatcher/iStock/Thinkstock, Wavebreakmedia Ltd/Wavebreak Media/Thinkstock, moodboard/Thinkstock, Ryan McVay/DigitalVision/Thinkstock, boggy22/iStock/Thinkstock, Ig0rZh/iStock/Thinkstock, shock/iStock/Thinkstock, BackyardProduction/iStock/Thinkstock; **230** pressdigital/iStock/Thinkstock; **231** comodigit/iStock/Thinkstock; **232** ogergo/iStock/Thinkstock; **233**, Ralwel/iStock/Thinkstock; **252** (t to b) iqilu.com, tiexue.net, disney.wikia.com; **253** (t to b, l to r) mtime.com, iAnjia.com, iAnjia.com; **254** omgimages/iStock/Thinkstock; **255** tmtpost.com.ç

编者的话

从2015年起，我们开始编写《爱汉语》系列教材。我们三位编者在教学第一线均工作了数十年，对IGCSE和IB课程有着丰富的经验，编写这套教材是对经验的总结，也是对教学的深化和前瞻。值得一提的是，我们编写的灵感来自于很多所学校的学生和老师。这些年来，我们在日常的教学工作中，在与同行的各种交流中，感受到传统的教材教法所面临的挑战，也深切体会到教师和学生们对基于新大纲的新教材的迫切需要。

我们很高兴圣智学习出版集团也看到了这一点，于是双方开始了愉快的出版合作。在此我们要对圣智亚洲区总经理李联和先生、国际中文部的编辑经理赵岚女士、高级产品经理陈月清女士、编辑张敬贤先生致以诚挚的谢意。

这几十年来，我们与一线的教师和学生朝夕相处，对大家喜闻乐见的事物非常熟悉。在编写过程中，我们除了根据新大纲和考试标准设定教学目标和话题，也时不时跳出教师身份，从学生的角度来选择贴近他们生活的话题，并以诙谐的语气来编写其中的一些文本，希望学生在学到各种语言知识和技能的同时，也能充分享受学习中文的乐趣。

我们也对目前的教学情况以及对学生的看法都进行了全方位的反思，并进一步深化了我们对教学的新思维和新理念，也将之融入到《爱汉语》中。考虑到学生的背景和程度的差异性，我们把每课的内容分成不同的难度等级，这样既方便学生学习，也方便老师教学，并可为老师节省大量的备课时间。

在编写教材的同时，我们也与许多一线的教师，还有多个微信群中的教师朋友们，保持着密切的联系。他们在第一时间给了我们很多有意义的反馈和建议，也帮助我们理清了一些教学难点，我们对此深表感激，也倍受鼓舞。

由于编者水平所限，文中难免存在疏漏，恳请大家海涵并指正。我们将在今后的编写过程中有则改之，无则加勉，尽我们所能为大家提供优质的教学资源。

Authors' Note

Thank you for using iChinese. This textbook series is the fruit of a unique journey that is filled with ups and downs. At the end of this journey, our friendship, our passion for teaching and our love for education have become stronger.

We want to express our deepest gratitude to our families. We wouldn't have been able to accomplish so much without their support. To our beautiful children and our wonderful students, thank you for inspiring us to write. To all the teachers who have been our "fans", thank you for your unwavering support. To our network of teachers in the WeChat groups, thank you for your selfless contributions and constructive feed-back.

Last but not least, we would also like to say a big thank you to our publisher, Cengage Learning. In particular, we would like to thank the following people in the Chinese Language Teaching (CLT) product team of Cengage Learning: Zhao Lan, editorial manager, and Titus Teo, development editor, for their great professional expertise in making iChinese such a valuable learning resource; Joyce Tan, product manager, for promoting iChinese to schools and teachers around the world.

We hope you will find iChinese useful and enjoy using it.

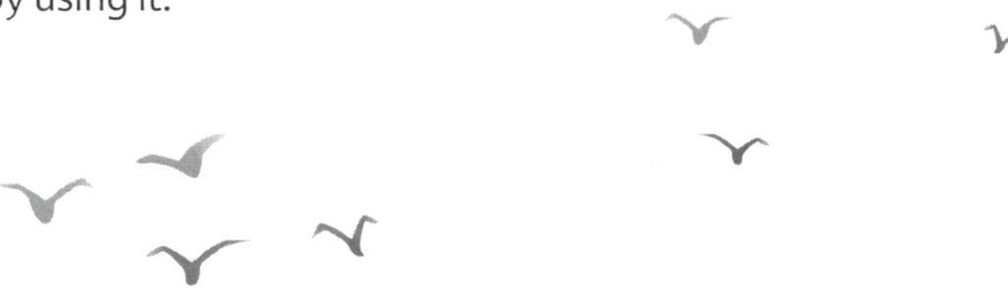